KB048880

한문 독해 첫걸음

지은이 정춘수는 2003년 한자 자원을 한자 학습에 접목시킨 책《한자 오디세이》를 내면서 저술 활동을 시작했다. 이후에 줄곧 한자와 한문 공부에 관련된 책만 써 왔다. 천자문, 동몽선습, 소학 등의 중요 구절로 고전에 입문하는 길을 찾아본《논어를 읽기 전에》(2013), 어린이를 대상으로 옛 선비의 공부 이야기를 담은《이황과 이이의 멋진 공부 대결》(2015)을 썼다. 2018년에는 그동안 한문 공부를 한 방법과 경험을 밑바탕으로 해서 전공자가 아닌 일반인들이 문법을 통해 체계적으로 한문 공부를 할 수 있는 입문서《한번은 한문 공부》(2018)를 펴냈다. 우리말에 남겨진 한자와 한문의 흔적을 찾아내고, 한자로 쓰인 글을 우리말로 풀어내는 일에 사명감을 느끼고 있다. 한 문장 했던 박지원이나 정약용이 한글로 글을 썼다면 어떻게 썼을까? 한문 알파고가 한문을 가르친다면 어떻게 가르칠까? 이런 상상을 종종 한다. 성균관대학교 국문학과를 나와 같은 대학원에서 석사(1993)를 마쳤다.

한문 독해 첫걸음-어른의 문해력 기초

2023년 8월 7일 초판 1쇄 인쇄 | 2023년 8월 21일 초판 1쇄 발행

지은이 정춘수 | 발행인 박윤우 | 편집 김송은, 김유진, 성한경, 장미숙 | 마케팅 박서연, 이건희, 이영섭, 정미진 | 디자인 서혜진 이세연 | 저작권 백은영 유은지 | 경영지원 이지영 주진호 | 발행처 부키(주) | 등록일 2012년 9월 27일 | 등록번호 제312-2012-000045호 | 주소 03785 서울 서대문구 신촌로3길 15 산성빌딩 6층 | 전화 02-325-0846 | 팩스 02-3141-4066 | 홈페이지 www.bookie.co.kr | 이메일 webmaster@bookie.co.kr | ISBN 978-89-6051-918-3 03700

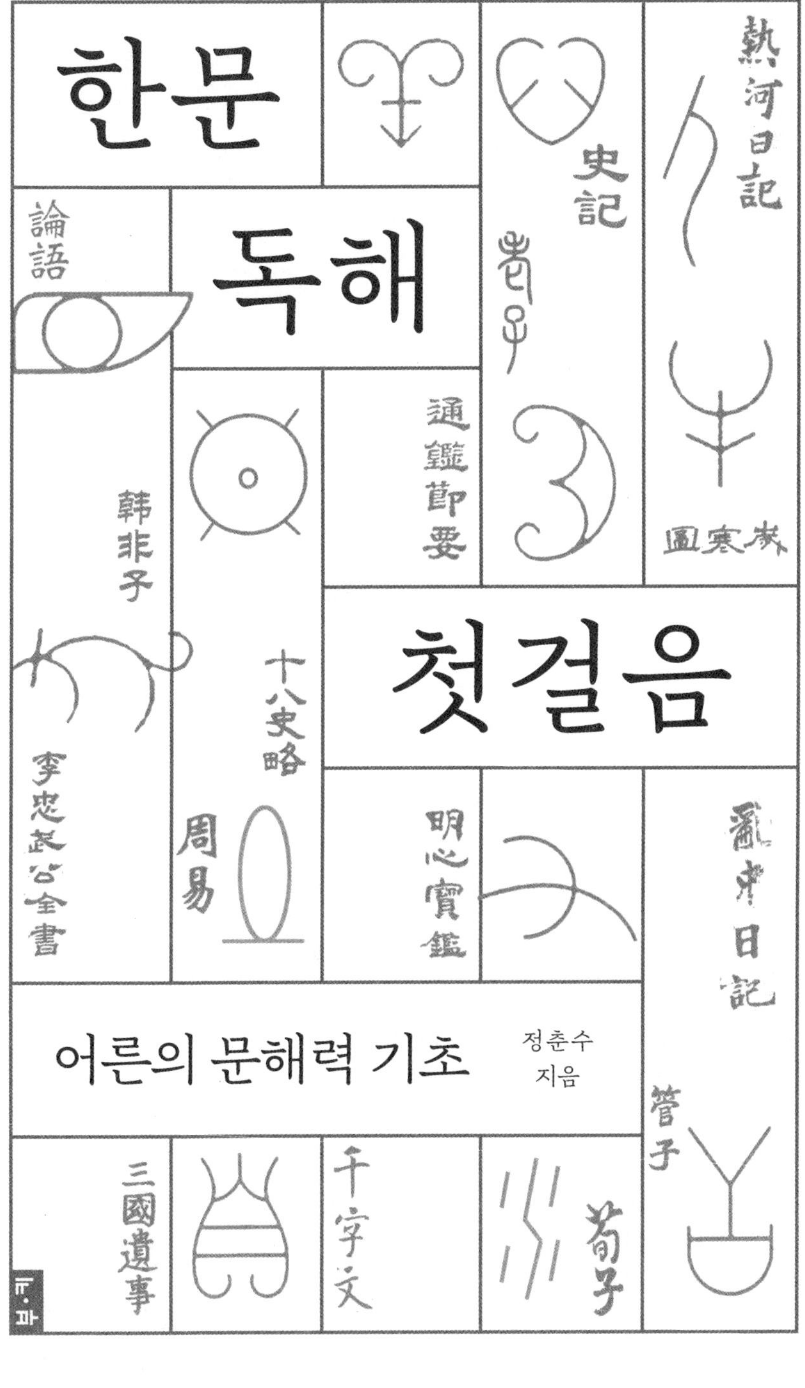
한문
독해
첫걸음
어른의 문해력 기초
정춘수
지음

일러두기

1. 한자의 대표 훈은 교육부 기초 한자에 속한 경우 한국어문회가 제안한 뜻을 따랐다.
2. 대표 훈만으로 한문의 의미를 드러내기 어려운 경우 한국, 중국, 일본의 한자 사전(네이버와 다음 한자 사전 포함)에서 공통으로 나타나는 뜻 갈래를 추출하여 첨부했다.
3. 한자의 음과 훈은 초심자를 위해 한문 문장마다 다 넣는 것을 원칙으로 했다. 다만 같은 편 안에서 반복된 한자는 음과 훈을 생략했다.
4. '주어' '부사어' '목적어' 같은 문법 용어는 한문과 우리말의 차이를 드러낼 필요가 있을 때만 제한해서 사용했고, 한문 교과용 도서에 대한 교육부 지침을 따라 국어 문법 용어를 준용했다.
5. 우리말 조사는 '의' '가'처럼 표기하고 어미는 '-고' '-면서'처럼 표시해서 구분했다.
6. '다른 문장들'의 한문은 스스로 해석해 본 후 어려움이 있을 경우 '이럴 땐 이렇게'의 도움을 받기를 권한다.
7. '이렇게 번역한다면'은 초심자가 흔히 해석할 수 있는 번역문을 제시했다. 문법론이 명확하지 않은 한문에서 어떤 요소를 기준으로 맞는 해석과 틀린 해석을 구분하는지 참고할 수 있다.
8. 각 장 말미의 연습 문제인 '문장과 문장'은 본문에 일부 나왔던 문장과 다른 문장이 결합된 긴 문장이다. 인터넷 사전이나 옥편을 찾아 가면서 해석해 보기를 바란다.
9. 본문에 나오는 인용 문장은 해석만 하고 원문을 넣지 않았다. 원문은 인터넷이나 출간된 책을 참조하기 바란다.
10. 서명은《 》, 시詩나 부賦, 논論, 영화, 드라마, 책 속에 포함된 기록 등은〈 〉로 표시했다.

한문 독해력은 우리말 실력을 키운다

"교양 있는 한국인이라면 어느 정도의 한문 독해력을 갖출 필요가 있다. 기초 수준의 한문 독해력은 우리말을 좀 더 깊이 이해하고 우리말 어휘력과 문장력, 문해력을 길러주는 가성비 좋은 수단의 하나다."

이는 오래전부터 품고 있었던 생각입니다. 그래서 2018년에 한문 독해의 기초를 다지는 데 필요한《한번은 한문 공부》를 출간했습니다. 다행히 한문을 다룬 책치고 독자의 호응이 괜찮아 분에 넘치는 격려 댓글과 메일을 받았습니다. 여럿이 모여 한문을 읽을 기회도 생겨 학습 방법의 타당성을 검증해 보기도 했지요. 그때 내내 마음에 걸리던 게 있었습니다. "조금 더 쉽게 풀었다면 좋았을 텐데"라고 아쉬움을 내비치는 댓글이었습니다.

《한번은 한문 공부》는 한문 공부 입문에 초점을 맞추긴 했지만 한문에 대한 관심을 부추기고 싶었던 책입니다. 그래서 해석의 난이도가 높더라도 담긴 메시지가 훌륭하면 용례나 예문에 넣었습니다. 한문을 우리말로 해석했을 때의 즐거움을 사람들과 나누고 싶었기 때문이지요.

또 이 정도는 상식이겠다 싶어 설명을 건너뛴 부분도 종종 있었습니다. 아쉽다는 독자의 글은 아마도 이런 점을 지적하는 불만이었을 겁니다.

이번에 내는《한문 독해 첫걸음》은 한문 독해 능력을 키우는 데만 초점을 맞췄습니다.《한번은 한문 공부》와 비교하자면 복잡한 문법 설명이 줄고, 독해의 어려움을 덜어 주는 도움말의 비중이 대폭 늘어났지요. 아울러 한문과 우리말의 차이를 상세히 설명해서 자신의 한국어 언어 감각을 활용해 한문 독해의 실마리를 찾도록 했습니다.

한문 독해 한 걸음, 한문과 우리말의 차이 알아채기

이 책에는 표현 내용에 따라 68편으로 나눈 322구의 문장이 실려 있습니다.《논어》《맹자》《사기》《통감절요》같은 중국의 한문 고전과《삼국유사》《난중일기》《열하일기》처럼 우리 고전에서 뽑아낸 문장입니다. 과거에는 비주류로 여겨졌지만 현대에 들어 가치가 높아진《노자》《장자》《관자》《순자》《묵자》《한비자》같은 문헌에서도 발췌했지요.

이 322구는 우리말과 다른 한문의 특징이 잘 녹아 있는 문장입니다. 이를테면 富貴者(부귀자, 본문 223구)에서 富貴는 '부귀한, 부유하고 귀한'이란 뜻이고, 富貴之(부귀지, 본문 49구)에서 富貴는 '부귀하게 하다, 부유하고 귀하게 하다'란 뜻을 나타냅니다. 이처럼 형태가 바뀌지 않고 뜻이나 기능이 달라지는 한문의 특징은 우리말에 없는 것입니다. 우리말에서 '부귀'는 '부귀의, 부귀를, 부귀하다'처럼 문장 속에서 조사나 어미의 형태를 바꿔 가며 사용합니다.

이 때문에 富貴者나 富貴之 같은 한문을 우리말 언어 감각만으로 해석하면 엉뚱하게 번역하는 경우가 많습니다. 한문을 읽다 보면 이 같은 우리말과 한문의 차이를 수시로 맞닥뜨립니다. 이 차이는 문장의 어순이나 구조, 표현 방식 등에 두루 나타나지요. 한문을 이해하려면 이를 인식하는 게 필수이지만 의외로 그 차이를 짚어 주는 책이 드물었습니다. 이 책에선 그 차이를 세세히 풀이해 한문 독해의 가장 근본적인 어려움을 더는 데 힘을 기울였습니다.

한문 독해 두 걸음, 문장의 맥락 속에서 한자 뜻 이해하기

본문에서 다루는 문장은 한문 특유의 압축된 메시지가 담겨 있습니다. 특히 68편의 대표 문장이 그렇습니다. 한문 독해라 하면 많은 사람이 한자부터 떠올립니다. 한자를 많이 알면 한문 해석이 가능하리라 기대하지요. 그러나 한문을 읽다 보면 이런 기대가 어그러질 때가 많습니다.

이를테면 현대 한국어에서 민주民主는 '백성이 주인이다' 또는 '인민 주권'의 뜻을 나타냅니다. 민주주의나 민주 사회, 민주 시민 같은 단어에서 쓰이고 사람을 가리키지는 않지요. 그러나 한문에서 民主(본문 29구)는 '백성의 주인' 또는 '백성의 군주'란 뜻으로 해석합니다. 대개 봉건 시대의 제후나 제후 밑에서 집정하던 경대부 신분의 최고 실권자를 가리켰습니다. 조선 말기 어린 고종을 대신해 집정했던 흥선 대원군이 바로 民主에 가까웠습니다.

한문에선 한자 뜻이 하나로 고정되지 않는 사례가 매우 흔합니다. 글이 쓰인 시대나 상황, 문장의 맥락에 따라 그때그때 한자 의미가 변하기 때문입니다. 이 책에서 68편의 대표 문장마다 시대 배경과 상황을 빼놓지 않고 서술한 이유입니다. 대표 문장이 아닌 예문에도 '이럴 땐 이렇게', '이렇게 번역한다면'이란 도움말을 두어 문장의 맥락 속에서 한자 뜻을 짐작하고 찾아낼 수 있도록 했습니다.

해석이 힘든 한문 문장을 만났을 때 모르는 것이 한자 뜻인지 문장의 의미 맥락인지 한문의 구조인지 따위를 구분할 수 있다면 한문 독해의 반은 이루어졌다고 볼 수 있습니다. 분야별 한자 사전이나 공구서의 도움을 받으며 해석할 수 있기 때문입니다. 이 책에 실린 322구의 문장은 그 구분을 도와주는 자료입니다. 암송이 가장 좋지만 외우지 못하더라도 문장 속에서 한자 의미를 자주 되새김질한다면 분명 한문이 달리 보일 것입니다.

한문 독해 세 걸음, 한문의 메시지를 우리말로 재구성하기

한 해 전 겨울, 볕이 잘 드는 곳으로 이사했습니다. 주인집 어르신이 어느 날 술이 거나하게 취해서 올라왔습니다. 세 든 사람이 한문책 작가인 걸 알고 자신이 아는 것을 보여 줄 심산이었습니다. 종이와 펜을 달라고 하더니 삼강오륜을 한문으로 적기 시작했습니다. 필체가 좋았습니다. 그런데 삼강사륜까지 잘 적다가 오륜을 까먹었는지 대충 한글로 적고 멋쩍은 표정을 지었습니다. 괜스레 미안해졌고 짠한 마음이 들었습니다.

한문은 신분이나 계급, 계층의 권위를 드러내는 데 활용하기 쉬운 언어입니다. 한자 2000자를 아는 이가 1000자를 아는 이에게, 5000자가 3000자에게, 10000자가 7000자에게 지적 권위를 행사하기 쉽다는 말입니다. 주인집 어르신은 왜 굳이 한글로 써도 될 삼강오륜을 한자로 적으려 했을까요? 아마 그분이 젊었던 1960~1970년대에 한문이라는 권위가 주었던 압박감과 그에 적응했던 습성 탓일 것입니다.

이 책으로 그런 권위의 재생산에 기여할 의도가 없습니다. 과거에 한문은 우리말의 일부였습니다. 한문이 공용어에서 퇴출된 뒤에도 한글과 한자는 꽤 오래 혼용됐지요. 지금은 아닙니다. 한문은 이제 듣기와 말하기, 쓰기가 거의 사라진 언어로 변했습니다. 한문을 읽더라도 그 메시지를 한문으로 써서 확인하고 전달하는 창구가 생활 주변에 남아 있지 않지요.

그러므로 오늘의 한문 독해는 한문을 우리말로 이해하고 해석하는 일입니다. 우리는 한문 해석이 올바른지 그른지를 따질 때도 한국어로 토론할 수밖에 없습니다. 한문 독해에서 우리말 실력이 중요해지는 이유가 여기에 있습니다. 이 책에는 한문 독해에 도움이 되는 한국어 상식도 심심치 않게 등장합니다. 이를 통해 한문 독해에 세밀함과 정교함을 더해 주고자 했습니다. 어떤 한문을 우리말로 정확하고 아름답게 번역했다면 그 사람은 한문을 잘 이해했다고 할 수 있습니다.

2023년 7월 공산성 자락에서 정춘수

차례

2장 지칭의 말, 나 너 그 그것 등

3장 판단의 말, 무엇은 무엇이다

4장 서술의 말, -어찌하다 - 어떠하다

5장 부정의 말, - 아니 - 아니다

6장 의문, 반어, 감탄의 말

7장 한정하고 수식하는 말

8장 가정과 양보의 표현, -한다면 - 할지라도

9장 사동과 피동의 표현, -하여금 - 의해서

부록 필수 한자 45 정리노트 335

1장

한문의 구조와 성격 알기

— 한문은 우리말과 다르다

한문은 문장의 구조나 표현, 단어의 짜임 등에서 우리말과 다른 여러 특징이 있습니다. 이 때문에 익숙한 우리말 관습에 따라 한문을 해석하다 보면 본뜻과 달리 엉뚱하게 옮길 때가 많습니다. 첫 장에서는 한문의 문장 구조가 어떻게 다른지 느끼도록 우리말과 두드러지게 차이 나는 한문 문장을 읽어 봅니다. 1장에서는 '갈 지之' '그 기其' '어조사 야也' '말 이을 이而'가 필수 한자이니 그 쓰임을 반복해서 익힙니다.

1편 한문의 주어 자리는 서술어 앞

《십팔사략》 동한 안제

天知 地知 子知 我知[01]

천지 지지 자지 아지

하늘이 알고 땅이 알고 그대가 알고 내가 안다.

天 하늘 천 知 알 지 地 땅 지 子 아들/당신(그대) 자. 상대에 대한 존칭을 나타내는 경우 '당신', '그대' 등으로 해석한다. 我 나/우리 아

중국 후한 시대에 재상급 관직까지 올랐던 양진楊震이 뇌물을 건넨 후배 관리에게 했던 말입니다. 양진이 동래東萊 지역 태수로 부임하러 가던 길이었습니다. 창읍昌邑이란 작은 고을에서 묵게 되었는데, 그곳은 양진이 한때 관리 등용에 도움을 주었던 왕밀王密이 행정 책임을 맡고 있었습니다.

그날 왕밀이 느지막이 양진의 처소를 방문했습니다. 그러고는 소매 속에 숨겨 온 황금 덩이를 꺼내어 양진에게 건넸지요. 《십팔사략十八史略》에 나와 있지는 않지만 왕밀이 당장의 큰 대가를 바라고 선물을 건넸던 것 같진 않습니다. 과거에 도움받은 일의 사례 차원이기도 하고 미래를 위한 보험이기도 했겠지요. 그렇지만 양진은 완곡하게 거절의 뜻을 밝혔습니다.

"나는 그대를 아는데 그대는 나를 잘 모르는 것 같으이."

그러자 왕밀이 다시 은근히 권유했습니다.

"밤이 늦었고 아무도 아는 사람이 없습니다."

"**하늘이 알고 땅이 알고 그대가 알고 내가 아는데** 어떻게 아는 사람이 없는가?"

양진의 이 한마디를 듣고 왕밀이 부끄러워하며 물러갔다는 이야기입니다.

한문의 주어

天	知	地	知	子	知	我	知
하늘	알다	땅	알다	아들/그대	알다	나	알다
주어	서술어	주어	서술어	주어	서술어	주어	서술어
하늘이	안다	땅이	안다	그대가	안다	내가	안다

▶ 하늘이 알고 땅이 알고 그대가 알고 내가 안다.

우리는 대개 자신이 아는 한자 뜻을 활용해 한문을 이해합니다. 한자 뜻을 나열하고 적절히 조사와 어미를 붙여 번역하지요. 天知地知라면 '하늘 알다 땅 알다'를 '하늘이 알고 땅이 안다' 정도로 바꾸게 됩니다. 그런데 이 과정이 쉽지만은 않습니다. 한문에는 우리말의 조사나 어미에 대응하는 요소가 없기 때문입니다. 이를테면 우리말의 주어에는 보통 조사 '이/가/에서/께서'나 '은/는'이 붙습니다. '이/가/에서/께서'는 행위(상태)의 주체를 나타내고, '은/는'은 이야기의 화제를 나타내지요.

그러나 한문은 둘을 구분 짓지 않습니다. '하늘은 안다'나 '하늘이 안다'나 다 天知입니다. 그렇다면 거꾸로 天知를 우리말로 번역할 때 무엇을 기준으로 '은/는'과 '이/가'를 선택할까요? 상황과 맥락입니다. 이 구절도 대화 상황에서 아랫사람에게 가하는 꾸짖음이었지 하늘이나 땅을 화제로 삼은 내용이 아니었지요. '알 지知'를 옮기면서 '-고'라는 어미를 쓴 것도 말의 맥락에 따른 판단입니다. 이 책의 대표 문장마다 상황과 맥락을 보여 주는 이야기를 꼬박꼬박 붙인 이유가 여기에 있습니다. 다른 문장들을 해석해 보면서 어떤 상황과 맥락에서 나온 말일지 짐작해 보세요.

다른 문장들

天長地久 02

《노자》 7장

천장지구

- 長 길(자랄)/나을/어른 장 久 오랠 구
- **이럴 땐 이렇게** 뒤이어 "하늘과 땅이 길고 오래가는 이유는 스스로 살려 하지 않기 때문이다"라는 구절이 따라옵니다.

▶ **하늘은 길고 땅은 오래다.**

寒來暑往 秋收冬藏 03

《천자문》

한래서왕 추수동장

- 寒 찰(추울)/추위/가난할 한 來 올 래 暑 더울/더위 서 往 갈 왕 秋 가을 추 收 거둘 수 收穫 冬 겨울 동 藏 감출 장 貯藏
- **이럴 땐 이렇게** '찰 한寒'은 대표 훈이 암시하듯 '차다'는 뜻으로 주로 쓰지만, 寒來는 寒이 주어 노릇도 할 수 있음을 보여 줍니다. 이 경우 한자 형태는 그대로이지만 우리말 뜻은 '차가움, 추움' 따위의 명사형으로 바뀝니다. 추위는 그런 뜻을 잘 표현하는 토박이말이지요. 한문에서는 寒과 같은 의미 전용이 매우 흔합니다.

▶ 추위가 오고 더위가 물러가니 가을에는 거두고 겨울에는 저장한다.

言忠信 行篤敬 04

《논어》 위령공

언충신 행독경

- 言 말씀/말 언 忠 충성/정성 충 忠實 忠誠 信 믿을/진실로/편지 신 信義 行 다닐/행할 행 行動 行實 篤 두터울 독 篤實 敦篤 敬 공경 경 尊敬 敬虔
- **이럴 땐 이렇게** "말이 충실하고 믿음직스러우며 행동이 독실하고 경건하면 오랑캐 나라라 할지라도 행할 수 있을 것이다"라는 구절의 일부입니다. 만약 言忠信 行篤敬이란 글귀를 액자에 담아 사무실에 걸어두었다고 칩시다. 이때는 '말은 충실하고 믿음직스럽게 하고, 행동은 독실하고 경건하게 한다'는 의미로 해석할 수 있습니다. 한문의 주어는 우리말의 '은/는'과 '이/가'의 의미를 다 내포합니다.

▶ 말이 충실하고 믿음직스러우며 행동이 독실하고 경건하다.

【꼭 알아 두기】

한문의 주어를 번역할 때는 문장의 상황과 맥락을 보고 '은/는'과 '이/가' 중에 어떤 조사를 붙일지 선택한다. 한문의 핵심 의미를 파악했다면 '은/는'과 '이/가'의 선택은 자신의 우리말 언어 감각에 따른다.

2편 한문의 목적어 자리는 서술어 뒤

《관자》 추언

衆勝寡 疾勝徐 勇勝怯[05]

중승과 질승서 용승겁

많은 것이 적은 것을 이기고 빠름이 느림을 이기고 용감함이 비겁함을 이긴다.

衆 무리/많을 중 勝 이길 승 勝利 寡 적을/홀어미(과부) 과 疾 병/빠를 질. 疾風은 빠른 바람이다. 徐 느릴 서 勇 날랠/용감할 용 勇氣 怯 겁낼/비겁할 겁

관자管子는 춘추 전국 시대(기원전 722~기원전 481)의 유능한 재상 가운데 한 명입니다. 춘추 전국 시대 초기에 제齊나라 환공桓公을 도와서 제나라를 춘추 시대의 첫 번째 패권국가로 밀어 올렸던 인물이지요. 우리에게는 관중과 포숙아의 우정을 나타내는 관포지교管鮑之交의 한 주인공으로 유명합니다. 관자는 관중을 높여 부르는 말입니다.

'많은 것이 적은 것을 이기고' 운운하는 《관자》 추언樞言의 구절은 관자가 어떻게 제나라를 부강한 나라로 만들었는지 그 세계관의 한 갈피를 보여 줍니다. 특별한 비책이 담겨 있다기보다 누구나 동의하기 쉬운, 경험에 기초한 상식과 합리를 드러내는 말이지요. 너무 길어서 생략했지만 원문에는 "지혜가 어리석음을 이기고 선함이 악함을 이긴다"라는 말이 따라붙습니다. 이 말에도 특별난 방법이 담겨 있지 않습니다.

그런데 생각 외로 이 상식과 합리를 지키기가 어렵습니다. 일에 대한 조급함이나 욕심, 익숙한 관례와 습성, 단기 성과에 대한 압박 같은 상황이 늘 사람들의 적절한 판단을 가로막으니까요. 그래서 긴급한 순간이 오면 적은 것으로 많은 것을 이기는 요행수를 노리거나 느리게 행동하면서 성과를 바라곤 합니다. 비겁하게 눈치만 보다가 나중에 공을 인정받으려는 사람도 늘어납니다. 적은 것, 느린 것, 비겁한 짓이라고 다 나쁘지만은 않습니다. 그 나름의 가치가 있습니다. 하지만 그 가치는 승리를 이끌어 내는 데에서 도출되지 않습니다. 성과를 내야 할 상황이라면 상식과 합리에 기대는 게 옳지요. 그러므로 관자 말을 제대로 적용하려면 한 구절을 더 추가해서 생각하면 좋습니다. '상식과 합리에 대한 믿음이 그에 대한 불신을 이긴다.'

한문의 목적어

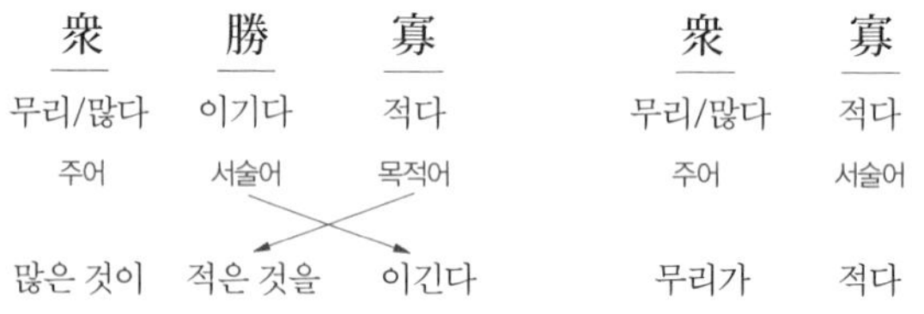

衆	勝	寡
무리/많다	이기다	적다
주어	서술어	목적어
많은 것이	적은 것을	이긴다

衆	寡
무리/많다	적다
주어	서술어
무리가	적다

우리말에서 조사 '을/를'이 붙는 목적어는 보통 서술어 앞에 옵니다. 그러나 한문에서는 목적어가 서술어 뒤에 오지요. 우리말과 한문의 차이 가운데 가장 눈에 띄는 대목입니다. 이 때문에 목적어를 지닌 한문을 우리말로 옮기려면 서술어와 목적어의 어순을 바꿔 줘야 합니다. 이때 주의할 점이 한자의 대표 훈에 얽매이지 않는 것입니다.

이를테면 '적을 과寡'는 '적다'는 뜻을 주로 나타냅니다. 중과衆寡가 그런 예이지요. 그러나 중승과衆勝寡처럼 목적어로 쓰여서 '적음(적은 것)을'이란 뜻을 나타내기도 합니다. 한문에서는 이런 의미 전용이 변수가 아니라 상수입니다. 한자 대부분이 과寡처럼 쓰인다는 뜻입니다. '적을 과寡'는 우리말의 '**적**다, **적**고, **적**은/ **적**음(적은 것)이, **적**음을' 정도에 다 대응합니다. '무리 중衆'이라면 '무리(**많**은 것, **많**은 사람)가, 무리를/ **많**은, **많**다, **많**고' 등에 대응하지요. 우리말의 조사와 어미로 나타내는 풍성한 뉘앙스를 한문은 한 글자로 처리합니다. 그러므로 한자의 대표 훈은 한문에서 우세하게 쓰이는 빈도로 받아들이는 게 좋습니다.

다른 문장들

智勝愚 善勝惡 06

《관자》 추언

지승우 선승악

- 智 지혜/알 지 勝 이길 승 愚 어리석을 우 善 착할/좋을/잘 선 善良. 고대 중국에서 善은 '좋음, 잘함, 착함'이 혼융된 개념이었다. 조선시대 새김에서도 '착하다'는 '좋다'보다 후대에 출현한다. 惡 악할/나쁠 악, 미워할 오
- **이럴 땐 이렇게** 앞의 05구 衆勝寡 疾勝徐 勇勝怯 다음에 이어지는 구절로, 문장 구조와 풀이 방식이 같습니다.

▶ **지혜가 어리석음을 이기고 선함이 악함을 이긴다.**

富潤屋 德潤身 07

《대학》

부윤옥 덕윤신

- 富 부자/부유할 부 潤 윤택할 윤 屋 집 옥 德 덕 덕 身 몸 신

• **이럴 땐 이렇게** '윤택할 윤潤'은 보통 우리말의 형용사 뜻인 '윤택하다'를 나타냅니다. 만약 富潤이라면 '부자는 윤택하다'로 번역할 수 있겠지요. 그렇지만 富潤屋에서는 屋이라는 목적어를 취했으므로 潤을 '윤택하게 하다'는 동사 뜻으로 번역해야 합니다.

▶ **부는 집을 윤택하게 하고 덕은 몸을 윤택하게 한다.**

疑思問 忿思難 [08]

《논어》 계씨

의사문 분사난

• 疑 의심할 의 思 생각/생각할 사 問 물을/물음 문 質問 忿 성낼 분 難 어려울 난 困難

• **이럴 땐 이렇게** 疑思問에서 '의심할 의疑'는 주어입니다. 따라서 '의심하다'는 뜻이 아니라 '의심, 의심하는 것'을 의미합니다. 한문을 직역하다 보면 '~것'이란 표현이 자주 나타날 수밖에 없습니다. 이때 '~것'을 상황에 맞게 '때, 이, 데, 일, 곳' 등의 우리말로 구체화하면 한문 투의 어색함과 의미의 애매함이 줄어듭니다.

▶ **의심할 때는 질문을 생각하고 화가 날 때는 (화낸 뒤의) 곤란함을 생각한다.**

【꼭 알아 두기】
'적을 과寡'의 '적다' 같은 한자의 대표 훈은 한문이 전하는 의미에 접근하는 단서이지 전부가 아니다. 동사나 형용사 뜻이 대표 훈인 한자라도 한문에선 언제든지 명사 뜻으로 전용되고 그 역도 마찬가지이다.

3편 목적어를 닮은 보어

《관자》 주합

夏處陰 冬處陽 [09]

하처음 동처양

여름에는 그늘에 머물고 겨울에는 볕에 머문다.

夏 여름 하 處 곳/처할/살(머무를) 처 處所 居處 陰 그늘 음 冬 겨울 동 陽 볕 양

“위대한 현자의 덕은 오래간다.” 이 문장 바로 앞에 놓인 구절입니다. 그러니까 ‘여름에는 그늘에 머물고 겨울에는 볕에 머문다’는 현자가 지닌 덕의 모습을 나타냅니다. 오래전 중학생을 앞에 놓고 고전 읽기가 무엇인지를 강연할 때였습니다. 똘망똘망한 눈들 앞에서 가벼운 질문을 먼저 던졌습니다. “혹시 논어나 맹자 같은 고전을 읽은 적 있나요? 고전을 읽었을 때 재미있었나요?” 예상했던 대로 누군가가 크게 “재미없어요”라고 외쳤습니다. 여기저기서 동의한다는 듯 가볍게 웃음이 터져 나왔습니다.

청소년이 한문 고전을 재미있어 한다면 신기한 일입니다. 한문에 담긴 진리나 조언은 대개 오랜 인생 경험을 담고 있습니다. 특히나 관자가 살았고 그의 생각이 편집됐던 춘추 전국 시대는 중국 역사의 격변기였습니다. 청동기 시대가 철기 시대로, 성읍에만 통치력이 미치던 시대에서 나라의 전 영토로 통치력이 확장되던 시대였지요. 200여 개의 나

라가 잦은 전쟁을 거치며 하나의 나라로 통일되어 가던 시기였습니다. 《논어》나 《관자》 같은 한문 고전에는 그런 시대를 헤쳐 간 역사 경험이 배어 있습니다. 과거의 상황을 추체험할 만한 인생 경험이 쌓이지 않으면 재미와 공감을 느끼기 어렵지요. 어쩌면 고전을 즐기는 일은 어느 정도 세파를 겪은 이가 갖는 특권일지도 모르겠습니다.

얼마 전 겨울 초입에 볕이 없던 곳을 떠나 볕이 잘 드는 곳으로 이사를 했습니다. 겨울을 거스르는 따스한 볕이 새삼스레 참 좋았습니다. 며칠 뒤 옛집의 기억이 희미해지며 볕의 고마움이 금세 엷어졌지만 이사 다음 날만큼은 하루 내내 현자의 덕을 살았습니다.

보어라는 말

夏	處	陰
여름	처하다/살다/머무르다	그늘
주어	서술어	보어
여름에는	그늘에	머문다

한문을 처음 접하는 이들이 자주 하는 실수가 있습니다. 서술어 뒤에 오는 말에 습관적으로 '을/를'을 붙여 해석하는 일입니다. 그렇지만 한문에는 목적어 자리에 오는 한자를 '을/를'이 아니라 '에/에서/와'나 '이/가' 같은 조사를 붙여 번역하는 사례가 얼마든지 있습니다. 이를 보통 서술어-보어 관계로 설명하지요. 하처음夏處陰도 그런 사례입니다. 그런데 이 보어라는 용어가 구멍 뚫린 그물입니다. 보어는 우리말 학교 문법에서 '되다, 아니다' 앞에서 '이/가'가 붙는 어절을 지칭합니다. '여름이 되다'라면 '여름이'가 보어이지요. 이를 따르면 하처음夏處陰의 음陰은

목적어도 아니고 보어도 아니고 무엇도 아닌 게 됩니다. 번역한 우리말만 놓고 보면 '그늘에(陰)'가 부사어가 되므로 머릿속이 한층 더 어지러워집니다. 그래서 한문을 설명할 때는 "목적어 자리에 놓이고 '을/를'을 붙여 번역하지 않는 한자는 다 보어라 하자" 하고 퉁쳐서 씁니다.

그러나 한문의 시선으로 보면 목적어나 보어나 큰 차이가 없습니다. 둘 다 서술어 뒤에 오고 우리말 명사 뜻으로 풀이되는 말이니까요. 한문은 우리말 조사를 뭐로 붙일지 신경 쓰지 않습니다. 그러니까 夏處陰 같은 문장을 만났을 때는 목적어냐 보어냐 따지기보다는 處陰 같은 사례를 기억해 두는 게 좋습니다. 한문에서 서술어 뒤에 오는 말을 번역할 때 '에/에서/와'나 '이/가'가 붙는 경우가 많지는 않습니다.

다른 문장들

道在爾[10]

《맹자》 이루

도재이

- 道 길 도 道理 道德 在 있을 재 爾 너/가까울 이
- **이럴 땐 이렇게** "길은 가까이에 있는데 멀리서 구한다"라는 구절의 일부입니다. 在A는 'A에 있다'입니다.

▶ **길은 가까이에 있다.**

言寡尤 行寡悔[11]

《논어》 위정

언과우 행과회

- 言 말/말씀 언 寡 적을/홀어미(과부) 과 尤 더욱/허물 우. 허물은 잘못이나 실수이다. 行 다닐/행할 행 悔 뉘우칠/후회 회 後悔

• **이럴 땐 이렇게** "말에 실수가 적고 행동에 후회가 적으면 녹봉이 그 가운데서 구해진다"라는 구절의 일부입니다. 寡A는 'A가/이 적다'로 번역합니다.

▶ **말에는 실수가 적고 행동에는 후회가 적다.**

居處恭 執事敬 與人忠[12]

《논어》 자로

거처공 집사경 여인충

• 居 살/머무를 거 處 곳/처할/살(머무를) 처 處所 居處 恭 공손할 공 執 잡을 집 執行 事 일/섬길 사 敬 공경 경 與 더불/같이할/줄 여 人 사람/남 인 忠 충성/정성 충 忠實

• **이럴 땐 이렇게** 인仁을 묻는 질문에 대한 답변의 일부입니다. 居處, 執事, 與人이 구를 이루어 주어로 쓰였지요. 居處는 일정한 곳에 살거나 머무는 일 또는 그런 곳이고, 執事는 일을 잡는 것, 일을 집행하는 것입니다. 與人은 남과 같이하는(함께하는) 것이지요. 與A는 'A를 주다' 'A와/과/에 같이(함께)하다' 'A와/과' 등으로 맥락에 따라 다르게 번역합니다.

▶ **머무는 곳에서는 공손하고 일을 집행할 때는 경건하며 남과 함께할 때는 충실하게 한다.**

【꼭 알아 두기】

하처음夏處陰의 處陰처럼 번역할 때 '을/를'이 붙지 않는 문장을 만나면 그때그때 서술어를 따로 챙겨 두는 게 좋다. 處A는 'A에 살다/머무르다'와 같이 동반하는 조사를 함께 기억해 둔다.

4편 관형어 자리의 터줏대감 기其

《좌전》 소공 18년

天道遠 人道邇[13]

천도원 인도이

하늘의 길은 멀고 사람의 길은 가깝다.

道 길 도 遠 멀 원 邇 가까울 이 人道 사람 인, 길 도. 인도는 현대 한국어에서는 차가 다니는 차도와 대비되어 쓰인다. 이때 인도는 주로 '사람이 걸어다니는 길'이란 뜻을 나타낸다. '사람의 길, 인간의 도리' 같은 과거 해석의 흔적은 휴머니즘humanism의 번역어인 인도주의 같은 단어에 남아 있다.

춘추 시대였던 기원전 6세기 초반, 중국의 중원에 위치한 소국 정鄭나라에서 대형 화재가 났습니다. 정확히 규모를 추산하기 어렵지만 그런 일이 다시 일어나면 나라가 망할 것이라는 말이 돌 정도로 큰불이었습니다. 이때 여러 사람이 당시 정나라 재상이었던 자산子産에게 요청했습니다. 나라의 보물인 옥그릇과 옥국자를 내어 하늘에 제사를 올리고 화재가 재발하는 것을 막자고요.

天道遠천도원 人道邇인도이는 이 요청을 거절하면서 나온 말입니다. 주술적 수단에 의지해 신령을 달래고 비용이 많이 드는 대규모 제사를 올리기보다 사람이 할 일을 해야 한다는 것이었지요. 자산이 말했던 '사람의 길, 인간의 도리'가 무엇을 뜻하는지는 분명치 않습니다. 《좌전》에 인도人道에 대한 정의나 설명이 나오지 않습니다. 그렇지만 화재를 진압하기 위해 그가 취했던 조치를 보면 대강을 짐작할 수 있습니다.

자산은 불이 나자 일단 외국 사절부터 성 밖으로 피신시켰습니다. 그리고 주요 건물의 순찰과 경비를 강화하고 불이 난 곳에 담당 관리와 인부를 파견해 불길을 잡도록 했습니다. 성 아래 백성들은 성 위로 피난시키고, 불길이 향하는 곳을 미리 단속하고 청소해서 불길이 번지지 않도록 했지요. 불이 잡힌 뒤에는 집이 타 버린 사람들의 세금을 면제하고 새집 지을 재료를 공급했습니다. 그 뒤 정나라에서는 대형 화재가 다시 일어나지 않았다고 합니다.

한문의 관형어와 '그 기其'

天	道	遠
하늘	길	멀다
관형어	주어	서술어, 형용사

하늘의 길은 멀다.

遠	其	道
멀다	그/그것	길
서술어, 동사	**관형어**	목적어

그 길을 멀리한다.

우리말에서 관형어는 주어나 목적어 앞에서 그 말을 꾸며 줍니다. 한문의 관형어도 크게 다르지 않아서 주어나 목적어 앞에 와서 그 말을 한정해 줍니다. 천도天道의 天이나 인도人道의 人이 다 관형어의 사례입니다. 다만 우리말로 옮길 때는 '의' 같은 조사를 붙이거나 '-은/는/을/던' 같은 어미를 써서 형태를 바꿔 줍니다.

한문의 관형어와 관련해서 미리 기억해 둘 만한 한자가 '그 기其'입니다. 其는 주로 앞 구절에 나온 말을 지칭하여 '그, 그것'으로 뜻을 새기는 한자입니다. 그런데 이 其는 주로 관형어로 쓰여서 우리말의 '그, 그것의, 그런'에 해당되는 뜻을 나타냅니다. 이 때문에 其로 수식되는 其A(그/그것의/그런 A) 구절을 보면 그것이 주어나 목적어임을 쉽게 알 수 있습니다. 원기도遠其道의 其道는 목적어로 쓰인 사례입니다. 용례를 보이기 위해 지어 봤습니다.

다른 문장들

天地昏黑 白日變色[14]

《난중일기》 1597년 10월 14일

천지혼흑 백일변색

- 昏 어두울 혼 黑 검을 흑 白 흰/밝을 백 日 날/해 일 變 변할 변 色 빛 색
- **이럴 땐 이렇게** 막내아들이 왜군의 손에 죽었다는 소식을 들은 날《난중일기》에 나오는 대목입니다. 白日의 白이 관형어이고, 白의 '밝다'를 '밝던' '밝은'으로 바꿔 줍니다.

▶ **하늘땅이 어둡고 깜깜해지며 밝던 해가 빛이 변했다.**

治大國 若烹小鮮[15]

《노자》 60장

치대국 약팽소선

- 治 다스릴 치 大 큰 대. 서술어로 '크다'는 뜻도 나타내지만 관형어로 '큰'이라는 뜻을 나타낼 때가 많다. 國 나라 국 若 같을/만약/너 약 烹 삶을/요리 팽 小 작을 소 鮮 고울/생선 선
- **이럴 땐 이렇게** 작은 생선을 굽거나 삶을 때 자주 뒤적이면 살이 부서져서 요리를 망칩니다. 큰 나라를 다스릴 때 그런 점에 유의하라는

말입니다. 治大國과 烹小鮮이 구를 이뤄 각각 주어와 보어(목적어) 구실을 했지요. 大國의 大와 小鮮의 小가 관형어로 쓰였습니다. 若A는 'A와/과 같다'입니다.

▶ **큰 나라를 다스리는 일은 작은 생선을 요리하는 것과 같다.**

人人親其親 長其長[16]

《맹자》 이루 상

인인친기친 장기장

- 人 사람 인. 人人처럼 명사가 중첩되면 문맥에 따라 '모두' 또는 '마다'의 의미를 붙여 풀이할 수 있다. 親 친할/어버이 친. 어버이는 부모와 비슷한 말이다. 長 길(자랄)/어른 장
- **이럴 땐 이렇게** 親其親은 其親을 관형어가 한정하는 목적어로, 그 앞의 親을 서술어(동사)로 해석합니다. 앞의 親은 '친하다'를 '친하게 하다/여기다'와 같이 동사 뜻으로 바꾸고 뒤의 親은 '어버이'라는 명사 뜻을 채용합니다. 長其長도 마찬가지 과정을 거칩니다.

▶ **사람마다 그의 부모를 친하게 대하고 어른을 어른으로 대한다.**

【꼭 알아 두기】

'그 기其'는 한문에서 관형어로 흔히 쓰인다. 이 때문에 其A(그/그것의/그런 A)는 문장 내에서 주로 주어와 목적어 구실을 하고, 어떤 한자가 서술어인지를 알려 주는 지표가 된다. 其처럼 관형어가 있는 구는 주어나 목적어이다.

5편 부사어 자리에 자주 나오는 필必

《한비자》 팔경

凡治天下 必因人情[17]

범치천하 필인인정

무릇 천하를 다스리는 일은 반드시 인정을 따른다.

凡 무릇/도대체/평범할 범 治 다스릴 치 必 반드시 필 因 인할 인. '인하다'는 어떤 것의 결과로 일이 이어지거나 뒤에 따를 때를 말한다. 人情 사람 인, 뜻/마음/정 정. 사람의 감정 또는 사람의 따뜻한 마음씨

한비자韓非子란 이름을 한 번쯤 들어본 이라면 이 구절을 읽고 고개를 갸웃거릴지도 모르겠습니다. '중국의 마키아벨리라 불리는 한비자가 인정에 따라 천하를 다스려야 한다고 했다고? 정말?' 하는 의문을 품을 수 있지요. 타당한 의심이지만 이런 반응은 인정이란 단어가 주는 어감 탓입니다. 한비자에게 인정은 이해관계에 근거한 호오의 감정일 뿐이었으니까요. 현대 한국인들에게 통용되는 '사람의 따뜻한 마음씨'라는 뜻을 담고 있지 않았습니다.

한비자는 중국의 춘추 전국 시대 말기를 살아간 법가 사상가였습니다. 부강한 나라를 만들려면 강력한 법과 형벌, 왕의 권세와 교묘한 통치술이 필요하다고 믿었습니다. 인정에 따르라는 말은 이익을 좋아하고 손해를 꺼리며 죽음을 두려워하는 인간의 감정에 기대라는 의미였지요. 전쟁에서 공을 세우면 확실한 상을 주고 법을 어기거나 해를 끼

쳤으면 사정없이 형벌을 내리라는 맥락이었습니다.

그러나 인정이 담고 있는 의미는 변합니다. 과거 신분 계급 사회의 인정과 현대의 민주 시민 사회의 인정이 같을 리 없고, 또 전쟁 시대의 인정과 평화 시대의 인정도 다르지요. 현대인이라면 동정과 배려, 사랑 같은 인정이 모이는 국가나 사회를 상상 못할 이유가 없습니다. 인정이 흐르는 정치와 행정, 인정이 도는 경영이나 시장, 그것을 가능하게 하는 시스템이나 제도 따위를 생각해 볼 수 있겠지요. 이런 조합의 실현 여부는 현대 사회가 고대의 전쟁 사회에서 얼마나 진전했는지를 가늠하는 리트머스 시험지라 할 만합니다.

한문의 부사어와 '반드시 필必'

凡	治	天下	必	因	人情
무릇	다스리다	천하	반드시	인하다	인정
	서술어-목적어				
부사어	주어		**부사어**	서술어	목적어

무릇 천하를 다스리는 일은 반드시 인정을 따른다.

우리말에서 부사어는 서술어, 관형어, 다른 부사어를 수식합니다. 한문 역시 같은 기능을 합니다. 다만 우리말처럼 자리 이동이 자유롭지 못하고 대개 문장 맨 앞이나 서술어 앞에 놓입니다. 위 구절의 '무릇 범凡'이 문장 앞에 오는 예라면 '반드시 필必'은 서술어 앞에 오는 예입니다.

이 가운데 '반드시 필必'은 한문에 자주 등장하는 한자입니다. 주로 부사어 자리에서 '반드시, 꼭, 틀림없이'라는 의미를 나타냅니다. 서술어로 쓰여서 '반드시 한다'는 뜻을 나타내기도 하지만 드물지요. 必 같은 한자는 다른 한자에 비해 뜻 갈래가 단출하고 놓이는 자리가 고정되어 있습니다. 대개 주어와 서술어 사이, 문장과 문장 사이에 오게 되지요. 이 때문에 한문의 구조와 의미가 헷갈릴 때 주어와 서술어를 파악하는 데 도움을 줍니다. '반드시 필必' 같은 한자를 잘 챙기는 것도 한문 해석에 익숙해지는 방법입니다.

다른 문장들

其末立見[18]

《통감절요》 주기 난왕 57년

기말입현

- 其 그/그것 기 末 끝 말 立 설(세울)/곧(바로) 립 設立 建立 見 볼 견, 나타날/드러날 현
- **이럴 땐 이렇게** 주어인 기말其末과 서술어인 현見 사이 부사어 자리에 '설 립立'이 놓여 있습니다. 그러므로 한자 사전에서 立에 '곧, 바로' 같은 부사 뜻이 있는지 찾아서 그 뜻으로 해석합니다. 其末의 '그 끝'은 앞 구절에 나오는 송곳 끝을 가리키며, 뛰어난 사람의 재능과 능력은 숨길 수 없다는 의미를 담고 있습니다.

▶ **그(송곳의) 끝이 바로 드러난다.**

先須大其志[19]

이이 〈자경문〉

선수대기지

- 須 모름지기 수. '모름지기'는 '당연히, 마땅히'와 비슷한 말이다. 大 큰 대 志 뜻 지
- **이럴 땐 이렇게** 자경문自警文은 율곡 이이가 젊은 시절의 방황을 끝내

고 스스로를 경계하면서 지은 글입니다. 여기서 大는 其志라는 목적어를 취한 서술어입니다. 또한 先須가 大를 수식해서 大가 서술어(동사)임을 더욱 분명히 하고 있지요. 그러므로 '큰'이나 '크다'가 아니라 '크게 하다'는 뜻으로 풀이합니다.

▶ **먼저 마땅히 그 뜻을 크게 한다.**

工欲善其事 必先利其器[20]

《논어》 위령공

공욕선기사 필선리기기

- 工 장인 공 欲 하고자 할 욕 善 착할/좋을/잘할 선. '착하다, 좋다'와 '잘하다'란 뜻을 함께 지니고 있다. 事 일/섬길 사 利 이로울/날카로울 리. '날카롭게 하다'는 '벼리다'는 말과 같다. 器 그릇/도구 기
- **이럴 땐 이렇게** 工欲善其事가 절을 이루어 주어로 쓰였습니다. 주어가 길지만 必이 뒤에 오는 서술어와 주어를 구분 지어 줍니다. 한편 우리말에서 주어와 같은 말이 문장 안에 반복되면 뒷말이 '자기, 자신'으로 나타납니다. 이 때문에 '그 기其'는 종종 '자기의, 자신의'로 번역합니다.

▶ **장인이 (그) 일을 잘하고자 할 때는 반드시 먼저 자신의 도구를 날카롭게 벼린다.**

【꼭 알아 두기】
'반드시 필必'은 거의 부사어 자리에서 '반드시, 꼭, 틀림없이' 같은 부사 뜻을 나타낸다. 이런 必 같은 한자는 쓰는 자리가 한정되어 있어서 문장에서 주어와 서술어를 구분하는 지표로 삼을 수 있다. 부사 뜻을 대표 훈으로 삼은 한자는 必과 같이 쓰이는 사례가 많다.

6편 '어조사 야也'에서 어조사가 뜻하는 것

《장자》 거협

入先 勇也 出後 義也[21]

입선 용야 출후 의야

들어갈 때 앞장서는 것은 용기이고 나올 때 뒤에 서는 것은 의리이다.

入 들(들일)/들어갈 입 先 먼저/앞설 선 勇 날랠/용감할 용 也 어조사 야 出 날 출 後 뒤 후 義 옳을/뜻 의 義理 正義

도적질의 바른 도리(?)를 말하고 있습니다. 중국 춘추 시대의 전설적인 도둑인 도척盜跖에게 그의 부하가 물었습니다. "도적질을 할 때에도 옳은 길(道)이 있습니까?" 그러자 왜 없겠냐며 도척이 대답했던 말이지요. 화자는 도척이었지만 장자가 당대의 지식층이 설파하던 인자함(仁)이나 의리(義), 용기(勇), 지혜(知) 같은 이념을 유머러스하게 풍자했던 대목입니다.

도척은 도적질에 앞서 "방안에 감춰 둔 물건을 대충 헤아리면 성인(聖)"이라고 운을 뗍니다. 그러고 나서 말을 잇지요. 무리와 함께 물건을 훔치러 가면서 **"들어갈 때 앞장서는 것은 용기"**라는 겁니다. 경비견이나 파수꾼이 지키고 있다면 가장 먼저 잡히거나 다칠 우려가 있기 때문입니다. 물건을 훔친 뒤 **"나올 때 뒤에 서는 것은 의리"**입니다. 자신이 잡히더라도 다른 도적들이 잡히지 않도록 보호하는 행동이니까요. 도둑질을 할 때 그 도둑질이 "옳은지 옳지 않은지 아는 것은 지혜"입니다.

지혜로우면 들키거나 붙잡히지 않고 도둑질을 성공으로 이끌 수 있습니다. 마지막으로 도적끼리 장물을 "골고루 나눔은 인자함"입니다. 인자하면 도적끼리 내분이 생기는 일을 막고, 다음 도적질을 기약할 수 있습니다. 용기와 의리, 지혜 따위를 발휘해 도적질하는 도척의 모습과 전쟁을 벌여 나라를 키워 가는 제후의 모습이 과연 크게 다르겠냐는 장자의 비판 의식이 배인 대답이었지요. 겹따옴표 속 글이 원문을 번역한 것이지만 내용이 함축적이라 중간에 설명을 붙여서 이었습니다.

장자莊子는 기원전 4세기 무렵 전쟁과 내란이 일상이던 중국의 전국시대를 살았습니다. 그렇지만 묵자의 묵가나 공자의 유가처럼 의리나 용기, 인자함 등을 슬로건 삼아 세력을 모으지 않고 은둔의 자유로움을 꿈꿨습니다.

한문의 허사 '어조사 야也'

入	先	勇	也
들다/들어가다	먼저/앞서다	날래다/용기	어조사

주어-서술어

주어 / 서술어

들어감에는 앞장선다 / 용기이다

▶ 들어갈 때 앞장서는 것은 용기이다.

입선용야入先勇也에서 용야勇也는 '용감하다'로 번역하지 않고 '용기이다'로 번역합니다. 두 가지 근거 때문이지요. 하나는 의미 맥락입니다. 이 구절은 도적질의 도가 무엇인지 설명하는 대답의 일부입니다. 구절 앞뒤에서 '~하는 것은 ~이다'로 해석되는 문장 형식이 반복됩니다. 그 맥락이 번역의 범위를 한정 짓습니다. 다른 하나는 문장 끝에 놓인 '어조사 야也'입니다. 也는 우리말로 '무엇은 무엇이다'(판단문이라 부르기도 한다)로 옮기는 한문에 자주 나타납니다.

어조사는 실질적인 뜻 없이 다른 글자의 뜻을 보조하는 말입니다. 也도 문장 중간이나 끝에서 호흡을 고르고, 특히 문장 끝에서 판단이나 확신, 의문, 감탄을 나타내는 데 도움을 줍니다. 이 也는 우리말에 대응하는 요소가 없어서 정확히 번역하기가 어렵습니다. 그래서 문장 끝에 오면 '이다, -다, -는가, -구나' 같은 말과 마침표(.) 물음표(?) 느낌표(!) 같은 문장부호를 활용해 대강의 느낌을 표현합니다. 문장 중간에 오면 '은/는' '-면' '-고' 같은 말을 붙이거나 쉼표(,)를 활용하지요.

다른 문장들

吾少也賤 故多能鄙事[22]

《논어》 자한

오소야천 고다능비사

- 吾 나 오 少 적을/젊을 소 賤 천할 천 卑賤 故 연고/예/고로(그러므로, 그래서)/사고 고 多 많을 다 能 능할/능력 능 鄙 더러울/천할 비 鄙陋 事 일/섬길 사
- **이럴 땐 이렇게** 吾少也賤을 읽을 때는 也에서 숨을 한 번 고르고 넘어가면 좋습니다. 也는 실질적인 뜻이 없이 소리의 높낮이, 강세, 호흡이 환기하는 어세(말투)를 나타내는 요소입니다. 그 느낌을 짐작해 보면서 번역하는데, 也에 뜻이 없기에 그 느낌을 굳이 살리지 않는 번역자도 많습니다.

▶ **내가 젊어서는 비천했다. 그래서 천한 일에 많이 능하다.**

父母俱存 兄弟無故 一樂也[23] 《맹자》 진심 상

부모구존 형제무고 일락야

• 父母 아비/아버지 부, 어미/어머니 모. 부모 俱 함께/모두 구 存 있을 존 生存 兄弟 형 형, 아우 제. 형제 無 없을 무 一 한/하나/첫째 일 樂 즐길/즐거울 락, 노래 악, 좋아할 요

▶ **아버지 어머니가 모두 살아 있고 형제들이 사고 없이 지내는 일이 첫 번째 즐거움이다.**

博也 厚也 高也 明也 悠也 久也[24] 《중용》 26장

박야 후야 고야 명야 유야 구야

• 博 넓을 박 厚 두터울 후 高 높을 고 明 밝을 명 悠 멀/아득할 유 悠久 久 오랠 구 永久

• **이럴 땐 이렇게** 也가 한 글자씩 호흡을 끊어 주며 리듬감을 부여하고 있습니다. 그 느낌에 맞는 우리말 조사나 어미를 생각합니다.

▶ **넓고 두텁고 높고 밝고 아득하고 오래다.**

【꼭 알아 두기】

어조사로 부르는 한자는 일반적인 한자와 쓰임새가 다르다. 실질적인 뜻 없이 문법적 관계를 나타내는 허사의 일종이지만 한문에서 매우 자주 등장한다. 야也 같은 허사의 목록을 챙기고 용법에 익숙해지는 것도 한문과 친해지는 지름길의 하나이다.

7편 한문엔 '이(가), 을(를), 이다' 같은 말이 없다

《순자》 비십이자

信信信也 疑疑亦信也[25]

신신신야 의의역신야

믿을 것은 믿는 것이 믿음이나 의심할 것은 의심하는 것 또한 믿음이다.

信 믿을/소식(편지)/신표/진실로 신 也 어조사 야. 문장 끝에 와서 판단이나 긍정, 추측, 감탄의 느낌을 나타내는 데 도움을 준다. '~이다'로 번역되는 서술어 뒤에 오는 경우가 많다. 疑 의심할 의 亦 또/또한 역

과학이 뭘까요? 노벨 물리학상을 받은 미국 과학자 리처드 파인만은 의심과 경험이 과학의 핵심 요소라고 말합니다. 과학은 과거로부터 전해 내려온 지식을 그대로 믿는 것이 아니라 의심하는 데서 출발합니다. 의심한 것을 자신이 직접 경험하면서 재발견하거나 아니면 소거하면서 실제를 찾아가는 것이 과학의 방법이지요. 그리고 이런 방법으로 얻게 된 '가치 있는 발견의 결과'가 과학입니다.《발견하는 즐거움》(리처드 파인만, 승산)이란 책에서 과학의 정의에 관련된 핵심 내용을 요약해 봤습니다.

파인만의 관점을 수용한다면 믿음에 대한 순자荀子의 태도가 과학과 닮은 구석이 있습니다. 의심할 것은 의심하는 것이 믿음이라고 하면서 의심을 믿음의 한 요소로 간주하니까요. 물론 순자에게는 의심한 것을

검증하는 기준이 경험은 아니었습니다. 과거의 위대한 성인이나 왕들이 남긴 지식과 문물, 제도가 기준이었지요. 파인만이 순자를 알았다면 2200여 년 전의 먼 고대 중국의 학자가 의심을 중요시했다고 즐거워했을까요, 아니면 의심은 알았지만 경험을 몰랐다고 비판했을까요?

순자는 앞서 나왔던 한비자보다 한 세대 앞선 시기를 살았던 유학자이자 정치가입니다. 우리에게 맹자의 성선설과 대비되는 성악설의 주창자 정도로만 유명한 인물이지요. 그렇지만 맹자와 다른 각도에서 공자의 사상을 발전시켰고 당대에 끼친 영향력은 맹자보다 더 컸습니다.

한문은 고립어

信	信	信	也	疑	疑	亦	信	也
믿음/ 믿는 것	믿다	믿음	어조사	의심/ 의심하는 것	의심하다	또한	믿음	
주어–서술어				주어–서술어				
주어		서술어		주어		부사어	서술어	

믿을 것은 믿는 것이 믿음이다. 의심할 것은 의심하는 것 또한 믿음이다.

▶ 믿을 것은 믿는 것이 믿음이나 의심할 것은 의심하는 것 또한 믿음이다.

'믿을 신信'은 쉬운 한자입니다. 그러나 信 자가 포함된 한문 해석은 쉽지 않습니다. 우리말로 나타나는 뜻의 변화가 다채롭기 때문입니다. 주어나 목적어(보어) 자리에선 '믿음' '믿는 것' '신의' '편지' '신표' 등의 뜻을, 서술어와 관형어 자리에선 '믿다' '믿음직하다' '성실하다' '믿는' '믿을' 등의 뜻을 나타냅니다. 부사어 자리에선 '진실로' '정말로'라는 뜻을 나타내죠. 뜻이 복잡해 보이지만 모두 믿는 대상이나 행위에 관련되어 있고 한문에선 모두 信으로 표현합니다.

한문이 갖는 이런 특징을 고립어라고 합니다. 고립어는 한자 하나하나가 고립되어 있어서 형태를 바꾸지 않고 문장 속에 배치되는 순서에 의해 문법 관계가 형성되는 언어이지요. 우리말은 다양한 조사와 어미를 낱말에 첨가해서 문법 관계를 나타내는 첨가어(교착어)입니다. 그래서 신신신야信信信也는 우리말 시각으로 보면 '믿음 믿음 믿음이다'로 느껴지는 이상한 문장입니다. 그렇지만 한문의 시각으로 보면 고립어의 특성을 극단으로 밀어붙인 개성 있는 문장이 됩니다. 여기에서 해석 과정을 묘사하진 않겠습니다. 다만 信信信也에 信의 여러 가지 우리말 뜻을 하나하나 대입하는 식으로 해석하지 말고, '信信(信은 信하는 것)이 信이다'의 메시지가 무엇일지 뒤 구절과 연결 지어 고민해 보는 방식을 추천합니다. 信信과 信也를 끊어 읽는 것도 뒤 구절 亦의 자리를 보고 판단한 것입니다.

다른 문장들

是是非非[26]

《순자》 수신

시시비비

- 是 이/옳을 시 非 아닐/그를 비
- **이럴 땐 이렇게** 是是에서 앞의 是는 주어이고 뒤의 是는 서술어입니다. 앞쪽을 '옳다'에서 '옳음' '옳은 것'으로 바꿔 줍니다. 이때 앞에서도 말했듯이 '~것'의 의미는 상황과 맥락이 허용한다면 '이(사람), 데, 때, 일, 짓, 곳' 등으로 대상을 좁혀 주면 좋습니다. 시시비비是是非非는 한문 맥락을 벗어나면 시비是非처럼 '옳고 그름'을 뜻하기도 합니다. 이를테면 '시시비비를 가리다'는 식으로 쓸 수 있습니다.

▶ **옳은 것은 옳고 그른 것은 그르다.**

君君臣臣 父父子子[27]

《논어》 안연

군군신신 부부자자

- 君 임금 군 臣 신하 신 父 아비/아버지 부 子 아들/당신(그대) 자
- **이럴 땐 이렇게** 제나라 경공이 정치에 대해 묻자 공자가 했던 대답입니다. 君君은 '임금이 임금 노릇하다'라는 뜻으로 번역할 수도 있습니다. 그러나 주자에 기댔던 전통 해석 관례에 어긋나므로 대다수 번역자가 '임금이 임금답다'처럼 서술어를 형용사 뜻으로 풀이합니다. 주자는 사람의 내면에 잠재된 性(성품, 본성), 우리말로 표현하자면 '~다움, ~스러움'을 중시했던 유학자입니다.

▶ **임금이 임금답고 신하가 신하답고 아비가 아비답고 아들이 아들다워야 한다.**

貴貴尊尊 賢賢老老長長[28]

《순자》 대략

귀귀존존 현현노로장장

- 貴 귀할/높일 귀 尊 높을/높일 존 尊敬 尊貴 賢 어질/현명할 현 老 늙을 로 長 길/어른 장
- **이럴 땐 이렇게** 순자는 맹자나 주자와 달리 性(성품, 본성) 또는 '~다움, ~스러움'에 대한 사유를 전개하지 않았습니다. 그가 중시했던 것은 예의와 법도 곧 사람의 외면을 규제하는 행위와 규범이었습니다. 그래서 이 구절의 서술어를 '~답다, ~스럽다'고 번역하면 순자의 사상에 어울리지 않습니다. 한문은 상황과 맥락을 타는 언어이고 그 맥락에는 글쓴이의 세계관이나 사상도 포함됩니다. 그리고 현賢의 '어질다, 현명하다' 같은 형용사 뜻을 동사 뜻으로 바꿀 때는 대개 '~하

게 하다' '~하게 여기다'로 고칩니다.

▶ **귀한 사람은 귀히 여기고 높일 사람은 높이고 현명한 사람은 현명하게 여기고 노인은 노인 대접하며 어른은 어른으로 대한다.**

【꼭 알아 두기】

한문은 고립어이기 때문에 같은 한자라도 문장 속에서 자리가 바뀌면 문법적 기능과 의미가 달라진다. 형태의 변화 없이도 의미의 전용이 자유롭기 때문에 우리말의 시각으로 보면 어지럽게 느낄 수 있다. 이런 차이에 기반해 한자의 뜻을 정리해 두는 게 좋다.

8편 한문에서 한자 한 글자는 한 단어다

《좌전》 노양공 31년

其語偸 不似民主[29]

기어투 불사민주

그의 말이 구차하여 백성의 군주 같지 않았다.

其 그/그것 기 語 말씀/말 어 偸 훔칠/구차할 투 不 아닐(아니) 불/부 似 닮을/같을 사 民 백성/사람 민 主 주인/임금/주관하다/주될 주 君主

중국의 춘추 시대에 약소국 노魯나라의 신하였던 목숙穆叔이 강대국 진晉나라의 실권을 쥐고 있던 조맹趙孟을 본 뒤에 남긴 말입니다. 조맹이 어떤 말을 했기에 구차하다고 평했는지는 확실하지 않습니다. 그렇지만 비슷한 시기에 조맹이 했던 말을 보면, 그는 늘 위기 상황을 안일하게 보고 회피하는 태도를 취했습니다. 강대국의 최고 권력자로서 책임지고 사태를 헤쳐 나가려는 자세가 잘 안 보였지요. 아마도 그런 모습을 비판한 듯 싶습니다.

그런데 익숙한 말 하나가 눈에 띕니다. 한문에서 민주民主는 국민에게 주권이 있음을 나타내는 현대의 민주 개념과 다릅니다. 백성의 군주 또는 임금, 곧 봉건 시대의 제후나 제후 밑에서 집정하던 경대부 신분의 최고 실권자를 가리켰지요. 중국에서 봉건 제도가 유지될 때는 경대부도 영지를 지녔으므로 그를 민주(백성의 군주)라 불러도 어색하지 않았습니다.

민주가 한 단어로서 오늘날 통용되는 의미를 획득한 때는 19세기 중반 무렵입니다. 중국에서 먼저 미국이나 프랑스같이 왕이 없는 공화정체제의 국가를 지칭하면서 영어 리퍼블릭republic의 번역에 사용했습니다. 뒤이어 일본에서 데모크라시democracy를 번역하는 데 활용하면서 널리 퍼졌지요. 한문 고전과 다르게 민주民主를 '인민 주권' 내지는 '백성이 주인'이란 뜻으로 재해석해서 영어 의미를 포착했다고 할 수 있습니다.

혹시 민주가 우리나라에서 번역된 단어가 아니라는 점이 걸리나요? 그럴 필요 없습니다. 단어는 일본이나 중국보다 늦게 사용했지만 민주공화제 이념을 누구보다 진지하고 치열하게 고민했던 이들이 상해임시정부 인사들이었으니까요. 그들이 1919년에 대한민국 임시헌장 1조에 규정하고 이루려 노력했던 그 이념이 현재 대한민국 헌법 1조까지 이어지고 있습니다. "대한민국은 민주공화국이다." 북한이나 일본, 중국의 헌법은 다릅니다.

한문은 단음절 언어

不	似	民	主
아니/아닐	같다	백성	임금/군주
부사어	서술어	관형어	목적어

백성의 군주 아니 같다.

▶ 백성의 군주 같지 않다.

한문은 단음절 언어입니다. 한자 하나가 단어 구실도 하는 언어라는 뜻입니다. 인명이나 지명 같은 고유명사는 두 글자, 세 글자가 한 단어를 이루기도 하지만 비중이 크지 않습니다. 특히나 고대 한문은 더 그렇습니다. 한문에서 2음절, 3음절 단어의 비중은 중국의 한나라 때 이후부터 근대에 가까워질수록 늘어납니다. 특히 19세기 중반 이후 중국과 일본에서 서구어를 번역하는 과정에서 고대 문헌의 단어들을 차용하면서 대폭 증가하지요. 이 때문에 익숙한 단어가 한문에 나오더라도 그 뜻이 현재와 다른 경우가 꽤 많습니다. 이럴 때는 단어를 문장처럼 한 글자 한 글자 따로따로 해석합니다. 불사민주不似民主의 民主가 그런 사례입니다.

다른 문장들

坐立不能自由[30]

《태종실록》 태종 3년 8월 1일

좌립불능자유

- 坐 앉을 좌 立 설(세울)/곧 립 不 아닐(아니) 불/부 能 능할/능력 능. ~할 수 있다 自 스스로/저절로 자 由 말미암을/이유/따를/쓸(행할) 유
- **이럴 땐 이렇게** 自由는 '스스로 행한다'는 뜻을 주로 나타냈으나 근대 일본에서 영어 리버티liberty나 프리덤freedom의 번역어로 쓰면서 '압제나 억압에서 벗어난다'는 의미가 더해졌습니다. 不能自由는 직역하면 '능히 스스로 행하지 못했다' 또는 '스스로 행하는 데에 능하지 못했다'입니다.

▶ **앉고 설 때에 스스로 행하지 못했다.**

自主其事 與民爭利[31]

《세종실록》 세종 27년 8월 16일

자주기사 여민쟁리

• 事 일/섬길 사 與 더불/과(와) 여 民 백성/사람 민 爭 다툴 쟁 利 이로울/날카로울 리 利得

• **이럴 땐 이렇게** 自主는 '스스로 주관한다'는 뜻으로 썼으나 근대 중국에서 영어 인디펜던스independence의 번역어로 활용하면서 '속박이나 간섭에서 벗어난다'는 의미가 더해졌습니다.

▶ **스스로 그 일을 주관하면서 백성과 이익을 다퉜다.**

獨立高阜 擧目四望[32]

《열하일기》 도강록 6월 24일

독립고부 거목사망

• 獨 홀로/혼자 독 高 높을 고 阜 언덕 부 擧 들 거 目 눈 목 四 넉/넷 사 望 바랄 망

• **이럴 땐 이렇게** 獨立은 '홀로 선다'는 뜻이었으나 근대 일본에서 영어 인디펜던스independence의 번역어로 쓰면서 '다른 나라의 속박이나 간섭에서 벗어난다'는 뜻으로 확장됐습니다.

▶ **높은 언덕에 홀로 선 채 눈을 들어 사방을 바라다보았다.**

【 꼭 알아 두기 】

한문을 읽다 보면 자유自由나 독립獨立처럼 오늘날에도 자주 사용하는 단어가 나온다. 이때 무작정 현재 통용되는 뜻을 대입하지 말고, 단어의 의미가 상황과 맥락에 부합하지 않는다면 단어의 한자 하나하나를 문장처럼 따로 해석한다.

9편 한문의 팔방미인 지之

《장자》 외편 천지

我之謂風波之民[33]

아지위풍파지민

나는 풍파에 흔들리는 사람이라 해야겠지.

我 나 아 之 갈/어조사(의, 이, 를)/그(그것)/이 지 謂 이를 위 風 바람 풍 波 물결 파 波濤 民 백성/사람 민

공자 제자인 자공子貢이 길을 가다가 한 노인을 만났습니다. 노인은 우물에서 항아리로 물을 길러다가 힘들게 밭에 물을 주고 있었습니다. 이때 자공이 안타까운 마음에 두레박을 쓰라고 훈수를 뒀다가 된통 혼이 났습니다.

"내가 두레박을 모르는 게 아니여. 욕심을 키우는 물건이라 쓰지 않는 것이지. 너야말로 널리 배웠다고 성인인 체하면서 사람이나 홀리고, 거문고 튕기며 슬픈 노래나 부르면서 천하에 명성을 파는 놈 아니더냐. 꺼지거라." 대략 이런 소리였지요.

이 말을 들은 자공이 충격을 받은 뒤 읊조렸던 말이 바로 아지위풍파지민我之謂風波之民이었습니다. 물 긷는 노인을 '온전한 덕을 갖춘 사람'(全德之人)이라고 높게 평가하고 자신을 풍파에 흔들리는 사람(風波之民)이라고 낮췄던 말이었습니다.

학창 시절, 한창때에는 멋모르고 《장자》를 뒤적여도 이 구절이 없는

듯이 지나갔습니다. 그러다가 문득 새롭게 눈에 띄었습니다. 장자의 관점에서 낮추는 대상이라도 현대의 관점에서 달리 볼 수 있겠다는 생각이 들었거든요.

현대 한국인이 살아가는 민주 사회는 온전한 덕을 갖춘 소수의 사람이 만들지는 않았습니다. 이름 모를 다수의 사람이 풍파에 시달리고 풍파를 겪어 내며 함께 조금씩 진전시켜 온 사회입니다. 만약 풍파에 흔들리는 사람이 온전한 덕을 갖춘 사람이 되어서야 시민의 기본 권리를 보장받는다면 그 사회는 민주 사회라 하기 어렵습니다. 또 어떤 사람이 자신의 현재 직업이나 계층, 나이, 성별, 출신 지역 들을 애써 다른 상태로 바꾸고 나서야 민주적 권리를 보장받는다면 그 사회 역시 아직 덜 여문 민주 사회일 것입니다.

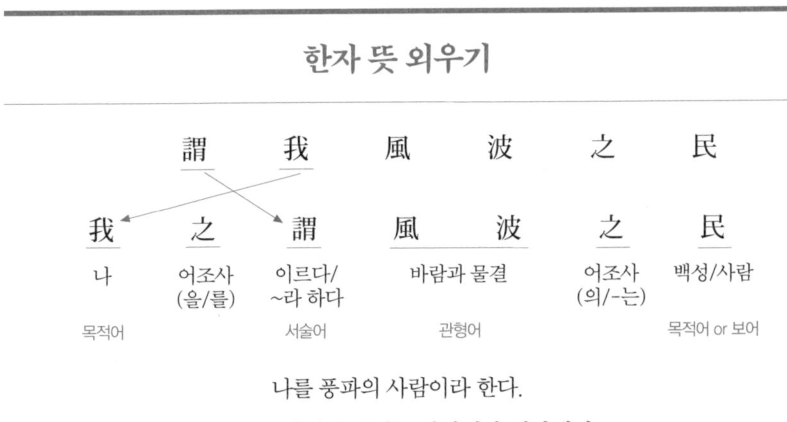

나를 풍파의 사람이라 한다.

▶ 나는 풍파에 흔들리는 사람이라 해야겠지.

'갈 지之'는 한문에서 무척 자주 나오는 한자입니다. 고립어인 한자의 특징을 제대로 보여 주는 한자이기도 하지요. 목적어 자리에 놓이면 '그(그것)', 서술어 자리에 놓이면 '가다', 관형어 자리에 오면 '이, 그'

란 뜻을 나타냅니다. 주어나 부사어로는 잘 쓰지 않지만 허사인 어조사로서 앞뒤 말을 이어 주고, 목적어를 서술어 앞으로 끌어올 때 이를 표시하는 구실도 합니다. 아지위풍파지민我之謂風波之民의 之는 모두 어조사로 쓰인 예입니다. 앞의 之는 목적어가 서술어 앞에 왔음을 알려 주고 뒤의 之는 앞뒤 말을 이어 주지요.

고립어인 한문은 이론상 한 한자가 주어, 서술어, 목적어(보어), 관형어, 부사어 등의 모든 자리에 올 수 있습니다. 그렇지만 실제로 모든 문장 성분에 다 나타나는 한자는 드뭅니다. 주어나 부사어로 잘 쓰지 않는 '갈 지之'처럼 활용 범위가 관례에 따라 한정되어 있지요. 그러므로 사전에서 모르는 한자를 찾을 때는 그 한자가 문장에서 어떤 성분으로 주로 나타나는지, 그때의 뜻은 무엇인지 정리해 두는 게 좋습니다. 표는

之의 자리	쓰임	우리말	용례
주어	×		
목적어(보어)	○	그를, 그것을	
서술어	○	가다	亡之楚 도망쳐 초나라 땅으로 갔다.
관형어	△	그, 이	之二蟲 이 두 벌레.
부사어	×		
어조사	○	의(-는/은) 이(가) 을(를)	風波之民 풍파에 흔들리는 사람. (풍파의 사람) 天之亡我 하늘이 나를 망하게 한 것이다. 我之謂矣 나(우리)를 이른 말이다.

• '×'는 之가 한문에서 주어나 부사어로 거의 쓰지 않음을 나타내고 △는 흔하게 쓰지 않음을 나타낸다. 어조사로 전용해서 쓰는 한자는 그 수가 제한되어 있으므로 대다수 한자는 어조사 용법을 따로 염두에 두지 않아도 된다.

之 자로 그 예를 보인 것입니다. '그, 그것'이란 뜻을 나타내는 之는 12편에서 다룹니다.

다른 문장들

其弟豹亡之楚[34]

《통감절요》 후진기 2세황제 2년

기제표망지초

- 弟 아우 제 豹 표범 표. 여기서는 위표魏豹를 가리킨다. 위표는 당시 재건한 위魏나라의 왕 위구魏咎의 동생이었다. 亡 망할/죽을/달아날 망 逃亡 楚 초나라 초
- **이럴 땐 이렇게** 之 뒤에 지명이 따르는 경우는 대개 '가다'란 뜻을 나타냅니다.

▶ **그의 아우 위표는 도망쳐 초나라 땅으로 갔다.**

其言之不怍[35]

《논어》 헌문

기언지부작

- 言 말씀(말) 언 不 아닐(아니)/못할 불(부) 怍 부끄러울 작
- **이럴 땐 이렇게** 其言이 서술어 不怍의 목적어입니다. 之는 한문의 일반적인 어순과 다르게 其言이 不怍 앞에 놓였음을 표시해 줍니다. 따라서 其言에 조사 '을/를'을 붙여 해석합니다.

▶ **그(자신의) 말을 부끄러워하지 않는다.**

之人也 物莫之傷[36]

《장자》 소요유

지인야 물막지상

• 也 어조사 야 物 물건/만물/것 물 事物. '것'이라는 뜻은 요즈음 한자 사전에는 잘 나오지 않지만 조선 시대 사전에는 등재되어 있었다. 이것저것 지칭할 수 있는 것은 다 '것'이므로 '것' 안에는 물건, 만물, 사물 등의 개념이 다 포함된다. 莫 없을/말 막. '말다'는 '아니하다'나 못하게 함을 나타낸다. 傷 다칠/상할 상 傷處 傷害

• **이럴 땐 이렇게** 之人에서 之가 人을 한정하는 관형어로 쓰였습니다. 之가 '이, 그'란 뜻의 관형어로 쓰이는 경우는 용례가 매우 드뭅니다. 物莫之傷은 物傷之의 부정문이지요. 之는 '그를, 그것을'을 뜻하고 부정문에서 목적어 之는 서술어 앞에 옵니다. 이 문장은 之人의 용례를 보이기 위한 구절이라 어렵게 느낄 수 있습니다. 이 구절이 어렵다면 40편까지 읽은 뒤에 다시 보기를 권합니다.(之▷12편, 莫▷35편, 부정문의 어순▷40편 참조)

▶ **이런 사람은 어떤 것도 그를 상처 주지 못한다.**

君子成人之美 不成人之惡[37]

《논어》 안연

군자성인지미 불성인지악

• 君子 임금 군, 아들/남자/당신(그대) 자 成 이룰 성 人 사람/남 인 美 아름다울 미 惡 나쁠 악, 미워할 오

• **이럴 땐 이렇게** 之가 어조사(이/가, 의/-는)로 쓰인 경우 之가 이은 'A之B' 구절은 우리말의 명사구나 명사절 같은 기능을 하면서 주어나 목적어 자리에 놓일 때가 많습니다. 이를 통해 주어 뒤나 목적어 앞에 놓이는 서술어를 파악합니다. 여기에선 목적어 人之美 앞의 成이 서술어입니다.

▶ **군자는 남의 아름다운 면을 이루어 주고 남의 나쁜 면을 이루어 주지 않는다.**

【꼭 알아 두기】

'갈 지之'는 뜻 갈래가 다양하지만 관형어 '이, 그'란 뜻을 제외하면 모든 뜻 갈래가 한문에 자주 나타난다. '가다/그(그것)/어조사(의/-는/-은, 이/가, 을/를)'의 뜻과 용법에 익숙해지는 것만으로 꽤 많은 한문 문장이 눈에 들어온다.

10편 '말 이을 이而'는 말 잇는다로 옮기지 않는다

《난중일기》 1592년 3월 10일

晴而風[38]

청이풍

맑고 바람 불었다.

晴 맑을/갤 청 而 말 이을 이. 말과 말을 이어서 나열(-고, -며), 상반(-나, -지만), 가정(-면), 배경(-는데) 등의 뜻을 두루 나타낸다. 風 바람/바람 불 풍

1592년, 조선에 임진왜란이 일어나기 한 달쯤 전 음력 3월 10일의 남해안 날씨였습니다. 《난중일기》에 기록되어 있지요. 이날 이순신은 동헌에 나가 일을 본 뒤에 활을 쏘았습니다. 일기는 그렇게 한 줄로 마감되고 하루가 별다른 사건 없이 흘러갔습니다.

이순신의 《난중일기》는 국보로 지정되어 있을 만큼 유명한 일기입니다. 역사 기록물이나 문학으로서의 가치가 그만큼 높은 텍스트입니다. 그렇지만 글을 좋아하는 사람이라 할지라도 《난중일기》를 꼼꼼히 읽기가 쉽지 않습니다. 일기의 상당 부분이 3월 10일 일기처럼 짤막하고 비슷한 내용이 반복됩니다. 사건이 벌어지더라도 화려한 수사 없이 건조하게 묘사하므로 집중력을 계속 유지하기가 어렵습니다.

이럴 때 《난중일기》를 읽어 내는 좋은 방법이 하나 있습니다. 《난중일기》의 일기는 크게 두 가지 부류로 나누어집니다. '분노했다' '속상

했다' '가슴이 아팠다' '우습다'같이 이순신의 감정이 서술되어 있는 일기와 그렇지 않은 일기. 이 중에서 감정이 드러난 날의 일기를 발췌해 가며 그의 감정선을 따라 읽는 방법입니다. 이렇게 읽으면 이순신의 희망과 기대, 고통과 좌절, 원망과 슬픔의 흐름이 선명하게 느껴집니다. 영웅이라 자처한 적이 없고, 누구보다 예민한 인간이었던 이순신의 내밀한 감정과 속내가 보이지요. 《난중일기》를 읽은 적이 없거나 읽었더라도 사극 드라마나 영화보다 덜 인상적이었다면 꼭 한번 시도해 보시길 권합니다.

'말 이을 이而'

晴	而	風	晴	之	時	雨	與	風
개다/맑다		바람	개다/맑다		때	비		바람
맑고 바람 불었다			(날이) 맑은 때			비와 바람		

'말 이을 이而'에서 '말 잇다'는 구절과 구절, 문장과 문장을 이어 주는 문법 기능을 가리킵니다. 요즈음 문법서에서 접속사라 칭하는 기능이지요. 우리말의 '그리고, 그러나, 그래서, 그러면' 정도에 해당하지만 '-고, -며, -지만, -아도/어도, -아서/어서, -면, -아/어야' 등의 다양한 어미를 활용해서 옮길 수 있습니다. 이때 이런 다양한 우리말 의미가 而에 혼융되어 있다고 보면 한문이 엄청 복잡한 언어가 됩니다. 而는 단지 앞뒤 말이 이어져 있다는 표시일 뿐입니다. 다시 말해 而를 어떻게 옮길지는 而 안에 내포되어 있지 않고 앞뒤 구절의 의미 맥락을 보고 판단해서 선택합니다.

이而는 보통 서술어와 서술어를 연결합니다. 그래서 晴而風을 '맑음과 바람'이 아니라 '맑고 바람 불었다'로 번역했지요. 이 점이 而가 구절과 구절을 이어 주는 또 다른 말인 '어조사(의, 는/은, 이/가) 지之'나 '와(과) 여與'와 다른 지점입니다. 而는 또 부사어와 서술어를 연결할 수 있습니다. 상황에 따라 而 앞뒤 구절을 '-고'나 '-지만' 등으로 이어서 말이 되지 않을 때 부사 뜻으로 번역해도 된다는 뜻입니다. 이때에는 '-니' '-게' '-도록' 같은 부사형 어미나 '로' '에' '에게' 같은 부사격 조사를 활용합니다.

다른 문장들

天下同歸而殊塗[39]

《주역》 계사

천하동귀이수도

- 天下 하늘 천, 아래 하. 세상 同 한가지/같을 동 歸 돌아갈 귀 殊 다를 수 塗 길/칠할 도
- **이럴 땐 이렇게** 맥락을 보고 '-고, -며, -지만, -아도/어도, -아서/어서, -면' 같은 우리말 어미를 선택합니다.

▶ **천하는 돌아가는 곳이 같아도 길이 다르다.**

歲月本長 而忙者自促[40]

《채근담》 후집 4장

세월본장 이망자자촉

- 歲月 해 세, 달 월. 세월 本 근본/본래 본 長 길(자랄)/어른 장 忙 바쁠 망 者 놈(사람)/것 자 自 스스로 자 促 재촉할 촉 督促
- **이럴 땐 이렇게** '근본 본本'이 長 앞에서 부사어로 쓰였으므로 부사 뜻

으로 해석합니다.

▶ **세월은 본래 길지만 바쁜 사람이 스스로 재촉한다.**

默而識之 學而不厭 誨人不倦[41] 《논어》 술이

묵이지지 학이불염 회인불권

- 默 잠잠할/묵묵할 묵 識 알 식, 욀/새길 지 學 배울 학 不 아닐(아니)/못할 불(부) 厭 싫을 염 厭症 誨 가르칠 회 倦 게으를 권
- **이럴 땐 이렇게** 默而識之는 而 앞뒤 구절이 부사어와 서술어로 연결된 사례입니다. 默而識之의 而를 풀이할 때 '-고, -지만, -아서/어서' 같은 어미만 떠올리면 해석이 막히지요. 이때는 默而의 默은 '묵묵히, 묵묵하게'처럼 부사 뜻으로 번역해도 됩니다.

▶ **묵묵히 기억하고 배우면서 싫증 내지 않고 남을 가르치는 데 게으르지 않는다.**

【꼭 알아 두기】

'말 이을 이而'를 풀이할 때 而만 쳐다보면 아무 뜻도 나오지 않는다. 而 앞뒤 구절의 의미 맥락을 살펴서 '그리고, 그러나, 그래서, 그러면'으로 옮기거나 나열(-고, -며), 상반(-나, -지만, -아도/어도), 가정(-면), 배경(-는데), 이유(-아서/어서) 등의 뜻을 살려 번역해 준다.

11편 관례와 관습을 좋아하는 한문

이이 〈경포대부〉

仰不愧 俯不怍[42]

앙불괴 부부작

우러러 하늘에 부끄럽지 않고 구부려 사람에게 부끄럽지 않다.

仰 우러를 앙 不 아니(아닐)/못할 불(부) 愧 부끄러울 괴 俯 구부릴 부 怍 부끄러울 작

율곡 이이가 열 살 때 지었다는 〈경포대부鏡浦臺賦〉의 한 구절입니다. 이이야 워낙 당대부터 천재로 유명했지만 경포대부에서도 그의 천재성이 여실히 드러납니다. 경포대를 배경으로 삼아 '은거하는 삶이냐, 출세하는 삶이냐?' 하는 문제를 열 살 같지 않은 안목으로 다루고 있지요. 요즈음으로 치면 초등학교 3학년생이 영어로 글을 썼던 셈이니까 고개가 절레절레 흔들립니다. 구구한 설명 대신 이 구절이 들어간 대목을 소개하겠습니다. 은거와 출세를 대변하는 두 나그네의 대화 중 출세를 옹호하는 쪽 말입니다.

> 그러므로 마음을 비워 사물을 대하고 일에 부딪혀 합당하게 처리하면 정신이 어그러지지 않고 마음에 간직됩니다. 어찌 지향이 움직여 밖으로 내달리겠습니까? 높은 지위에 올라도 기뻐하지 않고 막다른 처지에 몰려도 슬퍼하지 않아야 출처의 도리를 온전히 할 수 있습니다. **우러러 하**

늘에 부끄럽지 않고 구부려 사람에 부끄럽지 않아야 하늘의 꾸지람을 면할 수 있지요. 제어하기 어려운 것이 감정이고 넘치기 쉬운 것이 기운이에요. 그들을 다스리는 데에서 실기한다면 반드시 제멋대로 흘러 지향한 바를 잃을 것입니다. 명예와 이익을 구하는 일은 성정에 해롭지만 산과 강을 좋아하는 일은 너그러움과 지혜를 좇게 하지요. 선비로 세상에 태어났다면 그 한 몸이 사사롭지 않습니다. 혹시라도 풍운의 기회를 만난다면 당연히 나라의 신하가 되어야 합니다.

한문 문법은 불문법

앙불괴仰不愧의 不愧는 한자만 놓고 보면 '부끄럽지 않다'는 뜻입니다. 무엇에 부끄럽지 않은지 드러나 있지 않지요. 그렇지만 맹자의 글을 보면 그 부끄러움이 하늘을 향해 있음을 알 수 있습니다. 이는 맹자 글에 대한 사전 지식이 없다면 짐작하기 어렵습니다. 부부작俯不怍의 不怍 역시 맹자 글을 통해서만 부끄러움의 대상이 사람인 점을 알 수 있습니다.

한문은 19세기 말까지 문법론 없이 발전해 온 언어입니다. 한문과 자주 비교되는 유럽의 라틴어가 고대부터 엄격한 문법론이 존재했다는 사실과 다른 지점이지요. 그렇다고 한문에 문법이 없었던 것은 아닙니다.

한문에선 《논어》, 《시경》, 《맹자》, 《좌전》, 《사기》 같은 고전의 문장이 마치 대법원의 판례 같은 권위를 행사합니다. 고전의 형식과 문법이 후대에 재현되고 이어지면서 한문에 고유한 의미 문맥을 만들어 내지요. 이에 대한 교양이 없으면 한문 해석이 종종 길을 잃습니다. 법에 비유하자면 한문 문법은 성문법이 아니라 불문법이었습니다.

仰不愧於天 俯不怍於人 二樂也 《맹자》 진심 상

앙불괴어천 부부작어인 이락야

우러러 하늘에 부끄럽지 않고 구부려 사람에게 부끄럽지 않은 일이 두 번째 즐거움이다.

仰不愧 俯不怍 可免天人之譏 이이 〈경포대부〉

앙불괴 부부작 가면천인지기

우러러 하늘에 부끄럽지 않고 구부려 사람에게 부끄럽지 않아야 하늘과 사람의 꾸지람을 면할 수 있다.

죽는 날까지 하늘을 우러러 윤동주 〈서시〉
한 점 부끄럼 없기를

다른 문장들

景福宮[43]

경복궁

- 景 볕/경치/클 경 福 복/행복 복 宮 집/궁전 궁
- **이럴 땐 이렇게** 《시경》 대아 기취에 "君子萬年군자만년 介爾景福개이경복"이라는 구절이 나옵니다. "군자께서 만년토록 당신의 큰 복을 크게 누리시라"라는 말로, 여기서 '클 개介'는 '돕다' '빌다' 등으로 해석하기도 합니다.

▶ **큰 복을 누리는 궁전.**

光化門[44]

광화문

• 光 빛 광 化 될/교화할 화 門 문 문

• **이럴 땐 이렇게** 《서경》 요전에 "光被四表광피사표 格于上下격우상하" 즉 "광채가 사방을 덮고 위아래에 이른다"는 구절이 나옵니다. 또 《천자문》에 "化被草木화피초목 賴及萬方뇌급만방" 즉 "교화가 풀과 나무를 덮고 이로움이 온 세상에 미친다"는 구절이 나옵니다. 光은 임금의 덕이 퍼지는 모습을 빛에 비유했고 化는 그 혜택과 가르침으로 변화함을 나타냅니다.

▶ **밝은 덕으로 교화하는 문.**

歲寒知松栢之操[45]

《예종실록》 1년 5월 20일

세한지송백지조

• 歲 해/세월 세 寒 찰/추울 한 知 알 지 松 소나무 송 栢 측백나무/잣나무 백 之 갈/어조사(의, 이, 을)/그(그것)/이 지 操 잡을/지조 조

• **이럴 땐 이렇게** 《논어》 자한에 나오는 "歲寒然後세한연후 知松柏之後彫也지송백지후조야" 즉 "해가 추워진 뒤에야 소나무와 잣나무가 늦게 시듦을 안다"라는 구절의 요약본이라 할 수 있습니다.

▶ **해가 추워진 뒤에야 소나무와 잣나무의 지조를 안다.**

【꼭 알아 두기】

"죽는 날까지 하늘을 우러러 한 점 부끄럼 없기를"이라는 의미를 거슬러 올라가다 보면 맹자를 만난다. 한문 공부는 우리 마음 밑바닥에 깔려 있는 오래된 생각이나 감성과 소통하는 일이기도 하다.

문장과 문장

1

是是非非謂之知 非是是非謂之愚 《순자》 수신

시시비비위지지 비시시비위지우

옳은 것은 옳다, ______

______ 어리석다고 한다.

2

人人親其親 長其長 而天下平 《맹자》 이루 상

인인친기친 장기장 이천하평

사람마다 그의 부모를 친하게 대하고 ______

3

貴貴尊尊 賢賢老老長長 義之倫也 《순자》 대략

귀귀존존 현현노노장장 의지륜야

귀한 사람은 귀히 여기고 높일 사람은 높이고 현명한 사람은 현명하게 여기고 노인은 노인 대접하며 ______

4

天地之道 博也 厚也 高也 明也 悠也 久也 《중용》 26장

천지지도 박야 후야 고야 명야 유야 구야

________________ 넓고 두텁고 높고 밝고 아득하고 오래다.

1 그른 것은 그르다 하는 것을 안다고 하고, 그른 것은 옳다, 옳은 것은 그르다 하는 것을

2 어른을 어른으로 대하면 천하가 평정된다.

3 어른은 어른으로 대하는 것이 옳은 도리이다.

4 하늘과 땅의 도리는

2장

지칭의 말, 나 너 그 그것 등

말을 하다 보면 '나, 너, 그, 이것, 그것, 저것'처럼 사람이나 사물을 가리켜야 하는 경우가 생깁니다. 우리말 문법에서는 이를 인칭 대명사니 지시 대명사니 하는 용어로 설명합니다. 그런데 한문은 고립어라서 시是라면 是 하나로 우리말의 '이, 이런, 이것이, 이를, 이렇다(옳다)'란 뜻을 모두 나타낼 수 있습니다. 대명사라고 하면 이들 중 '이것이'나 '이를'만 설명하게 됩니다. 그래서 중국의 한문 문법 책은 대명사란 말을 쓰지 않고 '가리킨다'는 뜻만 살려 '대체사代替詞' '대사代詞' 같은 말을 씁니다. 용어는 잊어도 되지만 그 특징을 기억해 두면 좋습니다. 2장에서는 '놈/사람 자者' '바/것 소所' '너 이爾'가 필수 한자입니다.

12편 선지先之가 '앞장서다'인 이유

《논어》 자로

先之勞之[46]

선지노지

앞장서고 힘써 일한다.

先 먼저/앞설 선 之 그(그것)/어조사(의, 이, 를)/갈 지 勞 일할(수고할)/위로할 로. 일하느라 힘쓰고 애쓸 때 수고한다고 한다.

공자의 제자였던 자로子路가 정치에 대해 묻자 공자가 대답했던 말입니다. 대부분의《논어》번역본은 이 구절을 좀 더 길게 해석합니다. 앞장선다고 했을 때 뭐에 앞장서는지, 일한다고 했을 때 어떤 일에 힘쓰는지 옛 판본의 여러 주석을 참조해서 의역하는 경우가 많습니다. 대개 '앞장서서 솔선수범하고 자신이 직접 수고한다'는 뉘앙스를 담아서 번역하지요. 아니면 '앞에서 인도하여 믿음을 준 뒤에 백성들을 수고롭게 해야 한다'는 정도로 풀이하기도 합니다. 하지만 여기에서는 원문의 간결함을 살렸습니다.

짤막하게 번역해 놓으니 너무 평범한 조언으로 느껴지기도 합니다. 꼭 정치 활동뿐 아니라 무슨 일을 하든 건넬 수 있는 덕담 같기도 하지요. 그렇지만 앞장서지 않고 힘써 일하지 않는 리더가 많은 세상에서 곱씹어 볼 만한 말입니다. 정치의 중요한 기능 가운데 하나는 국가와 사회, 개인이 어디로 나아갈지 앞서서 전망을 개척하는 일입니다. 그때

그때 리스크에 맞서 작은 문제가 큰 문제로 번지지 않도록 힘써 관리하는 일이기도 합니다. 선지노지先之勞之는 기본 중의 기본이라 종종 쉽게 잊히는 덕목입니다.

목적어(보어) 지之

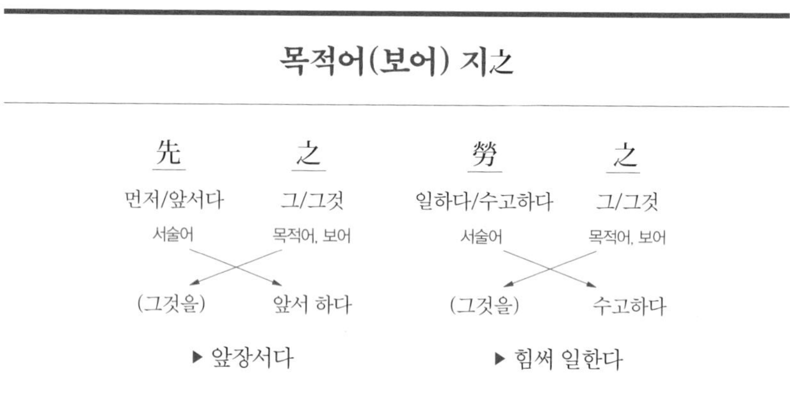

'갈 지之'는 9편에서 다뤘습니다. '가다' '어조사(의/-는, 이/가, 을/를)' '그/이'라는 뜻 갈래를 설명했지요. 이번 편은 그와 다르게 '그/그것'이란 뜻으로 쓰이는 사례입니다. 이때 기억해 둘 대목이 之를 주어나 관형어로 잘 쓰지 않고 거의 목적어(보어)로만 쓴다는 사실입니다. 다시 말해 '그가' '그것이' '그의' '그것의'를 뜻하는 경우가 거의 없고 주로 '그를' '그것을'을 뜻하게 된다는 말입니다.

그래서 '가다'나 어조사로 쓰이지 않았을 때의 之는 之 앞의 말이 서술어(동사)임을 분명히 해 주는 구실도 하게 됩니다. 선지노지先之勞之에서 先을 '먼저'가 아니라 '앞서다, 앞서 하다'란 뜻으로 푼 이유가 여기에 있습니다. 이런 기능은 之가 가리키는 '그/그것'이 앞 구절에서 이미 언급한 대상일 때도 나타나지만 先之勞之에서처럼 화자와 청자가 암묵적으로 공유하는 대상이거나 특정하기 어려운 대상일 때 더욱 도

드라집니다. 이때 之를 하나하나 따져서 번역하면 우리말 문장이 어색해지므로 대개 번역을 생략합니다.

다른 문장들

愛之 利之 益之 安之[47]

《관자》 추언

애지 이지 익지 안지

- 愛 사랑/사랑할 애 利 이로울 리 益 더할(보탤)/이익 익 安 편안/편안할 안
- **이럴 땐 이렇게** 이 구절 뒤에 왕이 이 네 가지를 잘 활용하면 천하가 다스려진다는 내용이 나옵니다. 之가 앞 구절에 나왔던 대상을 지칭하지 않고 동작의 대상을 막연하게 가리키고 있습니다. 利와 安의 대표훈은 '이롭다' '편안하다'와 같이 형용사 뜻을 나타냅니다. 그렇지만 여기서는 之를 목적어로 취했으므로 동사 뜻으로 번역합니다.

▶ **사랑하고 이롭게 해 주고 보태 주고 편안하게 해 준다.**

老者安之 朋友信之 少者懷之[48]

《논어》 공야장

노자안지 붕우신지 소자회지

- 老 늙을 로 老人 者 놈(사람)/것 자 朋 벗/친구 붕 友 벗/친구 우 信 믿을 신 少 적을/젊을 소 懷 품을 회
- **이럴 땐 이렇게** 공자가 평소에 품었던 뜻에 대해 제자들과 대화를 나누며 했던 말입니다. 여기서 老者安之의 之는 老者를 다시 지칭한 것입니다. 그렇게 해서 노인을 편안하게 해 주는 주체가 공자임을 분명히 했지요. 한문에선 老者安之처럼 之가 주어를 중복 지칭하여 서술어

의 뜻을 분명히 하는 구문이 흔합니다. 이런 경우 之의 번역을 생략해야 우리말이 자연스러워집니다.

▶ **노인은 편안하게 해 주고 친구끼리는 믿게 하고 젊은이는 품어 준다.**

民惡貧賤 我富貴之[49]

《관자》 목민

민오빈천 아부귀지

• 民 백성 민 惡 나쁠 악, 미워할/싫어할 오 貧 가난할 빈 賤 천할 천 卑賤 我 나/우리 아. 여기서는 왕이나 제후, 재상처럼 국정 책임을 지고 있는 통치자를 가리킨다. 貴 귀할 귀

• **이럴 땐 이렇게** 貧賤은 '가난함과 천함' 또는 '가난하고 천한 것'을 의미합니다. 我富貴之의 之는 앞 구절의 民을 지칭합니다. 我富貴之에서 之를 뺀 我富貴는 '우리는 부유하고 귀하다'란 뜻이 되겠지요.

▶ **백성은 가난하고 비천한 처지를 싫어하므로 우리는 그들을 부유하고 귀하게 해 준다.**

【꼭 알아 두기】

之는 한문에서 매우 자주 등장하는 한자이다. '가다' '어조사(의/-는, 이/가, 을/를)' '그/그것'이란 뜻을 주로 나타내고, '그/그것'이란 뜻일 때 거의 목적어(보어)로만 쓰인다. 이번 편과 9편을 비교하여 쓰임을 정리해 둔다.

13편 '나'를 나타내는 오吾, 아我, 여余, 여予

장재 〈서명〉

存吾順事 沒吾寧也[50]

존오순사 몰오녕야

살아서 나는 일을 따르고 죽어서 나는 안녕하리라.

存 있을/살아 있을 존 吾 나/우리 오 順 순할/따를 순 順理 順應 事 일/섬길 사 事件 事理 沒 빠질/죽을 몰 寧 편안할/차라리 녕 也 어조사 야. 감탄의 어조를 나타내는 데 도움을 준다.

혹시 자신만의 좌우명으로 삼고 생각날 때마다 되새기는 글귀가 있나요? 이번 구절은 1000여 년 전 중국 북송의 유학자 장재張載가 일생의 좌우명으로 삼았던 글에서 따왔습니다. 그가 자신이 운영하던 서원의 서쪽 창문 쪽에 걸어두었다 해서 〈서명西銘〉이라 불렀던 글이었지요. 그 글의 마지막 대목에 나옵니다.

> 부유함과 고귀함, 행복과 윤택함은 나의 삶을 넉넉히 하는 데 쓰이고,
> 가난과 비천함, 근심과 걱정은 삶의 완성을 향해 너를 옥처럼 다듬는 데 쓰인다.
> **살아서 나는 일을 따르고, 죽어서 나는 안녕하리라.**

〈서명〉은 좌우명이라 하기엔 좀 길지만 송나라 때에 꽤 반향이 컸던 글

이었습니다. 자신에게 주어진 일과 직분을 충실히 수행하는 데서 삶의 가치를 찾고자 했던 유가적 인생관을 간결하게 요약했기 때문이지요. 사람이 살다 보면 여러 가지 일을 맞닥뜨리게 됩니다. 그 중에는 기쁨과 즐거움, 성취감을 주는 일도 있지만 고통과 좌절로 다가오는 일도 있습니다. 이때 그 어떤 일도 피하거나 외면하지 말고 충실하게 겪어내라, 진정한 평화와 평온은 그 결과로 온다, 이런 믿음이 장재가 스스로에게 다짐하고자 했던 삶의 지침이었습니다.

'나'를 나타내는 말

'나 오吾'는 화자가 자신을 가리킬 때 씁니다. 우리말로 맥락에 따라 '나는' '내가' '나의' '나를' 정도로 옮길 수 있지요. 여기서는 존存과 몰沒이 살아 있을 때와 죽을 때를 대비시키므로 그 뒤에 오는 吾를 '내가'가 아니라 '나는'으로 번역했습니다.

한문에서 吾와 비슷한 구실을 하는 한자로는 '나 아我' '나 여余' '줄/나 여予' 등이 있습니다. 이 가운데 吾, 我는 맥락에 따라 복수를 나타내기도 합니다. '우리, 우리가(는), 우리의, 우리를'로 옮길 수 있다는 뜻입니다. 余, 予는 주로 단수를 나타냅니다.

다른 문장들

吾今日始知[51]　　《열하일기》 도강록 7월 8일

오금일시지

• 今日 이제 금, 날 일. 금일, 오늘 始 비로소/처음 시 知 알 지

• **이럴 땐 이렇게** 원문에서 떼어 낸 문장은 주어에 '이/가'를 붙일지, '은/는'을 붙일지 정하기 어려울 때가 많습니다. 이 문장의 吾도 '나는'과 '내가' 다 가능합니다.

▶ **나는 오늘 비로소 알았다.**

余擧手作別 [52]

《열하일기》 성경잡지 7월 12일

여거수작별

• 余 나 여 擧手 들 거, 손 수. 거수, 손을 들다 作別 지을 작, 다를/헤어질 별. 작별은 인사하고 헤어진다는 뜻이다.

• **이럴 땐 이렇게** 擧手나 作別은 한문에서 쓰던 말이 현대 한국어에서 단어로 정착된 사례입니다. 이때 현대에 쓰이는 의미가 한자 뜻의 조합만으로 해석되지 않는 경우가 흔합니다. 단어로 쓰면서 새로운 의미가 덧붙기 때문이지요. 한문의 맥락을 살피면서 한 글자 한 글자 풀이할지 아니면 단어로 그대로 쓸지를 판단합니다.

▶ **나는 손을 들어 작별했다.**

我殿下回自京師 [53]

《태조실록》 태조 3년 11월 19일

아전하회자경사

• 我 나/우리 아 殿下 전각/큰 집 전, 아래 하. 전하는 왕이나 세자를 높여 부르는 말로, 여기서는 이방원을 가리킨다. 回 돌 회 自 스스로/부터 자 京師 서울 경, 스승 사. 경사는 나라의 중앙정부가 있는 수도, 서울과 같은 말이다. 여기서는 당시 명나라의 서울이었던 남경 南京(난징)을 가리킨다.

▶ **우리 전하(이방원)가 명나라 남경으로부터 돌아왔다.**

天乎 予之無罪也[54]

《예기》 단궁 상

천호 여지무죄야

- 乎 어조사 호. 감탄이나 의문의 어조를 나타내는 데 도움을 준다. 予 나/줄 여 無 없을 무 罪 허물/죄 죄 也 어조사 야. 문장 끝에서 판단이나 확신, 의문, 감탄을 나타내는 데 도움을 준다.
- **이럴 땐 이렇게** 공자의 제자였던 자하가 아들의 죽음을 슬퍼하다가 시력을 잃은 뒤 외쳤던 말입니다. 여기서 之는 어조사로써 주어와 서술어인 앞뒤 구절을 잇고 있습니다.(12편 참조) 也는 자신이 그렇게 생각하고 있다는 확신과 한탄의 어조를 전달합니다.

▶ **하늘이여! 나는 죄가 없습니다.**

【꼭 알아 두기】

한문에서 화자가 자기 자신을 가리킬 때는 '나 오吾' '나 아我' '나 여余' '나 여予' 들이 쓰인다. 吾와 我는 종종 복수를 나타내지만 복수인지 아닌지는 상황과 맥락을 보고 판단한다.

14편 '너'를 나타내는 이爾, 약若, 내乃

《난중일기》 1597년 10월 14일

我死汝生 理之常也 汝死我生[55]

아사여생 이지상야 여사아생

내가 죽고 네가 살아야 이치에 맞는 일인데 네가 죽고 내가 살았다.

我 나/우리 아 死 죽을 사 汝 너 여 生 날/살 생 理 이치/결/다스릴 리 之 갈/어조사(의, 이, 을)/그(그것) 지 常 떳떳할/항상/보통 상 常識 也 어조사 야

1597년 정유년 10월 중순, 이순신이 명량해전에서 승리한 뒤 한 달여쯤 지난 때였습니다. 그날따라 꿈자리가 뒤숭숭했는데 저녁때 편지 한 통을 건네받았습니다. 겉봉을 열기 전부터 불길한 예감에 떨면서 무너져 내리기 시작했습니다. 편지 속에는 막내아들 면이 왜적과 싸우다가 죽었다는 통지가 담겨 있었습니다.

많은 사람이 정유년의 이순신을 명량해전의 영웅으로만 기억합니다. 그의 상처와 슬픔을 떠올리는 사람이 드물지요. 그렇지만 정유년은 감옥살이와 유배살이를 제쳐 놓더라도 이순신이 지극히 사랑했던 가족을 연이어 잃은 해이기도 했습니다. 감옥에서 풀려나와 백의종군할 땅으로 향하던 4월에 어머니를 잃었고, 이제 10월에 아들을 잃었습니다. 두 죽음 다 이순신에게 깊은 자책과 회한이 남는 죽음이었지요.

그의 어머니는 아들 얼굴 한 번 보려고 먼 여정을 마다하지 않다가 배

안에서 세상을 떠났습니다. 그 일만으로도 자식으로서 먹먹해지는 아픔이었을텐데 이순신은 어머니의 시신을 앞에 두고도 상주 노릇을 못했습니다. 백의종군할 곳으로 빨리 가자는 금부도사의 말에 순응해야 했으니까요.

그리고 아들의 죽음은 명량해전의 패전으로 잔뜩 독이 오른 왜적의 복수심과 약탈 때문이었습니다. 어머니에 이어 자식의 죽음까지 다 자기 탓인 것만 같은 처연한 심정을 어떻게 다 짐작할 수 있겠습니까.《난중일기》에서 이 날의 일기는 한 구절 한 구절이 슬픔과 고통을 칼로 베어 내며 쓴 것처럼 느껴집니다.

'너'를 나타내는 말

'너 여汝(女)'는 화자의 말을 듣는 사람을 지칭합니다. 우리말로 맥락에 따라 '너' '네가' '너의' '너를' 등으로 옮길 수 있습니다. 汝 대신 汝와 음이 같은 여女를 쓰기도 합니다. 이때의 女는 일반적으로 쓰이는 '여자'란 뜻을 내포하지 않습니다.

한편 汝와 비슷한 기능을 하는 한자에는 '너 이爾(而)' '같을/너 약若' '이에/너 내乃' 등이 있습니다. 이 가운데 而와 乃는 주로 관형어 자리에 나타납니다. 而는 음이 같은 '爾'를 대신해 썼다고 보면 됩니다. 而의 획수는 爾에 비해 훨씬 적습니다.

다른 문장들

若勝我[56]

《장자》 제물

약승아

• 若 같을/만약/너 약 勝 이길 승

▶ **너가 나를 이긴다.**

爾愛其羊 我愛其禮[57]

《논어》 팔일

이애기양 아애기례

• 爾 너 이 愛 사랑/사랑할 애 其 그 기 羊 양 양 我 나/우리 아 禮 예도 례. 예도는 예의와 법도를 가리킨다.

▶ **너는 그 양을 사랑하지만 나는 예의를 사랑한다.**

予嘉乃勳 曰篤不忘[58]

《예종실록》 예종 1년 5월 20일

여가내훈 왈독불망

• 予 줄/나 여 嘉 아름다울/기릴 가 乃 이에/너 내 勳 공 훈 功勞 功績 功勳 曰 가로되/말할 왈 篤 도타울/두터이 할 독 篤實 敦篤 不 아닐(아니) 불/부 忘 잊을 망

▶ **내가 너의 공로를 기려서 말한다. "(믿음을) 두터이 하여 잊어버리지 않겠다."**

欲富而家 先富而國[59]

《한비자》 외저설우 하

욕부이가 선부이국

• 欲 하고자 할 욕 富 부자/부유할 부 而 말 이을/너 이 家 집/집안 가

先 먼저 선 國 나라 국

• **이럴 땐 이렇게** 而가 음이 같은 '너 이爾'를 대신해 쓰이는 사례가 한문에 자주 나오진 않습니다. 그렇지만 그 쓰임을 모르고 있다면 위의 문장을 해석하기가 어렵습니다.

▶ **네 집안을 부유하게 하려면 먼저 네 나라를 부유하게 한다.**

【꼭 알아 두기】

한문에서 화자의 말을 듣는 상대를 지칭할 때는 '너 여汝(女)' '너 이爾(而)' '너 내乃' 들을 쓴다. 이때 '여자 여女' '말 이을 이而'가 음이 같은 汝와 爾를 대신해 쓰일 수 있다는 점을 알아 둔다.

15편 가까운 것과 먼 것을 가리키는 한자

《순자》 왕제

彼日積貧 我日積富[60]

피일적빈 아일적부

그들은 나날이 가난을 쌓고 우리는 나날이 부를 쌓는다.

彼 저/그 피 日 날/해 일. 부사어로 쓰면 '나날이' '날로' 정도로 번역한다. 積 쌓을 적 貧 가난할 빈 我 나/우리 아 富 부유할/부자 부

가난을 쌓는다는 표현이 재미있습니다. 부를 쌓는다고 하면 낯설지 않습니다. 부유해지려면 부의 징표가 되는 재산이나 재물, 돈 따위가 차곡차곡 쌓여야 하지요. 그런데 가만히 생각하면 가난도 쌓는 일입니다. 부가 플러스를 더한다면 가난은 마이너스를 계속 더할 뿐입니다. 둘 다 단번에 이루긴 어렵고 어떤 행위가 누적된 결과로 얻어집니다.

그렇다면 어떨 때 가난해지고 어떨 때 부유해질까요? 순자는 말합니다. 전쟁 무기와 장비를 과시하면서 소진시키고, 재물과 양식을 함부로 낭비하고, 인적 자원을 소중히 여기지 않으면 가난해집니다. 반면에 무기와 장비를 창고에 간수해 잘 수리하고, 재물과 양식을 저축하고, 능력 있는 인재를 등용하여 잘 관리하면 부유해집니다.

너무 평범한 방안인가요? 순자의 조언은 일반 백성을 대상으로 한 것이 아니었습니다. 순자 시대의 왕이나 제후를 염두에 둔 분석이었지요. 그 시대는 전쟁이 일상이던 전국 시대였습니다. 잦은 전쟁과 전쟁 물자

의 낭비가 누적되면 나라의 피폐함과 가난으로 이어질 수밖에 없었습니다. 그렇지만 현대 사회의 시민이라고 크게 다를까요? 요즈음 한국 사람이 전쟁 상황에 맞닥뜨릴 일은 드물겠지만 생활에서 전쟁같이 돈을 빨아들이는 요소 하나쯤은 지니고 있습니다. 자신의 생활에서 그런 욕망의 대상이 무엇인지 알고 적절히 제어할 수 있다면 아마 부자가 되진 못하더라도 가난을 면할 수는 있을 것입니다.

가까운 것과 먼 것

고대 한문에서는 제삼자를 가리키는 오늘날의 '그' '그녀'에 정확히 대응하는 한자가 없었습니다. '그 기其'와 '그 지之'가 있었지만 其는 보통 관형어로서 '그의' '그런'이란 뜻을 나타냈고, 之는 주로 목적어로 썼으니까요. 이 때문에 '그' '그녀'를 가리킬 때는 먼 것을 지칭하는 말과 가까운 것을 지칭하는 말로써 대신했습니다. '이 차此' '이 시是' '이 사斯' '이 자玆'가 한문에서 가까운 것을 지칭하는 말이었다면, '저 피彼' '저/사내 부夫'가 먼 것을 지칭하는 말이었지요. 이들을 '그' '그녀'로 번역할 수 있느냐의 여부는 순전히 문장의 의미 맥락을 따릅니다.

다른 문장들

是禮也[61]

《논어》 팔일

시례야

• 是 이(이것)/옳을 시 禮 예도 례 禮儀 禮節 也 어조사 야. 문장 끝에

서 판단이나 확신, 의문, 감탄을 나타내는 데 도움을 준다. 여기서는 '어떤 것이 ~이다'라는 판단을 드러낸다.

▶ **이것이 예의이다.**

此之謂物化 62

《장자》 제물

차지위물화

- 此 이(이것, 이곳)/이에 차 之 갈/어조사(의, 이, 을)/그(그것) 지 謂 이를 위 物 만물/물건/것 물 事物 化 될/교화할 화
- **이럴 땐 이렇게** 之가 어조사로 쓰여 목적어가 서술어 앞에 놓였음을 알려 줍니다. 此之謂A는 '이를/이것을 A라 한다'라는 뜻입니다.

▶ **이것을 물화라 한다.**

此賤而彼貴 63

《열하일기》 일신수필 차제

차천이피귀

- 賤 천할 천 而 말 이을 이 彼 저/그 피 貴 귀할 귀
- **이럴 땐 이렇게** 조선 각 지방의 특산물이 서로 유통되지 않는 점을 나열한 뒤에 나오는 구절입니다. 연암은 조선에서 물산이 유통되지 않는 이유를 수레 제도가 발달하지 않은 데에서 찾고 있습니다.

▶ **이곳에서는 천하고 저곳에서는 귀하다.**

知彼知己 百戰不殆 64

《손자》 모공

지피지기 백전불태

- 知 알 지 彼 저/그 피. 彼는 此, 己, 我에 반대되는 말이다. 己 몸/자기 기 百 일백 백 戰 싸울 전 不 아닐(아니)/못할 불(부) 殆 거의/위태할 태

▶ **상대를 알고 자신을 알면 백번 싸워도 위태롭지 않다.**

是年 高麗兵來侵[65]

《삼국유사》 기이 제삼노례왕

시년 고려병래침

• 年 해 년 高麗 높을 고, 고울 려. 고려는 고구려를 가리킨다. 兵 병사/무기/전쟁 병 來 올 래 侵 침노할 침 侵掠

▶ **이 해에 고구려 병사가 침략해 왔다.**

【꼭 알아 두기】
한문에서 '이 차此' '이 시是' '이 사斯' '이 자玆'는 가까운 것을 지칭하고, '저 피彼' '저 부夫'는 먼 것을 지칭한다. 지칭하는 대상이 사람인지 사물인지 장소인지는 해당 문장이 쓰인 상황과 의미 맥락을 통해 판단한다.

16편 복수를 강조하는 배輩, 속屬, 등等, 제儕

《삼국유사》 기이 고조선

爾輩食之 不見日光百日 便得人形[66]

이배식지 불견일광백일 변득인형

너희들이 이것을 먹으면서 백일 동안 햇빛을 보지 않는다면 곧 사람 몸으로 바뀔 것이다.

爾 너/이 이 輩 무리 배 食 밥/먹을 식 之 갈/어조사(의, 이, 을)/그(그것) 지 不 아닐(아니)/못할 불(부) 見 볼 견 日 날/해 일 光 빛 광 百 일백 백 便 편할 편, 똥오줌/곧/문득 변 得 얻을 득 獲得 人 사람 인 形 모양/용모 형 形象 形態

한국 사람이라면 아마도 '너희'가 누구인지, '이것'이 무엇인지 금방 떠올릴 것입니다. '너희'는 곰과 호랑이이고 '이것'은 쑥과 마늘이었지요. 이 구절은 하늘에서 내려온 환웅이 사람이 되고 싶다는 곰과 호랑이에게 했던 말입니다. 그 뒤 호랑이는 쑥과 마늘 다이어트를 참지 못해 도망쳤고, 곰은 배고픔을 견뎌내 사람 여자인 웅녀가 됐습니다. 웅녀는 사람으로 변신한 환웅과 결혼하여 한민족의 시조라 일컫는 단군을 낳았습니다.

단군 신화는 팩트 체크란 관점에서 보면 논할 거리가 별로 없습니다. 하늘에서 사람이 낙하산도 없이 내려오다간 끔찍한 중력 가속도의 힘만 확인할 테고, 곰이 휘리릭 한 바퀴 돈다고 사람으로 변할 리도 없으니까요. 신화의 모티브가 된 역사적 사건이야 어떤 형태로든 존재했겠지만 신화는 신화일 뿐입니다. 그렇지만 상징 의미로 해석하면 단군 이야기는 여전히 짚어 볼 대목이 많습니다.

이를테면 변신만 해도 현대 문화 현상과 연결 지을 수 있는 흥미로운 테마입니다. 현대인의 상당수는 정기적으로 게임에 접속해서 신이나 오크족, 마법사, 전사, 군인으로 변신해 시간을 보냅니다. 인터넷이나 SNS를 할 때도 일상에서 감춰 두었던 자아를 끄집어내 현실과 다른 아바타로 변신하는 경우가 매우 흔하지요. 이런 현상을 이 글에서 분석하고 평가하긴 어렵지만 한 가지는 확실합니다. 오늘도 한국인들은 곰처럼 변신에 성공하거나 호랑이처럼 변신에 실패하면서 자신의 이야기를 쌓아 가고 있습니다.

단수와 복수

한국말은 영어에 비하면 단수와 복수를 엄격히 구분하지 않는데 고대 한문도 그랬습니다. 앞에서 나온 '나 오吾' '나 아我' '너 이爾' '너 여汝(女)' '그 기其' 등이 다 단수와 복수를 아울러 나타낼 수 있었습니다.

다만 복수임을 강조할 때는 이들 단어 뒤에 '무리 배輩' '무리 속屬' '무리/같을 등等' '무리 제儕' 등을 붙였습니다. 이를테면 오제吾儕, 약속若屬, 여배余輩 같은 식이었지요. 이들 모두 우리말에서는 조사인 '들'을 활용해 표현할 수 있습니다.

다른 문장들

我屬無患矣[67]

《통감절요》 한기 태조고황제 6년

아속무환의

• 我 나/우리 아 屬 무리 속, 이을 촉 無 없을 무 患 근심 환 矣 어조사 의. 문장 끝에 와서 시간에 따른 사건의 변화가 확정됐다는 어감이나 감탄의 느낌을 나타낸다.

▶ **우리들은 근심할 것이 없다.**

娘等便現神形[68]

《삼국유사》 기이 김유신

낭등변현신형

• 娘 계집/여자 낭 等 무리/같을 등 便 편할 편, 똥오줌/곧/문득 변 現 나타날/지금 현 神 귀신/신/신비로울 신 形 모양/형상 형

▶ **여인들이 문득 신의 형상으로 나타났다.**

軍官輩亦皆起舞[69]

《난중일기》 1592년 2월 12일

군관배역개기무

• 軍官 군사 군, 벼슬/관가 관. 군관은 조선 시대의 하급 무관을 가리킨다. 亦 또/또한 역 亦是 皆 모두/다 개 起 일어날 기 舞 춤출 무

▶ **군관들도 다 일어나 춤을 추었다.**

吾儕之事已敗矣[70]

《단종실록》 단종 1년 10월 10일

오제지사이패의

• 吾 나/우리 오 儕 무리 제 事 일/섬길 사 已 이미 이 敗 패할 패 失敗

矣 어조사 의. 문장 끝에 와서 종결이나 의문, 반어, 감탄, 명령을 나타내는 데 도움을 준다.

• **이럴 땐 이렇게** 吾儕之事가 명사구를 이루어 주어 구실을 합니다. 之는 어조사로서 吾儕와 事를 잇고 있습니다. 矣는 대개 시간에 따라 변화된 상황을 나타내고 확정됐다는 느낌을 전달합니다. (矣▷26편 참조)

▶ **우리들의 일은 이미 실패했다.**

【꼭 알아 두기】

한문은 단수와 복수 구분이 엄격하지 않다. 그렇지만 오제吾儕, 약속若屬, 여배余輩 같은 형식으로 복수를 분명하게 표현하기도 한다.

17편 자신을 낮추는 복僕, 신臣, 첩妾 같은 말

《논어》 술이

丘也幸 苟有過 人必知之[71]

구야행 구유과 인필지지

나는 행복하다. 진실로 잘못한 일이 있으면 사람들이 꼭 그 일을 알려준다.

丘 언덕 구. 공자의 어릴 적 이름이 丘였다. 也 어조사 야. 문장 중간에서 호흡을 잠시 멈추게 하고 뒤 구절을 이끌어 준다. 幸 다행/요행 행 幸福 幸運 苟 진실로/구차할 구 有 있을 유 過 지날/허물 과 必 반드시/꼭 필 知 알 지 之 갈/어조사(의, 이, 를)/그(그것) 지

사람마다 정도야 다르겠지만 지적받는 일을 좋아하는 사람은 거의 없습니다. 특히나 아랫사람에게 잘못을 지적당하면 '싸가지 바가지론'을 설파하는 사람이 꽤 많지요. 그렇지만 잠시 기분이 나쁘더라도 조언이나 충고를 기꺼이 받아들이는 태도는 자신을 성장시키는 자산입니다. 공자처럼 그런 관계에 행복해하기까지 한다면 주변에서 쓴 말을 주저하며 거리를 두는 사람이 없어지겠지요. 이런 태도는 타인의 경험과 지식을 자신의 것으로 전유하는 훌륭한 방법 가운데 하나입니다.

미국의 논픽션 작가 에릭 와이너Eric Weiner는 행복을 찾아 세계 일주를 했던 작가로 알려져 있습니다. 맛집이나 관광지를 찾아 돌아다니는 보통의 여행과 달리 그는 '지상에서 가장 행복한 곳은 어디일까?'

하는 의문을 품은 채 세상을 떠돌아다녔습니다. 자기 나름대로 행복하다고 소문난 열 나라를 찾아 취재한 내용을 묶어서 《행복의 지도(The Geography of Bliss)》라는 유쾌한 여행기를 써 냈지요.

여기서 책 리뷰를 하긴 힘들지만 그가 어디를 돌아다녔는지 소개할 순 있습니다. 마리화나와 성매매를 허용할 정도로 극단의 자유를 추구하는 네덜란드, 휴양지로 유명한 몰도바, 왕이 국민행복지수를 챙기는 부탄, 나라가 국민의 기본 생활을 보장하고 용돈까지 주는 카타르, 깨달은 현자와 뻔뻔한 사기꾼이 공존하는 인도, 아메리칸드림의 나라 미국 등을 방문했지요. 에릭 와이너가 만약 공자의 고향인 중국의 곡부曲阜(취푸)에 들러 '나는 행복하다'는 공자의 저 구절을 취재했다면 어떤 코멘트를 남겼을까요?

자신을 낮추는 말

고대 한문은 신분 차별이 당연시되던 시대의 언어였습니다. 이 때문에 자신을 지칭할 때 앞서 나온 '나 오吾'나 '나 아我' 대신 스스로를 낮추는 겸칭을 쓰는 경우가 잦았습니다. '나' 대신 자신의 어릴 적 이름을 쓰거나 노예란 뜻에서 기원한 '종 복僕' '신하 신臣' '첩 첩妾' 등을 사용했지요. 소인小人이나 '아무 모某' '어리석을 우愚'처럼 자신의 보잘것없음을 드러내는 호칭도 이런 범주에 들어갑니다. 또 왕이나 제후는 자신의 부족함을 드러내는 '과인寡人' '고아 고孤' 같은 말로 신에게 자신을 낮췄습니다. 구야행丘也幸의 丘는 공자가 어릴 적 이름을 써서 자신을 낮춘 사례입니다.

다른 문장들

小人等亦初見[72]

《열하일기》 성경잡지 7월 12일

소인등역초견

- 小人 작을 소, 사람 인. 소인은 신분이 낮은 사람이 신분 높은 사람 앞에서 자신을 지칭할 때 주로 썼다. 等 무리 등 亦 또/또한 역 初 처음 초 見 볼 견

▶ **저희들도 처음 봤습니다.**

孤極知燕小力少[73]

《통감절요》 주기 난왕 3년

고극지연소력소

- 孤 외로울/고아/나 고 極 다할/극히/끝 극 至極 知 알 지 燕 제비/연나라 연 小 작을 소 力 힘 력 少 적을/젊을 소

▶ **나는 연나라가 작고 힘이 약하다는 사실을 매우 잘 압니다.**

戰船雖寡 微臣不死[74]

《이충무공전서》 이분 〈행록〉

전선수과 미신불사

- 戰 싸움/싸울 전 戰爭 戰鬪 船 배 선 雖 비록 수 寡 적을 과 微 작을 미 微賤 臣 신하/저 신 不 아니 불 死 죽을 사
- **이럴 땐 이렇게** 이순신이 선조에게 올린 장계에 나오는 말입니다. 戰船은 한자음 그대로 쓰는 경우가 많지만 전선이 전깃줄의 전선電線이나 전쟁터의 전선前線을 뜻하는 경우도 많아서 뜻을 풀었습니다. '싸울 배' '싸움배' '전투선' 등이 다 가능합니다.

▶ **싸울 배가 비록 적으나 미천한 제가 죽지 않았습니다.**

僕欲北攻燕 東伐齊[75]

《통감절요》 한기 태조고황제 3년

복욕북공연 동벌제

- 僕 종/저 복 欲 하고자 할 욕 北 북녘 북 攻 칠 공 東 동녘 동 伐 칠 벌 齊 가지런할/제나라 제
- **이렇게 번역한다면** '제가 북쪽 연나라를 공격하려면 동쪽 제나라를 정벌해야 합니다'로 번역한다면? 안 됩니다. 그렇게 번역하려면 東伐齊라는 문장에 당위를 표시하는 말이 담겨 있어야 합니다.

▶ **제가 북쪽으로 연나라를 공격하고 동쪽으로 제나라를 정벌하려 합니다.**

寡人欲攻遼陽[76]

《태조실록》 총서

과인욕공요양

- 寡人 적을 과, 사람 인. 과인은 임금이 스스로를 덕이 부족하다고 낮추는 겸칭이다. 欲 하고자 할 욕 慾心 慾望 攻 칠 공 攻擊 遼陽 멀 요, 볕 양. 요양은 현재 중국의 랴오양시로, 고구려의 요동성이 위치했던 곳이다.

▶ **내가 요동을 공격하려 한다.**

【꼭 알아 두기】

한문에는 나를 가리키는 다양한 겸칭이 나타난다. 자신의 어릴 적 이름, '종 복僕' '신하 신臣' '첩 첩妾' '小人' '아무 모某' 등을 사용해 자기 자신을 지칭했다. 왕이나 제후도 '寡人'이나 '고아 고孤' 따위를 썼다.

18편 상대를 높이는 족하足下, 폐하陛下 같은 말

《통감절요》 한기 태조고황제 4년

當今二王之事 權在足下[77]

당금이왕지사 권재족하

지금 두 왕의 일은 저울추가 당신에게 놓여 있습니다.

當今 마땅할/당할 당, 이제 금. 당금은 어떤 때나 형편을 당하는 지금을 나타낸다. 二 두 이 王 임금 왕 之 갈/어조사(의, 이, 를)/그(그것) 지 事 일/섬길 사 權 권세/저울(저울추) 권 在 있을 재 足下 발 족, 아래 하. 족하는 상대를 직접 지칭하지 않음으로써 높여 부르는 말

항우項羽가 보낸 사자 무섭武涉이 유방劉邦이 책봉한 왕이자 장군이었던 한신韓信을 회유하면서 했던 말입니다. 한신은 중국에서 항우의 초나라와 유방의 한나라가 패권을 다투던 시기에 중요한 전투에서 승리를 이끌어 냈던 명장이었습니다. 항우가 사자를 보냈던 시기는 유방과 항우가 중국의 중원인 광무에서 팽팽하게 대치하던 때였지요. 두 왕은 항우와 유방을 가리킵니다.

당시 한신은 중국 동북쪽 지역에 대한 정벌을 성공적으로 마무리하여 과거 조趙나라, 연燕나라, 제齊나라 땅이었던 일대를 차지하고 거대한 세력을 이루고 있었습니다. 항우로서는 서쪽의 유방과 동쪽의 한신이 함께 협공을 한다면 몰살당할지도 모를 상황이었지요. 그러므로 무섭이 했던 말은 유방을 배신하라는 부추김이었습니다. 당신이 누구 편

을 드느냐에 따라 전쟁의 향방이 달라지므로 그 권세를 이용해 새 나라를 세우고 중립을 지켜 달라는 제안이었습니다. 한신이 받아준다면 초나라가 한숨 돌리고 세력을 정비할 수 있는 계책이었습니다.

그러나 한신은 이 제안을 거절했습니다. 자신이 힘들었던 시기에 발탁해서 고속 승진을 시켜 주고 병력을 나눠 준 유방에게 의리를 지켜야 한다는 이유 때문이었습니다. 그로부터 2년 뒤(기원전 201년) 한신은 유방에게 사로잡혀 왕에서 제후로 강등당한 채 연금 생활을 하는 신세로 전락했습니다. 또 그로부터 5년 뒤(기원전 196년) 뒤늦게 반란을 계획하다가 유방의 아내 여후에게 죽임을 당했습니다. 권세는 함부로 써도 위태롭지만 써야 할 때 쓰지 않아도 위태롭다는 사실을 서늘하게 알려 주는 일화입니다.

상대를 높이는 말

우리말 문어체에서 '당신'은 높임말입니다. 그렇지만 듣는 사람이 앞에 있을 때 대놓고 지칭하면 오히려 욕처럼 받아들입니다. '너, 당신' 같은 말을 상대 앞에서 꺼리는 관습 때문이지요. 고대 한문도 비슷했습니다. 상대를 지칭할 때 '너 이爾' '너 여汝(女)' 대신 경칭을 쓰는 경우가 많았지요. 보통 공公이나 자子, 군君, 경卿처럼 높은 신분이나 작위에서 기원한 말을 사용하거나 선생先生같이 존중받는 직위를 빌려 상대를 호칭했습니다. 임금처럼 신분이 높은 사람을 부를 경우 황제는 폐하陛下, 왕이나 세자는 전하殿下라 했고, 윗사람이나 또래는 족하足下라 했습니다.

다른 문장들

余曰 君不知也[78]

《열하일기》 도강록 6월 28일

여왈 군부지야

• 余 나 여 曰 가로/말할 왈 君 임금/자네 군 不 아닐(아니) 불/부 知 알 지 也 어조사 야

▶ **내가 말했다. "자네가 알지 못하는 것이네."**

吾用先生謀計[79]

《통감절요》 한기 태조고황제 6년

오용선생모계

• 用 쓸 용 先生 먼저/앞설 선, 날 생. 선생은 상대를 높이는 존칭이다. 謀 꾀/꾀할 모 謀略 謀議 計 셀/꾀 계 計略 計策

▶ **내가 선생의 모략과 계책을 썼다.**

卿等宜盡力[80]

《태조실록》 총서

경등의진력

• 卿 벼슬/그대 경 等 무리/같을 등 宜 마땅할 의 盡 다할 진 力 힘 력

▶ **그대들은 마땅히 힘을 다하여야 한다.**

【꼭 알아 두기】

公이나 子, 君, 卿 들은 한문에서 화자의 말을 듣는 상대를 가리키는 경칭이다.

19편 헷갈리는 자者의 쓰임

《오자》 도국

天下戰國 五勝者禍 四勝者弊

천하전국 오승자화 사승자폐

三勝者霸 二勝者王 一勝者帝[81]

삼승자패 이승자왕 일승자제

천하에서 싸우는 나라 중에 다섯 번 이긴 나라에는 재앙이 닥치고 네 번 이긴 나라는 피폐해지고 세 번 이긴 나라는 패권을 쥐며 두 번 이긴 나라는 왕위를 갖고 한 번 이기면 제국이 된다.

戰 싸울 전 國 나라 국 五 다섯 오 勝 이길 승 者 놈(사람)/것 자 禍 재앙 화 四 넷 사 弊 폐단/폐해/해질 폐 疲弊 三 석/셋 삼 霸 으뜸 패 二 두/둘 이 王 임금 왕 一 한/하나 일 帝 임금 제 皇帝. 황제라는 단어는 진시황의 중국 통일 이후에 만들어졌다. 여기서 제帝는 왕들을 거느리는, 왕보다 한 급 높은 지위를 나타낸다.

오자吳子는 중국의 전국 시대 초반기에 위魏나라의 병권을 맡았던 장군입니다. 위나라 서쪽에서 강대국 진秦나라를 막아 내며 무패의 신화를 일구고 오자병법에 이름을 남겼던 인물이지요. 이 오자가 나라의 업적과 성취를 보존하는 승리의 중요성을 설파하면서 나왔던 말입니다. 전쟁을 자주 치르면 나라의 부와 자산이 소모되므로 되도록 전쟁을 벌이지 말고, 전쟁이 벌어진다면 자산의 소모를 최소화하며 이겨야 한

다는 조언이라 할 수 있습니다.

언뜻 들으면 상식에 반하는 주장입니다. 칭기즈칸의 정복 전쟁이나 로마 제국의 식민 역사처럼 승리를 거듭하여 거대 제국을 이룬 사례가 얼마든지 존재하니까요. 하지만 오자의 주장에서 핵심은 전쟁을 거듭하면서 나라가 이전에 쌓아 왔던 업적과 성취를 보존할 수 있는가 하는 점이었습니다. 압도적인 전력 차로 전쟁에서 승리를 거두고도 전쟁 자산의 소모가 심하지 않거나 소모된 자산을 외부에서 계속 벌충할 수 있다면 오자의 주장은 통하지 않겠지요.

그러나 대부분의 전쟁에서는 승전국도 패전국만큼은 아니지만 극심한 타격을 받습니다. 그런 타격이 반복된다면 국력이 약해질 수밖에 없습니다. 이 때문에 전쟁을 적게 치르고 한두 번의 승리를 크게 거둔 나라가 왕좌를 갖거나 제국이 되는 것입니다. 만약 전쟁을 치르는 주된 전장이 자국 내 영토라면 어떨까요? 승리를 거두었더라도 나라의 부와 자산을 보존하기 어려울 것입니다. 그렇다면 전쟁도 없고 승리도 없는 상황이라면 어떨까요? 아마도 진정한 승리자가 아닐까요. 전쟁의 가능성을 줄이기 위한 군사적 대비와 경제 환경의 개선, 외교 노력이 늘 필요한 이유입니다.

'놈 자者'의 쓰임

者의 대표 훈인 '놈'은 조선 중기 때부터 썼지만 당시에는 비하의 의미가 없었고 단지 '사람'을 뜻했습니다. 한문에서 '놈 자者'는 독특한 쓰임새를 지닙니다. 우리말로 치면 사람이나 사물, 상황을 대신하는 대명사 구실을 하는데 꼭 다른 말(관형어) 뒤에서 쓰입니다. 천하전국天

下戰國 오승자화五勝者禍에서 者는 앞 구절의 國을 지칭하면서 五勝의 뒤에 쓰였지요. 그래서 五勝者는 '다섯 번 이긴 나라'가 됩니다. 앞 구절에 나온 말이 아니라 일반적인 사람이나 사물, 상황을 지칭할 때는 보통 '~한 사람(놈, 이)'이나 '~한 것(일, 때, 곳, 경우)'으로 번역합니다. 者의 지칭 범위가 넓기 때문에 굳이 '사람'이나 '것'으로 해석하지 않고 한자음 그대로 '~한 자'로 번역하는 예도 흔하지요.

者의 번역에서 주의할 점이 있습니다. 者가 문장에서 者 앞의 말을 제시하는 기능도 한다는 점입니다. 이런 기능이 도드라지면 者를 따로 해석하지 않습니다. 이를테면 者가 시간과 관련된 말 뒤에 와서 때를 나타날 때 해석을 생략하지요. 석자昔者는 '옛날에'이고 근자近者는 '요사이'가 됩니다. 者를 간혹 '-(으)면'으로 번역하는 경우도 이런 범주에 들어가는 사례라 할 수 있습니다. 다른 문장들에서 용례를 확인해 보세요. 者가 A者 B也 구조로 쓰일 때도 者의 해석을 생략하는 경우가 흔한데 이 사례는 22편에서 다룹니다.

다른 문장들

知者自知 仁者自愛[82]

《순자》 자도

지자자지 인자자애

• 知 알 지 仁 어질/인자할 인 自 스스로/저절로 자 自身 愛 사랑/사랑할 애

▶ **지혜로운 사람은 자신을 알고 인자한 사람은 자신을 사랑한다.**

秋霜降者 草花落[83]

《사기》 이사열전

추상강자 초화락

- 秋 가을 추 霜 서리 상 降 내릴 강 草 풀 초 花 꽃 화 落 떨어질 락
- **이렇게 번역한다면** '가을 서리가 내릴 때 풀과 꽃이 떨어진다'고 번역하면 어떨까요? 됩니다. 者가 지칭하는 대상은 '것' '곳' '일' '때' '놈'(사람) '이' 등을 아우릅니다. 이 구절의 降者를 두고 '내릴 때'가 맞는지 '내리면'이 맞는지를 묻는 것은 어떻게 보면 한국어의 언어 감각이 투영된 질문입니다. 한문이 말을 한다면 '두 번역이 다른가?' 라고 반문할 수도 있습니다.

▶ **가을 서리가 내리면 풀과 꽃이 떨어진다.**

昔者 莊周夢爲胡蝶[84]

《장자》 제물

석자 장주몽위호접

- 昔 예/옛날 석 莊周 씩씩할/장중할 장, 두루 주. 장주는 장자의 이름이다. 夢 꿈 몽 爲 할/될/이다 위 胡蝶 되/오랑캐 호, 나비 접. 호접은 나비 특히 호랑나비를 가리킨다.

▶ **옛날에 장자가 꿈에서 나비가 되었다.**

是虎而翼者也[85]

《통감절요》 주기 위열왕 23년

시호이익자야

- 是 이/옳을/이다 시 虎 호랑이 호 而 말 이을 이 翼 날개 익 也 어조사 야
- **이럴 땐 이렇게** 재주를 가지고 나쁜 짓을 저지르는 상황을 호랑이와 날개에 비유하면서 나온 구절입니다. 而는 서술어(동사, 형용사)와 서술어, 부사어(부사)와 서술어를 연결합니다.(10편 참조) 그래서 而風

이라 하면 '~하고 바람 불다'는 뜻이 되지요. 이 점을 염두에 두고 翼과 虎의 의미를 생각합니다.

▶ **이는 호랑이에 날개를 단 것이다.**

【 꼭 알아 두기 】

'놈(사람)/것 자者'는 보통 '~한 사람(놈, 이)'이나 '~한 것(일, 때, 곳, 경우)'으로 번역한다. 그렇지만 간혹 昔者(옛날에)처럼 해석하지 않기도 하고, 의미 맥락에 따라 '-(으)면'을 붙여 번역하기도 한다.

20편 꼭 알아야 할 소所의 쓰임 1

《논어》 위정

視其所以 觀其所由 察其所安[86]

시기소이 관기소유 찰기소안

그가 하는 일을 보고 그가 따라온 길을 살펴보며 그가 편안해하는 데를 관찰한다.

視 볼 시 其 그 기 所以 바/것/곳 소, 써/때문에 이. '써 이以'를 위爲와 통용된 것으로 봐서 '하다'로 해석하면 '하는 것'이 된다. 써(로써)의 동사형으로 봐서 '쓰다'로 해석하면 '쓰는 것'을 뜻한다. 觀 볼 관 由 말미암을/이유/따를 유 經由 緣由 察 살필 찰 觀察 安 편안/편안할 안

부제를 단다면 '공자의 사람 보는 법'이라고 붙일 만한 구절입니다. 앞뒤에 대화 상황이 없는 글이라 공자가 누구에게 어떤 의도로 했던 말인지는 알기 어렵습니다. 그래도 '소이所以, 소유所由, 소안所安' 이 세 가지를 사람 보는 주요 기준으로 뽑아낼 수 있겠지요. 언뜻 보면 너무 성긴 기준이라 조밀하고 복잡한 현대 사회에 적용하기 어려운 듯하지만 시사점이 없지 않습니다.

우선 소이所以는 전통적인 주석에 따르면 사람이 하는 행위입니다. '써 이以'가 크게 '써(로써)'와 '때문에'란 두 갈래 뜻을 지니므로 그 사람이 무엇을 수단으로 삼아 어떤 이유로 하는 행위인지를 가리키지요. 이를테면 사람마다 돈, 권력, 명예, 자기 위안, 사회적 가치 등으로 행위

의 동기가 다릅니다. 또 폭력, 처벌, 경쟁, 시위, 협력, 토론 등 일을 실현하기 위해 의지하는 수단도 다릅니다. 이런 것들을 보는 것이 사람의 소이所以를 보는 것입니다.

다음으로 소유所由는 쉽게 말해 경력입니다. 어느 시점에서 시작해 그 사람이 쭉 따라갔던 과정입니다. 현대 직장인들이 이력서에 기재하는 커리어 내용과 크게 다르지 않지요. 사람의 소유所由를 보면 그 사람의 관심 사항이나 성취, 능력, 집념 따위를 파악할 수 있습니다.

마지막으로 소안所安은 사람이 편안하게 여기는 것입니다. 편안해하는 일이나 공간, 상황 따위를 가리키지요. 사람이 안락한 상황에서 편안해하기는 쉽습니다. 그렇지만 낯설고 막막하거나 궁지에 몰리고 힘든 상태에서 편안해하기는 어렵습니다. 그런 상황에서 편안해하려면 타고나거나 오랜 훈련이 필요하지요. 사람의 소안所安에는 순발력, 인내력, 용기같이 겉으로 잘 드러나지 않는 성품의 단서가 숨겨져 있습니다. 어떤가요? 언제 어디에서 편안해하십니까?

'바 소所'의 쓰임 1

'바/것 소所'는 수식하거나 한정하는 말이 앞에 올 경우 연구소研究所의 所처럼 '곳/처소'의 뜻을 지닙니다. 반면에 수식하는 말이 所 뒤에 오면 '~하는 바/것'의 의미를 갖습니다. 所以는 '쓰는 것(▷ 하는 짓, 하는 행위)'이고 所由는 '따르는 것(▷ 따라온 길)'이지요. 이때 所 뒤의 수식어에는 우리말의 동사 뜻으로 번역되는 말이 옵니다.

'所~' 형식을 번역할 때는 주의할 대목이 있습니다. 먼저 그것이 동작의 대상을 나타낸다는 점입니다. 이를테면 소언所言은 '말하는 바'

'말하는 것'이지만 언자言者는 '말하는 사람'입니다. 다음으로 그것이 다른 말 앞에서 관형어로도 쓰인다는 점입니다. 소언자所言者는 '말하고 있는 그것(◁말한 바의 그것)'이 됩니다. 소언所言에 비하면 동작의 대상이 조금 더 구체적으로 좁혀지지요.

한편 앞서 4편에서 '그 기其'가 관형어로 쓰인다고 했는데 여기에서는 왜 '그가'로 번역했는지 궁금할 수 있습니다. 4편에서 말한 핵심은 其 뒤에 바로 서술어가 오지 않는다는 기능적 측면입니다. 其가 한문에서 관형어로 쓰인다는 말은 其A로 예를 들자면, A가 명사 뜻을 지닌다는 점을 분명히 해서 其A가 주어나 목적어 노릇을 한다는 사실을 지적한 것입니다. 앞의 其所以 같은 경우도 기능적 측면을 밝혀 직역하면 '그의 하는 일'이 됩니다.

다른 문장들

所乘馬至鯤淵 [87]

《삼국유사》 기이 동부여

소승마지곤연

- 乘 탈 승 馬 말 마 至 이를 지 鯤淵 곤이(물고기 알) 곤, 못 연. 곤연은 연못 이름이다.
- **이럴 땐 이렇게** 所乘이 관형어로 馬를 한정하는 구조입니다. '말을 탄 것'이라 하면 의미가 달라집니다.

▶ **탄 말이 곤연에 이르렀다.**

臣欲遠移他所 [88]

《삼국유사》 기이 미추왕 죽엽군

신욕원이타소

• 臣 신하 신. 자기의 겸칭으로 쓰였고 김유신을 가리킨다. 欲 하고자 할 욕 遠 멀 원 移 옮길 이 他 다를 타

• **이럴 땐 이렇게** 所가 관형어 他의 뒤에 쓰인 사례입니다.

▶ **저는 멀리 다른 곳으로 옮겨 가려고 합니다.**

政之所廢 在逆民心 [89]

《관자》 목민

정지소폐 재역민심

• 政 정사/다스릴 정 政治 之 갈/그(그것)/어조사(의/-는, 이/가, 을/를) 지 廢 폐할/못 쓰게 될 폐 廢止 荒廢 在 있을 재 逆 거스를 역 民 백성 민 心 마음 심

• **이럴 땐 이렇게** 政之所廢가 주어입니다. 어조사 之가 政과 所廢를 이었습니다.

▶ **정치가 망하는 것은 민심을 거스른 데에 있다.**

所謂天下無敵力士之骨 [90]

《삼국유사》 기이 제사 탈해왕

소위천하무적역사지골

• 所謂 바/것 소, 이를 위. 이른바 天下 하늘 천, 아래 하. 천하, 세상 無 없을 무 敵 대적할/적 적 力士 힘 력, 선비 사. 역사는 힘이 센 사람이다. 骨 뼈/기골 골 奇骨 骨格

• **이럴 땐 이렇게** 天下無敵力士之骨이 서술어입니다. 어조사 之가 天下

【꼭 알아 두기】

所를 해석할 때는 두 가지 형태를 구별한다. A所라면 'A의/A하는 곳(처소, 자리)'이란 뜻이다. 所A라면 'A하는 바/것'이란 뜻이다.

無敵力士와 骨을 이었습니다. 우리말에서 명사가 서술어로 쓰이려면 조사 '이다'를 붙입니다. 한문에선 그냥 서술어 자리에서 명사 성격을 드러내면 되는데 어조사 之가 앞뒤 말을 이어 명사구를 만드는 구실을 합니다.

▶ **이른바 천하에 적이 없는 장사의 기골이었다.**

21편 꼭 알아야 할 소所의 쓰임 2

《사기》 자객열전

僕所以留者 待吾客與俱[91]

복소이류자 대오객여구

제가 머물렀던 이유는 내 사람을 기다려 함께 하려 함이었습니다.

僕 종/저 복 所以 바/것 소, 써(로써)/때문에 이. ~하는 이유(까닭), ~하는 수단(방법) 留 머무를 류 者 놈(사람)/것 자 待 기다릴 대 吾 나 오 客 손님/사람 객. 번역서에 따라 동지, 친구, 객인 등으로 번역한다. 與 더불/줄/과(와) 여. '더불다'는 '함께한다' 또는 '같이한다'는 뜻이다. 俱 함께/갖출/함께할 구

고대 중국의 진秦나라가 조趙나라를 멸망시킨 다음 해(기원전 227년)였습니다. 전국 시대를 끝내고 중국을 통일하려는 진나라의 공세가 본격화하는 시기였지요. 그해 어느 날 연燕나라의 서남쪽 역수 가에 한 무리의 사람들이 웅성거리고 있었습니다. 진나라 왕 정政(훗날의 시황제)을 암살하러 가는 자객 형가荊軻와 그를 보좌하는 진무양秦舞陽, 그들을 배웅하는 연의 태자 단丹의 일행이었습니다. 그곳에서 여러 날을 멈춰 있던 참에 형가의 화난 목소리가 들려왔습니다.

한번 가면 돌아오지 못하는데 저 풋내기라니요? 앞으로 비수 하나를 들고 헤아릴 수 없이 강성한 진나라에 들어가야 합니다. **제가 머물렀던 이**

유는 내 사람을 기다려 함께 하려 함이었습니다. 태자께서 늦었다고 하시니 결정을 내려 떠나겠습니다.

태자 단은 형가가 오래도록 강을 건너지 않자 조급해졌습니다. 그래서 진무양이라도 먼저 보내자고 했는데 그 말에 형가가 화를 냈지요. 이 말을 끝낸 뒤 형가는 진무양을 데리고 바로 강을 건넜다고 합니다. 그러나 진왕 정의 암살은 진시황제의 이름이 대대로 전해진 데에서 알 수 있듯이 실패했습니다. 《사기史記》에서는 진무양이 진왕 정 앞에서 벌벌 떠는 모습을 묘사해 형가가 풋내기라 했던 평가가 기우가 아니었음을 암시해 주지요.

이 이야기는 남의 나라에서 오래전에 일어났던 실패한 암살담입니다. 그렇지만 형가의 이야기에 일제 강점기를 거쳤던 한국 역사를 겹쳐 읽으면 묵직한 파토스가 일어납니다. 안중근, 이봉창, 윤봉길 같은 독립투사들도 형가처럼 성공하건 실패하건 죽음이 예약된 강을 한 번씩 건너갔을 터이기 때문입니다. 그들 역시 마음속으로 일을 반드시 성공으로 이끌어 줄 내 사람들을 기다렸을 것입니다.

'바 소所'의 쓰임 2

'소이所以~'는 '소所~' 형태에 '써 이以'(로써/때문에)를 끼워 넣어 가리키는 대상을 좀 더 분명히 지칭합니다. '所~'가 '~하는 바/것'이라면 '소이所以~'는 '~하는 수단/방법'(무엇으로써 ~하는 것인지)이나 '~하는 이유/까닭'(무엇 때문에 ~하는 것인지)를 뜻하게 되지요. 이를테면 19편에 나온 소이**所**以가 '쓰는 것' '하는 것'이라면 소이류**所以**留

는 '머무르는 이유'가 됩니다.

한편 '소이所以~'의 以 자리에는 자自, 종從, 유由나 '위할 위爲' 같은 말도 들어갈 수 있습니다. '소자所自~, 소종所從~'은 '~한 곳(어디로부터 ~한 것인지), ~한 때(언제부터 ~한 것인지)'로 번역하고, '소유所由~, 소위所爲~'는 뜻이 '所以~'와 비슷합니다. 여기에 쓰인 自, 從, 由는 모두 '부터/에서'란 뜻을 지닙니다.

다른 문장들

此乃信所以去也[92]

《사기》 회음후열전

차내신소이거야

- 此 이 차 乃 이에(곧)/다만/너 내 信 믿을 신. 여기서는 유방의 신하였던 한신을 가리킨다. 去 갈/떠날/없앨 거 也 어조사 야

▶ **이것이 (곧) 한신이 떠난 이유이다.**

不患無位 患所以立[93]

《논어》 이인

불환무위 환소이립

- 不 아닐(아니)/못할 불(부) 患 근심/근심할 환 無 없을 무 位 자리 위 地位 職位 立 설/세울 립
- **이럴 땐 이렇게** 所以立의 뜻을 한 글자 한 글자 풀어서 생각해 봅니다. 보통 所以立의 '서는 수단'을 능력으로 해석하는 번역자가 많습니다.

▶ **지위가 없다고 근심하지 말고 무엇으로써 (그 지위에) 설 것인지 근심한다.**

時有白石者 不知其所自來[94]

《삼국유사》 기이 김유신

시유백석자 부지기소자래

- 時 때(철)/그때/시 시 有 있을 유 白石 흰 백, 돌 석. 백석은 사람 이름이다. 者 놈(사람)/것 자 知 알 지 其 그(그것) 지 自 스스로/부터 자 來 올 래
- **이럴 땐 이렇게** 한문을 읽다 보면 時가 주어나 목적어 자리뿐 아니라 문장과 문장 사이 부사어 자리에 나타날 때가 있습니다. '이때, 그때'는 그런 경우에 나타나는 뜻의 하나입니다.

▶ **그때에 백석이란 놈이 있었는데 온 곳을 알지 못했다.**

見漁人 乃大驚 問所從來[95]

도연명 〈도화원기〉

견어인 내대경 문소종래

- 見 볼 견 魚 물고기 어 人 사람 인 驚 놀랄 경 問 물을 문 從 좇을/따를/부터 종

▶ **어부를 보고 이에 크게 놀라 어디로부터 왔는지 물었다.**

【꼭 알아 두기】

所A 형태에 '써 이以'를 끼워 넣은 所以A는 'A하는 수단/방법'(무엇으로써 A하는 것인지)이나 'A하는 이유/까닭'(무엇 때문에 A하는 것인지)을 나타내는 표현이다. '써 이以'의 쓰임이 낯설다면 28편과 29편을 먼저 읽는다.

문장과 문장

1

天知 地知 子知 我知 《십팔사략》 동한 안제

천지 지지 자지 아지

하늘이 알고 땅이 알고 ______________________

2

寡人欲攻遼陽 卿等宜盡力 《태조실록》 총서

과인욕공요양 경등의진력

내가 요동을 공격하려 하니 ______________________

3

吾少也賤 故多能鄙事 《논어》 자한

오소야천 고다능비사

______________________ 그래서 천한 일에 많이 능하다.

4

民惡憂勞 我佚樂之

《관자》 목민

민오우로 아일락지

백성은 근심하고 애쓰는 일을 싫어하므로 ______________________

---

1 그대가 알고 내가 안다.
2 그대들은 마땅히 힘을 다하라.
3 내가 젊어서는 비천했다.
4 우리는 그들을 편안하고 즐겁게 한다.

3장

판단의 말, 무엇은 무엇이다

우리말에서 '이다'는 서술어를 만드는 조사라 해서 서술격 조사라고 합니다. 그런데 '이/가'나 '을/를' 같은 조사와 다르게 동사나 형용사처럼 활용을 합니다. '이고' '이니' '이면' '이었다' 등으로 변하면서 쓰인다는 말입니다. 그래서 '적국' 같은 명사 뒤에 '이다'가 붙으면 활용이 가능한 서술어가 됩니다. 그렇다면 한문에서는 우리말의 '~이다'에 해당되는 뜻을 어떻게 표현했을까요? 3장에서는 '할 위爲' '이 시是'가 필수 한자입니다.

22편 A者 B也는 'A는 B이다'라는 뜻

《연암집》 소단적치인

題目者 敵國也[96]

제목자 적국야

제목은 적국이다.

題目 제목 제, 눈/조목 목. 제목 者 놈(사람)/것 자 敵國 대적할 적, 나라 국. 적국 也 어조사 야

조선 후기의 대문호였던 연암 박지원의 글쓰기 세계관을 드러낸 말입니다. 논제나 시제 같은 글의 제목을, 싸워 이겨야 할 적국에 비유한 대목이었지요. 이를 따르면 좋은 글이란 적국인 제목의 의도를 무너뜨려서 항복을 받아 낸 글입니다. 좋은 글을 쓰려면 마치 전쟁과도 같은 긴장감과 절실함, 집중력이 필요하다는 함의를 담고 있기도 하지요. 당시엔 요즈음처럼 판타지 전략 게임이 없었지만 글쓰기 과정을 유쾌하게 게임화한 상상력을 엿볼 수 있습니다. 설명만으로는 그 느낌을 알기 어려우니 앞뒤 구절을 소개합니다.

> 글을 잘 쓰는 이는 아마도 병법을 아는 사람일 것이다. 글자는 군사에 비유한다. 글자의 뜻은 장군이다. **제목은 적국이다.** 과거의 고사는 전쟁터의 보루이다. 글자를 묶어 구절을 만들고 구절을 모아 문장을 지음은 군대의 대오가 행진하는 일과 같다. 운에 맞추어 소리를 내고 수사법으

로 빛을 냄은 징과 북을 치며 깃발을 흔드는 일과 같다. 앞뒤 글의 조응은 봉화를 피우는 일이요, 비유는 유격대의 기병이다. 글의 기세를 억제했다 고양시켰다 반복하는 수법은 적과 격렬하게 싸워 서로 죽이는 짓이다. 제목의 의도를 꿰뚫어 글을 다듬는 것은 성벽에 먼저 올라 적을 붙잡는 일이요, 함축을 귀하게 여김은 머리 희끗한 늙은 병사를 잡지 않는 일이다. 글에 남기는 여운이란 군대가 열을 맞춰 개선하는 일이다.

A者 B也 구문

'~者 ~也'는 한문에서 '무엇은 무엇이다'를 나타내는 대표적인 형식입니다. A者 B也라고 한다면 'A는(은) B이다, A라는 것은 B이다' 정도로 해석하지요. B에 A의 원인이 되는 내용이 온다면 'A는(은) B 때문이다'로 번역합니다.

A者 B也 형식에서 者는 19편에서 설명한 '놈(사람)' '것'이란 뜻이 도드라지지 않습니다. 단지 주어를 제시하고 뒤 구절을 이끄는 구실을 하지요. 그래서 者를 해석하지 않고 '은/는'을 붙이거나 해석하더라도 '~라는 것'이라 해서 무언가를 제시한다는 느낌을 살려 줍니다. 제목자題目者 적국야敵國也는 '제목은 적국이다' '제목이란 것은 적국이다' '제목이란 적국이다' 정도로 해석할 수 있습니다.

한편 한문에서 '무엇은 무엇이다'를 나타낼 때에 者와 也가 반드시 필요하진 않습니다. 앞뒤 구절의 의미 관계가 분명해서 다른 해석의 여지가 적을 경우 者와 也를 쓰지 않는 경우도 흔합니다.

다른 문장들

仁人心也 義人路也[97]

《맹자》 고자 상

인인심야 의인로야

- 仁 어질/인자할 인 仁慈 心 마음/속 심 義 옳을/뜻 의 義理 正義 路 길 로
- **이럴 땐 이렇게** 者 없이 '무엇은 무엇이다'를 표현한 사례입니다.

▶ **인仁은 사람의 마음이고 의義는 사람의 길이다.**

辯而不說者 爭也[98]

《순자》 영욕

변이불설자 쟁야

- 辯 말 잘할 변 而 말 이을 이. 구절과 구절을 이어 나열(-고, -며), 상반(-나, -지만), 가정(-면), 배경(-는데) 등의 뜻을 두루 나타낸다. 不 아니(아닐)/못할 불(부) 說 말씀 설, 달랠 세 爭 다툴 쟁
- **이럴 땐 이렇게** A者 B也를 'A는(은) B 때문이다'로 번역하는 사례입니다. 이런 문장은 단지 의미 맥락만을 따져서 '때문이다'로 번역할지 '이다'로 번역할지 파악합니다.

▶ **말을 잘하는데 설득하지 못하는 것은 다투기 때문이다.**

父赫居世 母閼英夫人[99]

《삼국유사》 기이 제이 남해왕

부혁거세 모알영부인

- 父 아비/아버지 부 赫居世 빛날 혁, 살 거, 인간 세. 신라의 신조인 박혁거세를 가리킨다. 母 어미/어머니 모 閼英夫人 가로막을 알, 꽃부리 영, 사내/남편 부, 사람 인. 알영부인은 박혁거세의 아내이다.

• **이럴 땐 이렇게** 者와 也 없이 '무엇은 무엇이다'를 나타낸 사례입니다. 사람의 출신이나 인적 사항을 나타내는 문장에서 이런 형식을 자주 만날 수 있습니다.

▶ **아버지는 혁거세이고 어머니는 알영부인이다.**

貨者 愛之末也 刑者 惡之末也[100]

《관자》 심술 하

화자 애지말야 형자 오지말야

• 貨 재물/돈 화 愛 사랑/아낄 애 之 갈/어조사(의,를)/그/이 지 末 끝 말 末端 也 어조사 야 刑 형벌/법 형 惡 나쁠 악, 미워할/싫어할 오

▶ **돈은 사랑하는 방법의 말단이고 형벌은 미워하는 방법의 말단이다.**

【꼭 알아 두기】

A者 B也는 한문에서 '무엇은 무엇이다'를 표현하는 대표적인 형식이다. 'A는(은) B이다' 'A라는 것은 B이다'로 해석하고, B에 A의 원인이 되는 내용이 오면 'A는(은) B 때문이다'로 해석한다.

23편 뜻이 다채로운 위爲의 쓰임

《맹자》 만장 하

爾爲爾 我爲我[101]

이위이 아위아

너는 너이고 나는 나이다.

爾 너/가까울 이 爲 할/될/삼을/이다/위할 위 我 나/우리 아

2300여 년 전에 살았던 유학자 맹자孟子가 말했다고 보기엔 현대인의 감성을 건드리는 말입니다. 모델 같은 사람이 징이 박힌 재킷을 걸치고, 양말 부츠를 신은 채 도도하게 내뱉어야 뭔가 어울릴 것 같지요. 그렇지만 맹자가 했던 말 맞습니다. 다만 현대인의 개인주의 감성에 맞닿아 있진 않고 도덕적 자아의 확고함을 드러냈던 말이었습니다.

유하혜는 오명을 지닌 임금을 섬긴다고 부끄러워하거나 낮은 관직을 사양하지 않았다. 관직에 나아가서 현명함을 숨기지 않고 자신의 길을 갔으며 관직에서 쫓겨나도 원망하지 않았다. 곤궁해져도 근심하지 않았다. 시골의 무지렁이와 어울려도 여유를 부리며 피하지 않고 "**너는 너이고 나는 나이다.** 내 곁에서 소매를 걷어붙이거나 웃통을 벗어젖힌다고 해서 네가 어찌 나를 더럽힐 수 있겠는가?"라고 했다. 그래서 유하혜의 풍모를 들으면 속좁은 사람도 너그러워지고 얄팍한 사람도 후덕해졌다.

여기 나오는 유하혜柳下惠는 중국 춘추 시대의 노魯나라 사람이었습니다. 공자가 높게 평가한 인물이라고 하는데 맹자는 유하혜에 대한 평가가 엇갈립니다. 《맹자》 '만장 하'에서는 온화하다고 했지만 '공손추 상'에서는 공손하지 못하다고 평가했지요. 그래도 위에 묘사된 상황만은 같았습니다. '너는 너, 나는 나'라는 말이 주변 상황에 휘둘리지 않는 유하혜의 확고한 도덕심을 드러냅니다. 어떤가요? 맹자가 그려낸 이런 도덕심을 현대인의 개인주의에 덧붙일 만한 도덕적 개인주의 요소로 봐도 될까요, 아니면 귀족주의나 양반주의가 깃든 낡은 오만으로 봐야 할까요?

'할 위爲'의 쓰임

'하다'가 우리말에서 포괄하는 범위가 무척 넓듯이 위爲 역시 한문에서 내포하는 의미가 굉장히 넓은 단어입니다. 맥락에 따라 '하다' 외에도 '~라고 하다' '되다(당하다)' '삼다(여기다)' '이다' '위하다' 등으로 번역합니다. 또 '하다'로 번역되는 경우라도 상황에 따른 구체적 의미를 밝혀서 '만들다' '배우다' '짓다' '다스리다' 등으로 옮기는 것이 자연스러울 때가 많습니다. 이들 뜻은 다 알아 둬야 하지만 우리말 뜻을 암기하는 방식보다 한문 문장 속에서 爲가 어떤 의미를 드러내는지 뜻을 발견한다는 느낌으로 접근하는 게 좋습니다.

다른 문장들

冰水爲之[102]

《순자》 권학

빙수위지

- 冰 얼음 빙 水 물 수 之 그(그것)/어조사(의/-는, 이/가, 을/를)/갈 지
- **이렇게 번역한다면** 이 문장을 '얼음이 물이 되다'라고 번역할 수 있을까요? 안 됩니다. '얼음이 물이 되다'라고 하려면 '氷爲水'라고 써야 합니다. 之는 '그것'이란 뜻이고 氷을 가리킵니다. 氷水爲之를 직역하면 '얼음은 물로 그것(얼음)을 만든다'는 어색한 문장이 됩니다.

▶ **얼음은 물로 만든다.**

白頭山 爲諸江發源之祖[103]

《열하일기》 도강록 6월 24일

백두산 위제강발원지조

- 白頭山 흰 백, 머리 두, 산 산. 백두산 諸 여러 제 江 강 강 發 필/일어날 발 源 근원 원 祖 조상/처음 조
- **이렇게 번역한다면** '백두산은 여러 강의 발원지이다'라고 번역하면? 됩니다. 爲의 '하다' '~라고 하다' '되다(당하다)' '삼다(여기다)' '이다' '위하다'란 뜻은 爲에 다 내포되어 있습니다.

▶ **백두산은 여러 강의 발원지가 된다.**

古之學者爲己 今之學者爲人[104]

《논어》 헌문

고지학자위기 금지학자위인

- 古 예/옛날 고 學者 배울 학, 놈/사람/것 자. 학자 己 몸/자기 기 今 이제 금 只今 人 사람/남 인

• **이럴 땐 이렇게** 학자에게 爲의 '위하다' '하다'의 의미가 무엇인지 생각합니다.

▶ **옛날의 학자는 자신을 위해 공부했으나 지금의 학자는 남에게 인정받기 위해 공부한다.**

知之爲知之 不知爲不知 是知也[105] 《논어》 위정

지지위지지 부지위부지 시지야

• 知 알 지 不 아닐(아니)/못할 불(부) 是 이/옳을 시 也 어조사 야. 판단이나 긍정, 추측, 감탄의 어조를 나타내는 데 도움을 준다.

• **이럴 땐 이렇게** 목적어 之가 서술어 知의 동사 뜻을 강조해 줍니다. 이 책에서는 목적어 之가 앞 구절에 이미 이야기한 대상을 가리킨다면 '그' '그것'이나 그 대상을 밝혀 번역하고, 그렇지 않은 경우 해석을 생략했습니다.

▶ **아는 것은 안다고 하고 알지 못하는 것은 알지 못한다고 하는 것, 이것이 아는 것이다.**

【꼭 알아 두기】
'할 위爲'는 '하다' '~라고 하다' '되다(당하다)' '삼다(여기다)' '이다' '위하다' 등의 뜻을 두루 나타낸다. 한문을 이해하려면 이 정도 뜻은 다 알고 있어야 한다.

24편 모르면 틀리는 시是의 쓰임

《삼국유사》 기이 고구려

我是天帝子 河伯孫[106]

아시천제자 하백손

나는 천제의 아들이자 하백의 손자이다.

我 나/우리 아 是 이/옳을/이다 시 天帝 하늘 천, 임금 제. 천제는 하늘의 신이다. 子 아들/당신(그대) 자 河伯 강 하, 만 백. 하백은 물의 신이다. 孫 손자 손

누구의 말일까요? 바로 고구려를 건국한 고주몽高朱蒙의 말입니다. 주몽이 자신을 죽이려던 부여의 왕자들을 피해 도망치다 엄수淹水란 강에 가로막히자 외쳤습니다. "**나는 천제의 아들이자 하백의 손자이다.** 오늘 도망쳤는데 추격해 온 군사에게 거의 따라잡혔다. 어떻게 해야 하는가." 그러자 물고기와 자라 떼가 몰려와 다리를 놓았습니다. 주몽의 일행이 강을 건넌 뒤 다리를 풀어서 쫓아온 기병들을 돌려세웠지요. 위기를 넘긴 주몽은 졸본(현재의 중국 랴오닝遼寧성 동쪽 환런桓仁현으로 추정)을 도읍으로 삼아 고구려를 세웠다고 합니다.

주몽 신화는 고구려가 태동하던 시기에 벌어졌던 신성한 역사에 대한 이야기입니다. 고구려 사람들에게 그들 나라의 내력과 기원을 알려 주고 주몽의 신성함에 일체감을 느끼도록 해 주었습니다. 나라가 융성할 때면 그 영광이 고구려가 천손족의 자손이 세운 나라임을 증명해 주

었습니다. 나라가 기울 때는 영광의 부활이 천손족의 자손으로 마땅히 짊어져야 할 책무가 되었지요. 어느 경우나 주몽의 신성한 역사를 계승하고자 하는 순간 신화는 가공된 상상이 아니라 실재로 여겨집니다.

한국 사람은 고구려의 먼 후예이긴 해도 고구려 백성이 아니므로 그 신성한 역사의 제의에 참여할 필요는 없겠지요. 그렇지만 주몽의 개성 있는 캐릭터를 활용해 문화 자산을 풍성하게 할 수는 있습니다. 이를테면 한국판 어벤저스에 주몽을 주인공의 하나로 캐스팅하는 것입니다. 활 잘 쏘는 주몽, 고려 무사 척준경, 용골대를 혼내 준 박씨 부인, 호랑이 잡은 반쪽이 등이 팀을 이루면 어떤 팀이 탄생할까요?

'이 시是'의 쓰임

15편에도 나왔지만 시是는 '이, 이것, 이런'이란 뜻으로 자주 쓰는 한자입니다. 그렇지만 이시천제자我是天帝子의 是처럼 '이다'란 뜻을 나타내기도 합니다. 또 시시비비是是非非에서처럼 '옳다'란 뜻으로 쓰이기도 하죠. 是의 '이(이것)/이다/옳다'라는 세 가지 뜻 갈래는 모두 한문에 자주 나옵니다.

그런데 시是의 중요한 특징이 하나 있습니다. 是는 주어 자리에서도 '이는, 이것이'가 아니라 '이를, 이것을'로 종종 번역됩니다. 또 是는 9편에 나왔던 지之처럼 '목적어+是+서술어' 형식으로 쓰여 목적어가 서술어 앞에 왔음을 표시해 주기도 합니다.

다른 문장들

過而不改 是謂過矣 [107]

《논어》 위령공

과이불개 시위과의

- 過 지날/허물(잘못) 과 而 말 이을 이. 나열(-고, -며), 동시(-면서), 상반(-나, -지만), 가정(-면) 등의 뜻을 나타낸다. 改 고칠 개 謂 이를 위. 음이 같은 '할/이다 위爲'를 대신해 쓰기도 한다. 矣 어조사 의
- **이럴 땐 이렇게** 是謂過矣는 '이것을 잘못이라 한다'로 해석해도 됩니다. 이 책에서는 謂를 爲와 통용된 것으로 보고 해석했습니다

▶ **잘못하고도 고치지 않는 것, 이것이 잘못이다.**

神明鑒之 百殃是降 [108]

《삼국유사》 기이 태종춘추공

신명감지 백앙시강

- 神明 귀신/신 신, 밝을 명. 신명은 신령과 비슷한 뜻이다. 鑒 볼 감 之 그(그것) 지 百 일백/온 백 殃 재앙 앙 降 내릴 강
- **이럴 땐 이렇게** 百殃是降은 '목적어+是+서술어'의 사례입니다.

▶ **신령이 그것을 보고 온갖 재앙을 내린다.**

天地始者 今日是也 [109]

《순자》 불구

천지시자 금일시야

- 始 비로소/처음 시 始作 者 놈/사람/것 자 今日 이제 금, 날/해 일. 금일은 오늘, 요즈음과 비슷한 말이다. 也 어조사 야
- **이렇게 번역한다면** '하늘과 땅이 시작된 때가 오늘이다'로 번역해도 될까요? 안 됩니다. 이렇게 번역하려면 뒤 구절이 是今日이어야 합니다.

▶ **하늘과 땅이 시작된 때도 (그때엔) 오늘의 이 날이었다.**

是皇是享 于千萬年[110]

《태종실록》 태종 10년 7월 26일

시황시향 우천만년

- 皇 임금/아름다울 황 享 누릴 향 于 어조사/할 우 千 일천 천 萬 일만 만 年 해 년
- **이럴 땐 이렇게** 是가 서술어 앞에서 목적어처럼 '이를'로 해석되는 사례입니다. 是皇의 해석이 어렵지만 是享을 보고 그 구조에 어울리는 皇의 뜻을 한자 사전에서 찾습니다.

▶ **이를 아름답게 여기고, 이를 받아 누리시길 천만년을 하소서.**

【꼭 알아 두기】

'이 시是'는 '이(이것)' '이다' '옳다'란 뜻을 나타낸다. 是는 종종 서술어 앞에서 '이를' '이것을'로 해석된다.

25편 판단을 강조하는 즉卽 같은 한자

이백 〈우인회숙〉

天地卽衾枕[111]

천지즉금침

하늘땅이 이불과 베개이다.

卽 곧/바로 즉 衾枕 이불 금, 베개 침. 금침은 이불과 베개이다.

이백李白이 지은 〈우인회숙友人會宿〉(친구와 함께 자면서)이라는 시의 마지막 구절입니다. 이백은 중국 당나라 시대의 시인으로 술 한 잔에 시 백 편을 지었다고 하는 천재였습니다. 술을 워낙 좋아해 술에 관련된 유명한 시를 많이 남겼지요. 〈우인회숙〉에서도 시의 화자는 술을 마십니다.

천고의 시름 씻어 내리며
연달아 백 병 술을 마신다
좋은 밤엔 고상한 얘기 나눠야지
달이 환한데야 잠들 수 없지
술에 취해 빈 산에 누우니
하늘땅이 이불과 베개로구나

중국 무협영화 같은 과장 방식도 조금 섞여 있는 짤막한 시입니다. 그렇지만 오랜만에 만난 벗과 달빛 보며 누워 있는 정경만큼은 그립습니다. 아주 오래전 어느 날이 좋은 밤, 깊은 산골에서 친한 선배와 함께 누워 있었습니다. 술에 취하지 않았고 달빛도 없었지만 대신에 어마어마한 수의 별빛이 하늘을 꽃다발처럼 가득 채우고 있었습니다. 그 별빛이 이마에 꽂힐 듯이 물기 없이 쏟아져 내렸던 순간을 잊지 못합니다. 그때 땅바닥은 베개와 침대였고 하늘은 정말 거대한 별무늬 이불이었습니다.

판단을 강조하는 말

천지즉금침天地卽衾枕은 앞 편에 나온 위爲나 시是 없이 한문에서 '무엇은 무엇이다'를 나타내는 또 다른 유형을 보여 줍니다. '곧 즉卽(即)'으로 '무엇이다'로 번역되는 서술어를 강조하고 이끌어 주는 형식이지요. 이 경우 '곧'은 '즉시, 곧바로'란 뜻이 약화되므로 '곧'을 생략하더라도 무리 없는 번역이 됩니다.

한문에서는 卽(即) 같은 구실을 할 수 있는 한자가 여럿 있습니다. '곧 즉則' '곧/이에 내乃' '진실로 성誠' '진실로/열매 실實' '본디/진실로 고固' '반드시 필必' '또 역亦' 등이지요. 이들은 모두 각자의 뜻을 더하면서 '무엇이다'로 번역되는 서술어를 이끌어 줍니다. 이때 문장 끝에 '어조사 야也'가 오는 경우가 많습니다.

다른 문장들

子誠齊人也[112]

《맹자》 공손추 상

자성제인야

- 子 아들/당신(그대) 자 誠 정성/진실로 성 齊 가지런할/제나라 제 也 어조사 야

▶ **그대는 정말로 제나라 사람이다.**

四海之內 皆兄弟也[113]

《논어》 안연

사해지내 개형제야

- 四海之內 넉/넷 사, 바다 해, 의 지, 안 내. 사해지내는 사방의 바다 안으로 온 세상을 가리킨다. 皆 다 개 兄弟 형 형, 아우 제. 형제
- **이럴 땐 이렇게** '다 개皆'가 '곧 즉卽'과 비슷한 역할을 하고 있습니다.

▶ **온 세상 사람이 다 형제이다.**

高句麗 卽卒本扶餘也[114]

《삼국유사》 기이 고구려

고구려 즉졸본부여야

- 高句麗 높을 고, 구절 구, 고울 려. 고구려는 나라 이름이다. 卒本 마칠 졸, 근본 본. 졸본은 고구려가 처음 도읍을 정한 지역이다. 扶餘 도울 부, 남을 여. 부여도 나라 이름이다.

▶ **고구려는 곧 졸본부여이다.**

此乃元均醉妄之故也[115]

《난중일기》 1594년 6월 4일

차내원균취망지고야

• 此 이 차 乃 이에/곧/너 내 元均 으뜸 원, 고를 균. 원균은 조선 선조대의 장수 이름이다. 醉 취할 취 妄 망령될 망 故 연고(까닭)/예 고

• **이럴 땐 이렇게** 어조사 之가 元均醉妄이란 절과 故를 잇고 있습니다. 이를 직역하면 '원균이 취하여 망령된 연고(까닭)'가 됩니다. 이순신이 "수군의 여러 장수들이 서로 협력하지 않는다"라는 선조의 질책을 받은 날, 일기에 남긴 구절입니다.

▶ **이는 곧 원균이 술에 취해서 망령된 짓을 벌인 탓이다.**

【꼭 알아 두기】

한문에선 '곧 즉卽' '곧 즉則' '곧/이에 내乃' '진실로 성誠' '진실로/열매 실實' '본디 고固' '반드시 필必' '또 역亦' 같은 말을 활용해서 '무엇은 무엇이다'란 문장을 나타내기도 한다. 물론 이때 각 한자가 가진 부사 뜻이 결합된다.

문장과 문장

1

白頭山 爲諸江發源之祖 西南流者 爲鴨綠江 《열하일기》 도강록 6월 24일

백두산 위제강발원지조 서남류자 위압록강

백두산은 여러 강들의 발원지가 되는데 ______________

2

君子成人之美 不成人之惡 小人反是 《논어》 안연

군자성인지미 불성인지악 소인반시

군자는 남의 아름다운 면을 이루어 주고 ______________

____

3

信信信也 疑疑亦信也 《순자》 비십이자

신신신야 의의역신야

믿을 것은 믿는 것이 믿음이나 ______________

---

1 서남쪽으로 흐르는 것이 압록강이다.
2 남의 나쁜 면을 이루어 주지 않지만 소인은 이와 반대이다.
3 의심할 것은 의심하는 것도 믿음이다.

4장

서술의 말, -어찌하다 -어떠하다

우리말에서 서술어는 크게 세 가지 형태인데 '무엇이 어찌하다' '무엇이 어떠하다' '무엇이 무엇이다'로 나타납니다. 3장에서 '무엇이 무엇이다' 유형을 살펴봤고 이번 장에서는 한문에서 '어찌하다'와 '어떠하다'를 어떻게 나타내는지 읽어 봅니다. 사실 한문의 대다수 문장이 이 두 가지 유형에 해당합니다. 4장에서는 우리말과 구조 및 용법의 차이가 커서 잘못 해석하기 쉬운 문장 위주로 보겠습니다. 이 장은 '어조사 의矣' '있을 유有' '써 이以' '어조사 어於' '어찌 언焉'이 필수 한자입니다.

26편 '어조사 야也'와 '어조사 의矣'의 다른 점

《논어》 미자

吾老矣 不能用也[116]

오로의 불능용야

나는 늙었다. 쓸 수 없다.

吾 나 오 老 늙을 로 不能 아닐 불, 능할 능. ~할 수 없다 用 쓸 용 登用. 여기서 '쓰다'는 관직에 등용한다는 뜻이다.

중국 춘추 시대에 제齊나라 경공景公이 공자에게 했던 말입니다. 공자를 재상으로 등용해 정치를 맡기려 했던 경공이 자신의 말을 번복하면서 댔던 핑계였습니다. 이 말을 들은 공자는 바로 제나라를 떠났지요. 공자의 인생은 어찌 보면 이 '불능용야不能用也' 즉 '쓸 수 없다'는 말에 대한 저항의 역사였습니다. 고향인 노나라로 잠시 돌아갔다가 그곳에서도 등용되지 못하자 온 중국을 떠돌아다녔습니다. 위衛, 진陣, 조曹, 정鄭, 송宋 등 그를 등용할 만한 군주가 있는 나라는 다 한 번씩 문을 두드렸지요. 그 기간이 《사기》의 기록을 따르면 무려 14년간이었습니다. 그러다가 끝내 일자리를 얻지 못한 채 고향에 돌아와서 제자를 길러 내는 일로 삶을 마감했습니다.

그렇지만 공자의 명성이 이 실패 과정에서 형성됐습니다. 그는 가는 곳마다 '불능용야'란 말을 들었지만 공자식 취업 여행에서 희망과 가능성을 발견한 젊은이들이 공자의 제자로 몰려들었으니까요. 이들은 국적이 다르고 신분이 낮았지만 젊었습니다. 공자가 죽자 저마다 자기 나라로 돌아가서 제자를 길러 내며 그 지역의 학계나 정계에 영향력을 행사했습니다. 공자의 교육 시스템이 전국으로 복사된 것입니다. 이 시스템은 선비의 가치가 올라가는 전국 시대에 들어 효과를 발휘했습니다. 이후에 공자의 제자 그룹이 분화되고 그 속에서 공자를 배척하는 인물도 생겨났지만 그 시스템은 대대로 이어지고 묵가나 도가 같은 다른 학파에도 영향을 주었습니다. 공자의 가치는《논어》에 실린 그의 어록에 한정되지 않습니다. 경대부라는 고위 귀족 출신이 아니더라도 교육을 통해 배운 능력과 권위로 세상을 바꿀 수 있다는 믿음과 전망, 방식을 한자 문화권에 처음으로 제시해 준 데에 있었습니다.

'어조사 야也'와 '어조사 의矣'의 차이

야也와 의矣는 모두 문장의 중간이나 끝에 와서 호흡을 고르거나 멈추어 주는 구실을 합니다. 문장 끝에 왔을 때는 종결이나 의문, 반어, 감탄, 명령의 어감을 돕는 역할도 겸하지요. 그렇지만 어감에는 차이가 있습니다. 우선 矣는 시간에 관련되어 변화된 상황을 나타냅니다. 확정됐다는 느낌을 전달하지요. 이미 일어났던 일, 앞으로 일어날 일, 어떤 조건에 따라 일어나는 일을 서술할 때 주로 矣가 사용됩니다.

반면에 야也는 시간의 흐름과 관련이 적은 일에 대한 판단을 나타냅니다. 也로 끝나는 문장은 좋은지 나쁜지, 긴지 아닌지, 원인인지 아닌지와 같이 어떤 기준에 따른 판정과 확신의 느낌이 담겨 있을 때가 많습니다. 오로의吾老矣는 세월이 흘러 자신이 늙었음을 나타내고, 불능용야不能用也는 등용하지 않는 게 좋다고 화자가 판단했음을 나타냅니다.

다른 문장들

事必危矣[117]

《사기》 위공자열전

사필위의

- 事 일 사 必 반드시/틀림없이 필 危 위태로울 위
- **이럴 땐 이렇게** '어조사 의矣'가 앞으로 일어날 일을 나타내는 데 도움을 줍니다. 危를 번역할 때 그 느낌을 살릴 표현을 고민합니다.

▶ **일이 틀림없이 위태로워질 것이다.**

甚矣 吾衰也[118]

《논어》 술이

심의 오쇠야

- 甚 심할 심 吾 나/우리 오 衰 쇠할 쇠

▶ **심해졌구나. 나의 쇠약함이여.**

不棄斷瓦 而天下之文章斯在矣[119]

《열하일기》 일신수필 7월 15일

불기단와 이천하지문장사재의

- 不 아닐(아니) 불/부 棄 버릴 기 斷 끊을/결단할 단 瓦 기와 와 而 말 이을 이 之 갈/그(그것)/어조사(의, 를) 지 文章 글월/무늬 문, 글/법식/무늬 장. 한문에서 文章은 주로 문명의 바탕이 되는 예법과 제도, 무늬나 문채의 의미로 사용된다. 斯 이 사 在 있을 재
- **이럴 땐 이렇게** 구절 끝의 '어조사 의矣'가 조건에 따라 일어난 일을 나타내는 데 도움을 주는 사례입니다. 在는 그 일이 확정됐다는 느낌을 살립니다. 斷瓦에서 斷의 '끊다'는 뜻은 줄을 끊는다고 하면 어울리지만 기와를 끊는다고 하면 잘 어울리지 않습니다. 적절한 표현을 찾습

니다. 이 구절은 연암이 북경의 볼만한 장관이 풍경이나 건물보다 깨진 기와를 재활용하는 모습, 똥거름을 활용하는 방식 등에 있음을 주장하면서 나온 말입니다. 깨진 기와를 활용해 갖가지 무늬의 담을 쌓은 모습을 文章이란 말로 표현했습니다.

▶ **깨진 기와를 버리지 않아 천하의 문장이 이곳에 있게 되었다.**

【꼭 알아 두기】

'어조사 의矣'로 끝나는 문장은 시간의 흐름과 관련되어 일이 확정됐다는 느낌을 전달할 때가 많다. 반면에 '어조사 야也'로 끝나는 문장은 일에 대한 판단과 그에 대한 확신의 느낌을 전달한다.

27편 有A는 A가(이) 있다는 뜻

《이충무공전서》 이분 〈행록〉

今臣戰船尙有十二[120]

금신전선상유십이

지금 저에게는 싸울 배가 아직도 12척이 남아 있습니다.

今 이제 금 臣 신하/저 신 戰 싸울 전 船 배 선 尙 오히려/아직 상 有 있을/가질/또/어조사 유 十 열 십 二 두 이

너무나도 유명한 말입니다. 이순신李舜臣을 주인공으로 삼은 영화나 사극을 보면 언제나 빠짐없이 등장하지요. 1597년 8월 중순이었습니다. 조선 수군이 칠천량 해전에서 패배한 이후, 삼도수군통제사에 복귀한 이순신이 남해안 일대를 돌며 한창 수군을 재건하고 있을 때였습니다. 보성에 머물던 그에게 선조가 보낸 공문이 도착했습니다. 그 공문에는 해전이 어려울 경우 육지에서 도원수 권율을 돕는 것도 괜찮다는 선조의 윤허가 담겨 있었지요. 이순신으로서는 전혀 생각해 보지 않았던 방책이었습니다. 그에 대한 답으로 보냈던 장계狀啓에 이 "금신전선상유십이今臣戰船尙有十二"라는 문구가 나옵니다. 장계는 이순신의 조카였던 이분李芬의 〈행록行錄〉에 인용된 내용만 전하는데 짤막하지만 당시의 전황을 살피는 눈이 매섭습니다.

임진년(1592년)부터 5, 6년 동안 왜적이 감히 충청도와 전라도로 바

로 돌격하지 못했던 이유는 수군이 그 해로를 움켜잡고 있었기 때문입니다. **지금 저에게는 싸울 배가 아직도 12척이 남아 있습니다.** 죽을 힘을 내어 막아 싸운다면 도리어 이길 수 있습니다. 이제 만약 수군을 다 없애면 왜적이 행운이라 여기며 충청도 해안을 따라 한강에 도달할 것입니다. 이렇게 될까 봐 저는 두렵습니다. 싸울 배가 비록 적으나 미천한 제가 죽지 않았으니 왜적이 함부로 우리를 업신여기지 못할 것입니다.

'있을 유有'의 쓰임

'있을 유有'는 한문에서 우리말 언어 관습과 다르게 쓰입니다. 有 뒤의 목적어 자리에 오는 말이 마치 우리말 보어처럼 조사 '이/가'를 붙여서 해석되기 때문입니다. 그러므로 有를 익힐 때는 '있다'는 뜻만 기억하지 말고 '有A는 A가(이) 있다는 뜻이다' 하고 기억해 둬야 합니다. 다만 有가 언제나 '있다'는 뜻으로만 해석되진 않습니다. 有에 보유나 소유의 의미가 강하게 나타날 때는 '을/를'을 붙여 '가지다, 독차지하다'는 뜻으로 번역하기도 합니다. 언제나 그렇듯 문장의 전후 맥락을 잘 살펴야 합니다.

한편 有는 숫자와 숫자 사이에서 '또'란 뜻을 나타내기도 합니다. 그리고 문장의 앞이나 중간에서 말의 호흡을 조절하기도 하는데 이 경우엔 따로 해석하지 않습니다.

다른 문장들

兵出必取 取必能有之[121]

《한비자》 칙령

병출필취 취필능유지

- 兵 병사(군사)/병기/전쟁 병 出 날 출 必 반드시 필 取 가질/취할 취 能 능할/능히(~할 수 있다)/능력 능 之 갈/그(그것) 지. 여기서는 나라나 땅을 가리킨다.
- **이럴 땐 이렇게** 강한 군대를 지니고 있을 때의 효과를 말하고 있습니다.

▶ **군대가 나가면 반드시 취하고 취한 것은 반드시 보유할 수 있다.**

某有老母 今年八十有一[122]

《이충무공전서》, 체찰사 이원익 공에게 올린 편지

모유노모 금년팔십유일

- 某 아무 모. 자신을 낮추는 겸칭으로 썼다. 老 늙을 로 母 어미/어머니 모 今 이제 금 年 해/나이 년 八 여덟 팔 十 열 십 一 한/하나 일
- **이럴 땐 이렇게** 앞의 有는 '있다', 뒤의 有는 '또'란 뜻을 나타냅니다.

▶ **저에게는 올해 여든하고도 한 살이 되는 늙은 어머니가 계십니다.**

有苗不服 而舜征之[123]

《세종실록》 세종 18년 9월 30일

유묘불복 이순정지

- 苗 모/종족 이름 묘 不 아닐 불 服 옷/복종할 복 而 말 이을 이 舜 순임금 순 征 칠/정벌할 정
- **이럴 땐 이렇게** 有가 뜻 없이 쓰인 사례입니다.

▶ **묘족이 복종하지 않자 순임금이 그들을 정벌했다.**

夕有人自天安來傳家書[124]

《난중일기》 1597년 10월 14일

석유인자천안래전가서

- 夕 저녁 석 有 있을/가질/또/어조사 유. 有 뒤의 문구가 길어질 경우 '있다' 대신 '어떤'으로 해석하는 경우가 많다. 人 사람 인 自 스스로/부터 자 天安 하늘 천, 편안 안. 천안은 지명이다. 來 올 래 傳 전할 전 家 집/집안 가 書 글/편지 서
- **이렇게 번역한다면** '저녁때 사람이 천안에서 와 집안의 편지를 전한 일이 있었다'고 번역한다면? 괜찮습니다. '어떤'이란 뜻 갈래는 중국 한자 사전에선 잘 보이지 않습니다. 확실치 않지만 한문과 우리말의 어순이 달라 有 뒤의 말이 길면 해석이 불편하므로 '어떤'은 그때의 有를 우리말 식으로 풀이한 데서 나온 새김으로 짐작됩니다.

▶ **저녁때 어떤 사람이 천안에서 와 집안의 편지를 전했다.**

【꼭 알아 두기】

有A는 대개 'A가(이) 있다'로 번역한다. 이밖에 有는 숫자와 숫자 사이에서 '또'란 뜻을 나타내기도 하고 뜻 없이 문장의 앞이나 중간에서 말의 호흡을 조절하기도 한다.

28편 수단과 원인을 나타내는 이以

《논어》 헌문

以直報怨 以德報德[125]

이직보원 이덕보덕

강직함으로 원한을 갚고 덕으로 덕을 갚는다.

以 써 이 直 곧을 직. 강직으로 번역했지만 공정이나 정직으로 번역하기도 한다. 怨 원망할 원 怨望 怨恨 德 큰/덕 덕 美德 恩德 報 갚을/알릴 보

덕을 베풀어 원한을 갚으면 어떤가 하는 질문에 대해 공자가 했던 답입니다. 덕으로 원한을 갚는다면 정작 은덕을 베풀어 준 사람에게는 무엇으로 갚는가 하는 반문과 함께 했던 말입니다. 덕을 베풀어 원한을 갚지도 않고, 그렇다고 동일한 짓의 복수로 앙갚음하지도 않는, 그 사이 어딘가에 '강직함으로 원한을 갚는다'는 공자의 생각이 놓여 있습니다.

〈레버넌트: 죽음에서 돌아온 자〉(2016년 1월 개봉)라는 영화가 있습니다. 19세기 초반 당시 인디언 세력권이었던 미주리강 상류 지역을 배경으로 삼은 복수 이야기입니다. 레오나르도 디카프리오가 자신의 아들을 죽인 원수에게 복수하는 주인공 사냥꾼 휴 글래스 역을 맡았지요. 그가 복수의 순간에 중얼거렸던 인디언 경구가 인상적이었습니다. "복수는 하느님(God) 손에 달린 일이지. 내 일이 아니야." 이 말을 하면서 사냥꾼은 오랜 격투 끝에 제압한 원수를 자기 손으로 죽이지 않고 계

곡물에 띄워 보냅니다. 그러자 인디언 전사가 그를 끌어내 머리 가죽을 벗겨 죽이지요. 인디언 무리가 주인공 사냥꾼은 살려 줍니다. 사냥꾼이 프랑스 기병대로부터 구해 주었던 추장의 딸이 그 무리의 일원이었기 때문입니다.

강직함으로 원한을 갚는다고 할 때의 강직함이 이 '하느님 손'의 공자 버전입니다. 원한의 앙갚음을 더 큰 질서나 공적인 처벌로 해소시켜 복수로는 해결되지 않는 심리적 위안과 정당성을 구하려는 원칙이라 할 수 있습니다. 원한을 앙갚음한다고 해서 시간을 되돌릴 수는 없으니까요. 사냥꾼의 아들은 다시 살아오지 못합니다. 남은 사람은 지나간 죽음을 가치 있게 만들 방법을 선택할 뿐입니다.

'써 이以'의 쓰임

이以는 한문에서 굉장히 자주 등장하는 한자입니다. 보통 以 뒤에 목적어를 취해서 수단이나 대상, 이유를 나타냅니다. 수단이나 대상을 나타낼 때는 '로써, 로, 을(를)' 정도를 붙여 번역하고 이유를 나타낼 때는 '때문에, 로 인해' 정도를 붙여 번역합니다. 때때로 강조를 위해 以 뒤의 목적어가 以 앞으로 나가는 경우도 있습니다.

한편 以는 발음이 같은 이而와 통용되어서 쓰이기도 합니다. 이때의 뜻은 而에 가까워지지요. 이런 경우는 별도의 뜻으로 익히기보다 통용되는 한자의 뜻을 연상하면서 유추해 가는 것이 좋습니다.

다른 문장들

大小多少 報怨以德[126] 《노자》 63장

대소다소 보원이덕

• 大 큰 대 小 작을 소 多 많을 다 少 적을 소

▶ **작고 크고 많고 적고 간에 덕으로 원한을 갚는다.**

鏡以照面 智以照心[127] 《명심보감》 성심

경이조면 지이조심

• 鏡 거울 경 照 비출 조 面 낯 면 智 슬기/지혜 지 心 마음 심

• **이럴 땐 이렇게** 以 앞에 以의 목적어가 놓인 사례입니다. 여기서 鏡과 智는 수단을 나타냅니다.

▶ **거울로는 얼굴을 비추고 지혜로는 마음을 비춘다.**

升高而望遠 坐茂樹以終日[128] 한유 〈송이원귀반곡서〉

승고이망원 좌무수이종일

• 升 오를 승 高 높을 고 而 말 이을 이 望 바랄 망 遠 멀 원 坐 앉을 좌 茂 무성할 무 樹 나무 수 終 마칠 종 日 날/해 일

• **이렇게 번역한다면** '높이 올라 멀리 바라보고 종일 무성한 나무새에 앉아 있다'라고 하면? 메시지의 전달 면에서는 틀렸다고 하기 어렵지만 세밀하지 않습니다. 한문에선 보통 부사어가 서술어 뒤에 오지 않습니다. '높이 올라'는 高升이 됩니다. 또 以의 기능과 의미가 번역되어 있지 않습니다. 여기서 以는 앞 구절의 而와 쓰임이 같지요. 위 문장은 而와 以가 어떤 상황에서 통용되는지 보여 주는 좋은 구문입니다.

▶ **높은 곳에 올라가 먼 데를 바라보고 무성한 나무새에 앉아서 하루를 지낸다.**

人之自失也 以其所長者也[129]

《관자》 추언

인지자실야 이기소장자야

- 人 사람/남 인 之 어조사(의/-는, 이/가, 을/를) 지 自 스스로 자 失 잃을/잘못할 실 失敗 失手 也 어조사 야 其 그 기 所 바/것 소 長 길/어른/장점 장 者 놈(사람)/것 자
- **이럴 땐 이렇게** 앞 구절의 也가 호흡을 고르면서 주어 서술어 사이를 나눠 준다면 뒤 구절의 也는 '~이다' '~ 때문이다'라는 판단을 나타내는 데 도움을 줍니다. 其所長者는 其와 所長이 者를 한정하는 문구입니다. 직역하면 '그의 장점으로 여긴(삼은) 바의 것'이 되겠지요. 所長에서 長은 동사 뜻으로 풀어야 합니다.(其▷4편, 者▷19편, 所▷20편 참조) 이 문장은 以가 이유를 나타낸 사례입니다.

▶ **사람이 스스로 실패하는 이유는 자신이 장점으로 여겼던 것 때문이다.**

【 꼭 알아 두기 】

'써 이以'는 뜻이 다양하지만 일단 以 뒤에 목적어를 취했을 때 나타나는 두 갈래 뜻을 알아 둔다. 첫째로 以는 수단이나 대상을 나타내고 '~로써' '~로' '~을(를)'로 번역한다. 둘째로 이유나 원인을 나타내고 '~ 때문에' '~로 인해'로 번역한다.

29편 以A爲B는 A를 B라고 여긴다는 뜻

《관자》 목민

以家爲家 以鄕爲鄕 以國爲國

이가위가 이향위향 이국위국

以天下爲天下[130]

이천하위천하

집안을 집안으로 여기고 마을을 마을로 여기고 나라를 나라로 여기고 천하를 천하로 여긴다.

以A爲B 써 이, 할 위. A를 B로 여기다/삼다 家 집/집안/학파 가 鄕 시골/고장(마을) 향 國 나라 국

수신제가치국평천하修身齊家治國平天下란 말을 들어봤을 것입니다. 유학의 경전 중 하나인《대학》의 강령을 요약한 문구이지요. 집안 관리부터 나라의 통치, 나아가 나라 간 외교까지 하나의 원리로 통합시키고자 했던 유학 정치론의 대원칙입니다. 이 원칙은 고대 중국 주周나라의 종법제와 봉건제라는 하부 시스템 위에서 발전한 원리였습니다.

중국의 주나라 시대는 주나라가 종갓집인 큰집이었다면 주변 제후국이 분가한 작은집이었습니다. 그리고 바깥쪽 변방을 공신들에게 분봉한 나라가 둘러싸고 있었지요. 이럴 경우에는 주나라 천자인 왕이 몸가짐을 바로 하고 집안 관리를 잘하는 일이 곧 주변의 삼촌 제후국, 조카 제후국, 동생 제후국 사이의 갈등을 조정하고 다스리는 유효한 수단이

될 수 있었습니다. 한집안 나라들이 똘똘 뭉치면 변방에 위치한 나라들도 제어할 수 있었습니다. 그러나 주나라와 주변 제후국의 촌수가 멀어져서 남처럼 된다면? 또는 주변 나라의 제후가 바뀌어서 더 이상 주나라와 친족 관계가 아니라면 어떻게 될까요?

이가위가以家爲家로 시작해 이천하위천하以天下爲天下로 끝나는 《관자》의 문구는 바로 이런 질문에 대한 관자의 대답이었습니다. 관자가 살았던 춘추 시대가 바로 주나라와 주변 나라의 친족 관계가 멀어지고 조금씩 해체되어 가던 시대였으니까요. 관자는 집안, 마을, 나라, 천하로 통치 범위가 넓어질 때마다 통치 원리를 그에 맞추어 가야 한다고 보았습니다. 작은 단위에 통용되던 관습을 곧이곧대로 큰 단위에 적용하는 것을 경계했지요. 그리고 마을에서 자기 집안을, 나라에서 자기 마을을, 천하에서 자기 나라를 내세우지 말아야 한다고 주장했습니다. 각각의 단위가 제대로 다스려지지 않는다고 여겼기 때문입니다.

以A爲B 구문

'以~爲~'는 자주 쓰이는 관용구입니다. 以A爲B라고 한다면 'A를 B라고 여기다' 'A를 B로 삼다'로 해석하지요. '여기다'는 '말하다, 생각하다, ~라 하다'로, '삼다'는 '만들다' 정도로 맥락에 따라 유연하게 풀이하기도 합니다. '爲'가 워낙에 뜻의 포괄 범위가 넓은 한자니까요.

以A爲B는 A를 앞으로 보내 강조하는 A以爲B 형식으로 쓰기도 합니다. 그리고 A가 앞 구절에서 언급한 내용이거나 일반적인 대상일 경우 생략하고 以에 함축시켜서 以爲B로 쓰기도 하지요. 이때 생략된 A가 무엇을 뜻하는지는 전후 맥락을 살펴야 합니다. 以A爲B, A以爲B, 以爲

B의 양상은 설명보다 문장을 통해 그 쓰임을 확인하는 게 좋습니다.

다른 문장들

皆以未鄒爲始祖[131]

《삼국유사》 기이 미추왕 죽엽군

개이미추위시조

- 皆 다/모두 개 未鄒 아닐 미, 추나라 추. 미추왕은 신라의 열세 번째 임금이다. 始 비로소/처음 시 祖 할아비/조상 조

▶ **다 미추왕을 시조로 삼았다.**

王者以民爲天 而民以食爲天[132]

《사기》 역생육가열전

왕자이민위천 이민이식위천

- 王 임금 왕 者 놈(사람)/것 자 民 백성 민 天 하늘 천 而 말 이을 이 食 밥/먹을 식
- **이렇게 번역한다면** 王者以民爲天을 '왕이라는 사람은 백성을 하늘로 여긴다'라고 번역한다면? 틀렸다고 하기는 어렵습니다. 그렇지만 어색하지요. 한문에서 者는 '사람/것'이란 뜻을 지니기도 하지만 뜻 없이 주어를 제시하는 기능도 합니다. (19편, 22편 참조)

▶ **임금은 백성을 하늘로 여기고 백성은 밥을 하늘로 여긴다.**

君出言自以爲是[133]

《통감절요》 주기 안왕 25년

군출언자이위시

- 君 임금 군 出 날 출 言 말씀/말 언 自 스스로 자 是 이/옳을 시
- **이렇게 번역한다면** '임금은 스스로 뱉은 말을 옳다고 여긴다'라고 번역

하면? 의미가 달라집니다. '스스로 뽐다'라고 하려면 自言 또는 自出言이라고 써야 합니다. 여기서 以의 목적어는 以 앞의 自입니다.

▶ **임금이 말을 내며 스스로를 옳다고 여긴다.**

臣愚以爲 法者天下之公器[134]

《통감절요》 한기 태종효문황제 10년

신우이위 법자천하지공기

- 臣 신하/저 신. 자신을 가리키는 겸칭으로 썼다. 愚 어리석을 우. 자신을 낮추는 관습적인 겸칭으로도 쓴다. 法 법 법 者 놈(사람)/것 자 之 갈/그(그것)/어조사(의/-는, 이/가, 을/를) 지 公 공평할/여러 공 公有 公共 器 그릇/도구 기 器物 器具
- **이럴 땐 이렇게** 한문의 구조를 살려 번역하면 '저는 어리석지만 이를, 법은 천하가 공유하는 기물이라 여깁니다' 정도가 됩니다. 한문에서는 以爲 다음에 화자의 견해를 길게 서술하는 구문이 자주 나옵니다. 이때 以는 앞 구절에서 다룬 문제나 주제를 함축합니다.

▶ **어리석은 제가 이를 생각하건대 법은 천하가 공유하는 기물입니다.**

【꼭 알아 두기】

以A爲B는 'A를 B라고 여기다' 'A를 B로 삼다'로 풀이한다. 이때 以의 목적어는 以 앞에 놓일 수도 있고 생략될 수도 있다.

30편 어於의 세 가지 쓰임

《순자》 권학

靑取之於藍 而靑於藍[135]

청취지어람 이청어람

푸른색은 쪽에서 취하지만 쪽보다 푸르다.

靑 푸를 청 取 가질/취할 취 之 갈/그(그것) 지 於 어조사 어 藍 쪽 람

청출어람靑出於藍의 출전이 되는 구절입니다. 청출어람은 '푸른색은 쪽에서 나온다'는 뜻입니다. 제자가 그를 가르친 선생보다 뛰어날 때 사용하는 고사성어지요. 푸른색이 제자라면 쪽이 선생을 비유합니다. 그렇지만 순자의 청어람靑於藍은 청출어람靑出於藍과 사용되는 맥락이 달랐습니다. 공부 또는 학문을 왜 해야 하는지 그 근거의 하나로 제시된 비유였으니까요. 푸른색이 학문을 익힌 후라면 쪽은 학문을 익히기 전의 상태를 비유했습니다. '날 출出' 자 하나의 차이가 크지요.

순자는 맹자-주자의 학풍을 이은 유학자들에게 이단 취급을 받았습니다. 맹자가 사람이 타고난 인성을 선하다고 보았던 데 반해 순자는 악하다고 보았기 때문이지요. 그렇지만 순자는 맹자처럼 인간의 본질을 타고난 인성에서 찾지 않았습니다. 오히려 인성을 고치고 바꿔 가려는 끊임없는 노력에서 찾으려 했던 학자이지요. 그래서 인간의 악한 경향성을 다스리고 절제시키는 예의와 법도, 제도를 매우 중시했습니다. 더구나 그에게 악惡이란 악마처럼 실체화된 대상이라기보다 거칠고

좋지 않은 야생의 상태에 가까웠습니다. 그것을 세련되고 좋게 다듬은 상태가 곧 선善이었지요. 학문은 그에 이르는 수단이었습니다.

군자는 말한다. "학문이란 그칠 수 없다." **푸른색은 쪽에서 취하지만 쪽보다 푸르고** 얼음은 물로 만들지만 물보다 차갑다. 나무가 곧아서 먹줄에 일치하더라도 구부려서 수레바퀴를 만들면 컴퍼스로 재야 한다. 비록 햇빛에 쬐고 말려도 굽은 나무가 다시 곧아지지 않는 이유는 억지로 구부려 뜨려서 그렇게 만들었기 때문이다. 그러므로 나무는 먹줄에 맞춰야 곧아지고, 쇠는 숫돌에 갈아야 예리해지며, 군자는 널리 배워서 날마다 자신을 반성해야 지혜로워져서 행동에 과실이 없어지는 것이다. 그러므로 높은 산에 오르지 않으면 하늘이 높은지를 알지 못하고, 깊은 계곡을 내려다보지 않으면 땅이 깊은지를 알지 못하며, 큰 인물(先王)이 남긴 말을 들어보지 않으면 학문의 위대함을 알지 못한다.

'어조사 어於'의 쓰임

'어조사 어於'는 한문에서 '써 이以'만큼이나 자주 쓰는 한자입니다. 우리말로 번역할 때는 크게 세 가지 뜻 갈래에 주의합니다. 먼저 於는 청취지어람靑取之於藍의 於처럼 '에, 에서'로 해석합니다. 간혹 '에 대해, 로, 을(를)' 등으로 해석되기도 하지요.

다음으로 청어람靑於藍의 於처럼 '보다'로 번역합니다. 이때는 대개 於 앞에 우리말 형용사 뜻으로 번역되는 서술어가 옵니다. 마지막으로 於는 '에게, 에 의해' 등으로 번역되면서 피동문을 이끕니다. 이 쓰임은 68편에서 사례를 다룹니다.

다른 문장들

防民之口 甚於防川[136] 《십팔사략》 주

방민지구 심어방천

• 防 막을 방 民 백성 민 口 입 구 甚 심할 심 甚大 川 내 천

▶ **백성의 입을 막는 일이 강을 막는 일보다 심대하다.**

捉虎尾撲於地 而殺之[137] 《삼국유사》 기이 진덕왕

착호미박어지 이살지

• 捉 잡을 착 虎 호랑이 호 尾 꼬리 미 撲 칠 박 地 땅 지 而 말 이을 이 殺 죽일 살

• **이럴 땐 이렇게** 捉과 撲은 어려운 한자입니다. 이런 한자를 만나면 한자 사전을 찾아야 하지요. 이때 사전에 나오는 여러 뜻 갈래에서 '호랑이 꼬리를 A하고 땅에 B해서 죽였다'에 부합하는 뜻을 찾습니다.

▶ **호랑이 꼬리를 잡아 땅에 메어쳐서 죽였다.**

今吾於人也 聽其言 而觀其行[138] 《논어》 공야장

금오어인야 청기언 이관기행

• 始 비로소/처음 시 聽 들을 청 行 다닐/행할 행 行爲 行動 行實 今 이제 금 觀 볼 관 觀察 觀望

• **이럴 땐 이렇게** '어조사 야也'가 문장 중간에서 호흡을 고르면서 앞 구절과 뒤 구절을 나눠 줍니다.

▶ **지금 나는 사람에 대해 그의 말을 들어도 그의 행동을 관찰한다.**

飢之於食 不待甘旨[139]

《통감절요》 한기 태종효문황제 12년

기지어식 부대감지

- 飢 주릴 기 之 갈/그(그것)/어조사(의/-는, 이/가, 을/를) 지 食 밥/먹을 식 不 아닐 불 待 기다릴 대 期待 甘 달 감 旨 뜻/맛 지
- **이럴 땐 이렇게** 飢之於食을 축자역 하면 '굶주림의 밥(먹는 것)에 대한 것' 또는 '굶주린 자의 밥(먹는 것)에 대한 것' 정도가 됩니다. 之로 이은 구절이 주어 구실을 하고 있지요. 앞에서도 말했지만 한문 번역에서 '것'은 상황에 따라 '일' '곳' '때' '경우' 등으로 의미를 확실하게 짚어 주면 한문의 메시지를 이해할 때 도움이 됩니다.

▶ **굶주린 자가 먹을 때에는 단맛을 기대하지 않는다.**

【꼭 알아 두기】

'어조사 어於'는 크게 세 갈래 뜻으로 번역한다. '에' '에서' '에 대해' '을(를)'이 한 갈래이고 '보다'가 다른 한 갈래이다. 그리고 '에게' '에 의해'로 번역하기도 한다.

31편 어於의 뜻이 담긴 언焉과 제諸

《논어》 자한

我叩其兩端 而竭焉[140]

아고기양단 이갈언

나는 양극단을 두드리는 질문으로 그에 대해 뜻을 다한다.

我 나/우리 아 叩 두드릴/물을 고 其 그 기 兩 두/둘 량 端 끝/바르/실마리 단 而 말 이을 이 竭 다할/말할 갈 焉 어찌/그에/그러할 언

공자의 인식 방법과 지식에 대한 태도를 알려 주는 구절입니다. 무언가를 알기 위한 기본 도구 가운데 하나가 관찰입니다. 대상을 보고 듣고 맛보고 만져 보며 자세히 살펴서 보이지 않거나 숨겨진 것을 알아내는 방법이지요. 이를테면 천문 관측처럼 오랜 시간을 두고 대상의 움직임을 살피기도 하고, 실험 관찰처럼 특정한 조건을 설정해서 그 과정과 결과를 살필 수도 있습니다. 또 해부하거나 잘라서 내부를 들여다보기도 합니다. 모두 과학 분야에서 즐겨 하는 관찰들입니다.

그런데 사람의 속내나 지향, 지식의 내용이나 정도는 어떻게 알아낼까요? 이런 것들은 보이거나 만져지지 않습니다. 이럴 때 유용한 수단이 공자처럼 양극단을 건드리는 질문을 하고 그에 대한 반응과 대답을 듣는 것입니다. 일이 어떻게 시작됐고 끝은 어떨지, 어떤 것이 근본이고 어떤 것이 말단인지 등을 질문하거나 생각하다 보면 알지 못했던 것도 알아낼 수 있지요. 이 시작과 끝, 근본과 말단은 주자의 주석에 따른

양극단(兩端)의 예입니다. 그렇지만 다루는 분야에 따라 본질과 현상, 원인과 결과, 진보와 보수, 수요와 공급 같은 현대적 개념 틀을 적용하여 확장해 나가면 오늘날에도 공자의 방식을 적용할 수 있습니다.

내가 아는 게 있는가? 아는 것이 없다. 다만 천한 사람이 나에게 묻는 것이 어리석어 보이더라도 **나는 양극단을 두드리는 질문으로 그에 대해 뜻을 다할 뿐이다.**

어於가 숨어 있는 언焉과 제諸

뒤(46편)에서 다시 다루겠지만 '어찌 언焉'은 의문문에서 '어찌' '어디'란 뜻을 주로 나타내는 말입니다. 그렇지만 갈언竭焉에서 焉은 어지於之 또는 어시於是의 줄임말 같은 기능을 합니다. 於之의 음을 합쳐서 언焉으로 나타낸 것이지요. 합음이라고 합니다. 이때 焉은 '그에 대해' '거기에' '그것을' 등으로 번역하지만 앞 구절 내용의 반복이기에 실제 번역에서는 생략하는 경우가 흔합니다.

한편 '여러 제諸'는 지어之於나 지호之乎의 음을 합쳐서 諸로 나타낸 경우입니다. 번역은 諸를 之於나 之乎로 대치해서 각각의 뜻을 살리고 焉과 마찬가지로 번역할 때 자주 생략합니다. 한자 사전에 따라서는 諸가 합음 기능을 하는 경우 '제'가 아니라 '저'라고 읽는다고 규정하기도 합니다. 여기에선 그런 규정이 없는 사전을 따랐습니다.

다른 문장들

衆惡之 必察焉[141]
《논어》 위령공

중오지 필찰언

• 衆 무리 중 惡 나쁠 악, 미워할 오 之 갈/어조사(의, 이, 를)/그(그것) 지 必 반드시 필 察 살필 찰 好 좋을 호

▶ **사람들이 미워해도 반드시 (그에 대해) 살펴본다.**

樹成蔭 而衆鳥息焉[142]
《순자》 권학

수성음 이중조식언

• 樹 나무 수 成 이룰 성 蔭 그늘 음 而 말 이을 이 衆 무리/많을 중 鳥 새 조 息 쉴 식

• **이럴 땐 이렇게** "과녁을 펼치면 화살이 이르고 숲에 나무가 빽빽하면 도끼가 이른다"라는 구절 다음에 나옵니다. 而는 그 자체로 뜻을 지니지 않고 구절과 구절이 이어진다는 표시 같은 것입니다.

▶ **나무가 그늘을 이루면 새떼가 (거기에서) 쉰다.**

事在易 而求諸難[143]
《맹자》 이루

사재이 이구제난

• 事 일/섬길 사 在 있을 재 易 바꿀 역, 쉬울 이 諸 모두/여러/어조사 제 難 어려울 난

• **이럴 땐 이렇게** 求諸難을 求之於難으로 바꾸어 해석해 봅니다.

▶ **일은 쉬운 데 있는데 어려운 데에서 (그것을) 구한다.**

雖有粟 吾得而食諸[144]

《논어》 안연

수유속 오득이식제

- 雖 비록 수 有 있을 유 粟 조/곡식 속 吳 나 오 得 얻을 득 食 밥/먹을 식
- **이럴 땐 이렇게** 諸는 之乎와 같은 의미입니다. 문장 끝의 乎는 감탄이나 의문, 반어를 나타내는 데 도움을 주는데 여기서는 반어와 감탄의 느낌을 전달합니다. 得而食은 得食과 뜻이 같습니다. 得이 서술어 앞에 놓였을 때는 조건이나 기회를 얻어 '~할 수 있다'는 가능의 뜻을 나타내지요.(54편 참조) 그러므로 '얻어먹을 수 있다' '먹을 수 있다' '얻어먹는다'란 번역이 다 가능합니다.

▶ **비록 곡식이 있더라도 내가 (그것을) 얻어먹을 수 있겠는가.**

【꼭 알아 두기】

'어찌 언焉'은 於之나 於是의 줄임말처럼 쓰이는 경우가 있다. 이때 '그에 대해' '거기에' '그것을' 등으로 각 한자의 뜻을 생각하며 번역한다. '여러 제諸' 역시 之於나 之乎의 줄임말처럼 쓰이는 경우가 있다. 이때도 각 한자의 뜻을 살려 의미를 파악한다.

32편 '같다'를 뜻하는 상사相似 같은 한자

《주역》 계사 상 4장

與天地相似 故不違[145]

여천지상사 고불위

마치 하늘땅과 같으므로 어긋나지 않는다.

與 더불/줄/와(과) 여 天地 하늘 천, 땅 지. 하늘땅 相似 서로 상, 닮을/같을 사. 같다 또는 모양이나 기능 따위가 서로 비슷함을 나타낸다. 故 연고/고로(그러므로) 고 不 아닐(아니) 불/부 違 어긋날 위

《주역》 계사전에서 역易이 무엇인지 설명하면서 나오는 대목입니다. 아마도 동양 사상의 핵심에 맞닿아 있는 구절 가운데 하나일 것입니다. 역은 하늘과 땅(천지)을 본받은 준칙이므로 마치 천지자연과 같아서 어긋나지 않는다는 맥락으로 쓰였습니다. 이 때문에 역의 변화로는 세상의 근원과 생사의 문제를 알고, 역의 이치로는 만물에 통달해 천하를 구제할 방도를 얻게 된다고 합니다.《주역》이 왜 오래전부터 경전인 삼경(시경, 서경, 역경)의 하나로 추앙받았는지 짐작 가게 하는 대목이지요. 역이 꼭《반지의 제왕》에 나오는 절대 반지처럼 묘사됩니다.

그런데 천지와 같은 준칙이란 사실 논의 수준이 대단히 추상적입니다. 그 준칙의 기준을 무엇에 두느냐에 따라 삶의 방향성이 쉽게 달라집니다. 이를테면 해가 뜨고 지고 계절이 바뀌는 천지의 운행에 휴가나 지각, 나태란 없습니다. 정해진 시간대로 엄격하게 진행되지요. 이런 엄

격한 모습에서 천지의 준칙을 구하면 강력하고 엄한 법을 천지의 준칙으로 파악하게 됩니다. 전국 시대의 법가 계열 사상가들이 이런 측면을 발전시켰지요. 이와 반대로 하늘과 땅이 생물을 생육하고 번성시키는 모습에서 준칙을 구할 수도 있습니다. 이 경우 사람이 태어날 때 하늘로부터 부여받은 씨앗 같은 성품을 해치지 않고 어떻게 잘 발현시키는가가 중요한 문제가 됩니다. 송나라 대의 주자 같은 성리학자는 이런 측면을 발전시켰지요.

다만 이들은 천지의 준칙을 알면 삶의 도리도 알 수 있다는 담백한 믿음만은 서로 공유하고 있었습니다. 현대 사회는 물리와 도리가 따로따로 돌아가고, 각각의 하위 법칙이나 규칙도 세분화되어 빽빽하게 맞물린 채 굴러갑니다. 이런 복잡함과 다양성에 적응하며 삶을 헤쳐 가다보면 종종 고대인의 믿음이 부럽기도 합니다.

'같다'는 뜻을 나타내는 말

여천지상사與天地相似 같은 '與~相似' 형식은 '(마치) ~와 같다/비슷하다'로 해석합니다. '무엇은 무엇 같다'는 의미를 나타내는 형식 가운데 하나이지요. 한문에서 相似처럼 같다는 뜻을 나타내는 한자에는 '닮을/같을 사似' '오히려/같을 유猶' '같을/만일 여如' '같을/만약 약若' '한가지/같을 동同' 등이 있습니다. 모두 '같다'는 뜻 외에 자주 쓰이는 뜻 갈래가 있으므로 '같다'는 뜻이 나타날 때의 위치나 앞뒤 구절의 의미 관계를 살펴 두면 좋습니다.

다른 문장들

度夜如年[146]

《난중일기》 1597년 10월 14일

도야여년

- 度 법도/건널 도. 음이 같은 '건널/지나갈 도渡'와 통용되기도 한다. 夜 밤 야 年 해 년

▶ **하룻밤을 지나기가 일 년 같았다.**

浮生若夢[147]

이백 〈춘야연도리원서〉

부생약몽

- 浮 뜰/덧없을 부 浮遊 生 날/살 생 人生 生活 夢 꿈 몽

▶ **덧없는 인생이란 꿈과 같다.**

知默猶知言也[148]

《순자》 비십이자

지묵유지언야

- 知 알 지 默 잠잠할 묵 沈默 言 말씀 언 也 어조사 야

▶ **침묵할 줄 아는 것은 말할 줄 아는 것과 같다.**

其說頗似有理[149]

《열하일기》 도강록 6월 28일

기설파사유리

- 其 그 기 說 말씀/말할 설 頗 자못/꽤 파 有 있을 유 理 다스릴/이치/결 리

▶ **그 말이 꽤 이치에 맞는 면이 있는 것 같다.**

如此喜樂 至老無雙[150]

《열하일기》 도강록 7월 8일

여차희락 지노무쌍

• 此 이 차 喜 기쁠 희 樂 즐거울 락 至 이를 지 老 늙을 로 老人 老齡 無 없을/아닐 무 雙 두/둘 쌍

▶ **이와 같은 기쁨과 즐거움은 노인에 이를 때까지 두 번 겪을 일이 없다.**

【꼭 알아 두기】

한문에서 '같다'는 뜻을 나타내는 말에는 '닮을/같을 사似' '같을 유猶' '같을 여如' '같을 약若' '같을 동同' 등이 있다. 相似도 이들과 비슷한 뜻으로 쓴다.

33편 '이르다, 말하다'를 뜻하는 왈曰 같은 한자

《통감절요》 후진기 2세황제 원년

夏至咸陽 謂趙高曰[151]

하지함양 위조고왈

여름에 함양에 이르러 조고에게 말했다.

夏 여름 하 至 이를 지 咸陽 다 함, 볕 양. 함양은 중국 서안西安 서북쪽의 도시로 진나라가 멸망할 당시의 수도였다. 謂 이를/말할 위 趙高 조나라 조, 높을 고. 사람 이름이다. 曰 가로/말할 왈

이 문장의 주어는 2세황제 호해胡亥입니다. 2세황제는 고대 중국의 전국 시대를 끝내고 중국을 통일했던 진나라 시황제를 이은 두 번째 황제였습니다. 하지만 순리대로 황제의 지위를 물려받지 않았지요. 시황제가 죽자 시황제의 측근이었던 환관 조고趙高가 승상 이사李斯와 함께 유언을 조작하고, 시황제 명의로 된 거짓 명령으로 장남인 형 부소扶蘇를 스스로 죽게 하고 그 자리를 찬탈했습니다. 위 문장은 그 일을 벌인 다음 해(기원전 209년) 통감 기사에 나옵니다. 그런데 2세황제가 조고에게 했던 말과 그에 대한 조고의 대답이 볼만합니다.

"사람이 세상을 사는 일은 비유하자면 준마 여섯 마리가 끄는 마차를 달리며 작은 틈새를 지나치는 것과 같소. 나는 귀와 눈이 좋아하는 일을 모두 하고 싶고, 마음이 즐기는 것을 끝끝내 다하면서 내 수명을 마치고

싶어요. 될까요?"

"폐하가 법을 엄하게 하고 형벌을 심하게 주면서 죽은 황제의 옛 신하들을 다 제거하여 폐하가 믿는 친한 신하들로 바꾸어 둔다면 베개를 높이 베고 뜻을 마음대로 펼치며 즐거움을 누리실 수 있을 것입니다."

어떤가요? 진나라가 시황제의 죽음 뒤 5년을 채 버티지 못하고 망한 이유가 짐작 가지 않나요? 2세황제가 황위에 오른 시기는 정치적으로 불안정한 때였습니다. 진시황이 멸망시킨 나라의 잔존 세력이 여전히 건재했으니까요. 조선 시대 역사에 비유하면 2세황제는 태종 이방원이 맞닥뜨렸던 과제를 고스란히 안고 있었습니다. 권력과 쾌락의 향유에만 몰두할 한가한 상황이 아니었지요. 나중에 2세황제는 조고에게 살해당했고, 조고도 자신이 허수아비 황제로 옹립한 3세황제 자영子嬰에게 죽었습니다.

'이르다, 말하다'는 뜻을 나타내는 말

'이를/말할 위謂' '이를/말할 운云' '가로되/말할 왈曰'은 모두 대화나 인용 상황에서 '이르다' '말하다'는 뜻으로 번역되는 한자입니다. '이르다'에는 '~라고 하다' '~라고 부르다' '~을/를 가리키다' 등의 의미가 다 포함되지요. 다만 세부 용법에서 약간 차이가 있습니다.

먼저 謂는 '~에게 말하다' '~에 대해 말하다'로 번역되는 상황에 자주 나타납니다. 위조고왈謂趙高曰은 조고에게 말했다는 뜻입니다. 이때 曰 뒤에 화자가 한 말이 옵니다. 다음으로 云은 曰과 비슷하게 쓰이지만 曰과 달리 인용한 말의 뒤쪽에 놓이기도 합니다. 曰은 '가로되'

'가라사대' '말하기를' 식으로 풀이해서 부사어로 번역했던 말입니다. 최근에는 '말하다'와 겹따옴표를 활용해 번역하는 사례가 많습니다.

다른 문장들

名曰金蛙 [152]

《삼국유사》 기이 동부여

명왈금와

• 名 이름 명 曰 가로/말할/이를 왈 金蛙 쇠/금 금, 개구리 와

▶ **이름은 금와라 했다.**

相者占之曰 貴而當王 [153]

《삼국유사》 기이 고구려

상자점지왈 귀이당왕

• 相 서로/볼/점칠 상 者 놈(사람)/것 자 占 점령할/점칠 점 貴 귀할 귀 當 마땅 당 當然 王 임금 왕

• **이럴 땐 이렇게** 相이 부사어 자리에 놓이지 않고 者 앞 관형어 또는 주어 자리에 놓인 점에 주목해 한자 사전에서 相의 적절한 뜻을 찾습니다. 여기서 之는 목적어 구실을 하는데 문장에선 드러나지 않지만 왕의 몸종이 임신한 사실을 가리킵니다. 當王은 직역하면 '마땅히(당연히) 왕이 된다'는 뜻입니다.

▶ **관상쟁이가 점치고 나서 말했다. "귀하신지라 왕이 될 것입니다."**

釜山巨鎭 已爲陷城云 [154]

《난중일기》 1592년 4월 16일

부산거진 이위함성운

• 釜山 가마 부, 산 산. 지금의 부산 지역이다. 巨 클 거 鎭 진압할/진

영 진 已 이미/그만둘 이 陷 빠질/함락당할 함 城 성 성 云 이를/말할 운

▶ **부산의 큰 진영에서는 성이 이미 함락당했다고 한다.**

殘生而害物者 謂之賊[155]

《열하일기》 관내정사 호질

잔생이해물자 위지적

- 殘 남을/잔인할/해칠 잔 生 날/살 생 生命 害 해할/손해 해 物 물건/사물/것 물 謂 이를/말할 위 賊 도둑/역적 적 盜賊
- **이럴 땐 이렇게** 'A者 謂之B'라면 'A는 그(그것)를 B라 한다/말한다'로 해석합니다.

▶ **생명을 해치고 물건에 손해를 끼치는 놈은 (그를) 도적이라 한다.**

【꼭 알아 두기】

'이를/말할 위謂' '이를/말할 운云' '가로되/말할 왈曰'은 대화나 인용 상황에서 '이르다' '말하다'는 뜻으로 번역되는 한자이다. 이 중에서 謂는 '~에게 말하다' '~에 대해 말하다'로 번역되는 상황에 자주 나타난다.

문장과 문장

1

賜也 爾愛其羊 我愛其禮 《논어》 팔일

사야 이애기양 아애기례

________________ 너는 그 양을 사랑하지만 나는 예의를 사랑한다.

2

青出於藍 而青於藍 冰水爲之 而寒於水 《순자》 권학

청출어람 이청어람 빙수위지 이한어수

푸른색은 쪽에서 취하지만 쪽보다 푸르고 ________________

3

凡國之亡也 以其長者也 人之自失也 以其所長者也

범국지망야 이기장자야 인지자실야 이기소장자야 《관자》 추언

________________ 사람이 스스로 실패하는 이유는 자신이 장점으로 여겼던 것 때문이다.

4

以爲牛也 則頭無雙角 而面似羊

《열하일기》 성경잡지 7월 12일

이위우야 즉두무쌍각 이면사양

(그것을) 소라고 여기기에는 머리 양쪽에 뿔이 없었고 ______________

1 사야!(• 사賜는 공자의 제자였던 자공의 이름이다.)
2 얼음은 물로 만들지만 물보다 차갑다
3 대체로 나라가 망하는 이유는 그 나라의 장점 때문이고
4 얼굴이 양과 비슷했다.(• 낙타에 대한 묘사이다.)

5장

부정의 말, -아니 -아니다

한문에는 부정 표현이 많습니다. 우리말로 하면 '모른다'고 할 말도 '알지 못한다(不知)'로 쓰는 경우가 흔하지요. 그런데 한문 공부를 하는 우리에겐 이런 부정 표현이 유용합니다. 이 책에선 편의상 한문에 띄어쓰기를 적용했지만 한문은 원래 띄어쓰기가 없이 쭉 이어져 있습니다. 이런 글에서 '아닐 불不'이나 '아닐 비非' 같은 한자를 만나면 절로 반갑습니다. 不이나 非로 시작되는 구절이 서술어임을 바로 알 수 있으니까요. 5장에서는 '아닐(아니) 불不' '아닐 비非' '없을 무無' '없을 막莫' '아닐 미未' '말 물勿'이 필수 한자입니다.

34편 '아니 불不'과 '아닐 비非'의 차이

《통감절요》 주기 위열왕 23년

非名不著 非器不形[156]

비명부저 비기불형

명칭이 아니면 안 드러나고 기구가 아니면 못 나타낸다.

非 아닐 비 名 이름 명 不 아닐(아니할)/못할 불(부). 不 뒤에 오는 한자의 초성이 ㄷ, ㅈ으로 시작되면 '부'로 읽는다. 著 나타날/지을 저 器 그릇/도구(기구)/기관 기 器具 器物 形 모양/나타날 형

예禮에 대한 언급입니다. 예의와 법도란 공작이나 후작, 백작 같은 작위의 명칭과 그 명칭에 맞는 의복이나 수레, 그릇, 하인, 음식 종류 같은 기구의 차이로써 구분된다는 뜻이지요. 그렇게 명칭과 기구를 통해 귀천貴賤과 친소親疏, 장유長幼 같은 신분 질서를 분명히 드러내야 나라의 통치에 기강이 잡힌다는 맥락에서 나왔던 말입니다. 《자치통감》(《통감절요》는 자치통감의 요약본이다)의 저자이자 송나라 유학자인 사마광司馬光이 주기 위열왕 23년 기사에 붙여 썼지요. 과거의 신분 차별을 당연시한 보수적 예론이라 할 수 있습니다.

김구의 《백범 일지》를 읽다 보면 양반에게 물건 값을 올려 달랬다고 두드려 맞는 백정 이야기가 잠깐 나옵니다. 물건 값이 흥정의 대상이 아니라 양반과 천민 간 예의의 대상이었던 시대의 흉악한 일화였지요. 사마광의 예론은 그런 질서의 정당화와 공고화에 기여했던 이념이었

습니다. 개인이 왕의 신하가 아니라 국민이나 시민으로 살아가는 현대 한국 사회에 어울리지는 않습니다. 그렇다고 해서 예의에 명칭이나 기구 같은 적절한 형식이 필요하다는 주장의 의의까지 사라지진 않습니다. 오히려 맥락을 달리하면 되새겨볼 여지가 생깁니다.

이를테면 '주권자인 시민이 서로 간에 가져야 할 예의는 어떤 명칭과 기구로 드러나야 할까?'와 같은 질문을 던져볼 수 있겠지요. 가끔 우리 사회가 안고 있는 '예의의 빈곤' 내지는 '예의의 부적합성'을 생각합니다. 우리 시대의 예의는 대개 유교, 불교, 기독교 같은 종교에 기원을 대고 있는 경우가 많습니다. 알게 모르게 식민지 시기 신도神道의 흔적이 배인 경우도 있지요. 이들의 어떤 예절은 현대에도 여전히 타당성을 지니지만 또 어떤 예절은 신분 계급 사회의 낡은 권위와 차별의 잔재를 드러냅니다.

'아닐(아니) 불不'과 '아닐 비非'의 차이

요즘 한자 사전에서 불不과 비非는 모두 대표 훈을 '아니다' 또는 '아닐'로 새깁니다. 그렇지만 옛 사전에서는 不을 '아니 불'로 새겨서 '아닐 비非'와 구분했습니다. '아니하다' 할 때의 그 '아니'란 뜻이지요. 여기에 不과 非의 용법 차이가 숨어 있습니다. 不은 서술어 앞에서 부사어 노릇을 하면서 부정을 나타내고, 非는 보어 앞에서 서술어 노릇을 하면서 부정을 나타내지요. 부저不著는 '안(아니) 드러난다', 비명非名은 '명칭(이름)이 아니다' 정도가 한문의 특성을 반영한 번역이라 할 수 있습니다.

그렇지만 한문에서 不과 非가 혼재되어 쓰이기도 하고, 우리말에서

'안(아니) 하다'는 '하지 않다' '하지 아니하다' '하는 것이 아니다' '하지 못하다' 등과 두루 혼용됩니다. 이 때문에 둘의 용법 차이가 도드라지지 않게 되었습니다. 不著도 '드러나지 않다' '드러나지 못하다' 등으로 우리말에 더 자연스럽게 옮기는 게 좋습니다.

다른 문장들

此事固非易也[157]

《삼국유사》 기이 내물왕 김제상

차사고비이야

- 此 이 차 事 일/섬길 사 固 굳을(견고할, 완고할)/진실로/본디 非 아닐/그를 비 易 바꿀 역, 쉬울 이
- **이렇게 번역한다면** '이 일은 고정되어서 바꾸지 못한다'라고 번역하면 어떨까요? 틀린 번역입니다. 이 문장은 固만 보지 말고 固와 문장 끝의 也를 같이 봐야 합니다. '어라, 25편에 나온 문장들과 구조가 같나?' 하는 생각이 떠올랐다면 '엄지 척!'입니다. 非는 보통 '~이다'로 끝나는 문장을 부정합니다. 이런 문장에서 주어와 서술어 사이에 쓰인 固는 '진실로, 본디' 같은 부사 뜻을 나타냅니다.

▶ **이 일은 정말 쉬운 일이 아니다.**

書不盡言 言不盡意[158]

《주역》 계사 상 1장

서부진언 언부진의

- 書 글/책/쓸/편지 서 盡 다할 진 言 말씀 언 意 뜻 의

▶ **글은 말을 다하지 못하고 말은 뜻을 다하지 못한다.**

臣是雞林之臣 非倭國之臣[159]

《삼국유사》 기이 내물왕 김제상

신시계림지신 비왜국지신

- 臣 신하/저 신. 자신의 겸칭이다. 是 이/이다/옳을 시 雞林 닭 계, 수풀 림. 계림은 신라를 가리킨다. 倭 왜나라 왜 國 나라 국

▶ **저는 신라의 신하이지 왜나라의 신하가 아닙니다.**

天不一時 地不一利 人不一事[160]

《관자》 주합

천불일시 지불일리 인불일사

- 一 한 일 時 때/철/기회 시 時期 地 땅 지 利 이로울/이익 리
- **이럴 땐 이렇게** 不 뒤에는 서술어(동사)가 오므로 一時, 一利, 一事를 일종의 동사구로 간주하고 해석합니다. 一이 종종 동사로 쓰이므로 문장 전체를 직역하면 '하늘은 때를 하나로 하지 않고 땅은 이로움을 하나로 하지 않고 사람은 일을 하나로 하지 않는다' 정도가 됩니다.

▶ **하늘은 한 시기에 머무르지 않고 땅은 한 가지 이로움만 주지 않고 사람은 한 가지 일만 하지 않는다.**

知可否 知也[161]

《장자》 외편 거협

지가부 지야

- 知 알/지식(지혜) 지 可 옳을(좋을)/가할/가히(~할 수 있다) 가 否 아닐 부. 否는 不 뒤에 서술어가 생략될 때 이를 대신해 사용한다. 여기서 否는 불가不可를 뜻한다.
- **이럴 땐 이렇게** 도척이 말했던 도적질의 다섯 가지 도道 중에 하나입니다. 여기서 可否는 도적질을 할 때 그 도적질에 대한 가부입니다. 가부는 '찬성과 반대' 또는 '옳고 그름'이란 뜻으로 현대에도 우리말에서 사용하는 단어이지요. 그렇지만 여기서는 可와 否(=不可)를 따로

따로 해석해 줍니다. 6편에 관련 내용이 나왔습니다.

▶ **옳은지 옳지 않은지 아는 것이 지혜이다.**

【꼭 알아 두기】

'아닐 불不'은 우리말로 치면 '~하다'를 부정하고 '아닐 비非'는 '~이다'를 부정한다. 不은 '~하지 않다/못하다'로 번역하고 非는 '~이/가 아니다'로 번역한다. 그렇지만 不과 非가 혼용되고, 한국어로 옮기는 과정에서도 혼용되므로 이 차이는 예외가 있는 기본 원칙으로 알아 둔다.

35편 비슷한 듯 다른 무無와 막莫

《사기》 항우본기

無不膝行而前 莫敢仰視[162]

무불슬행이전 막감앙시

무릎으로 걸어 앞으로 나오지 않는 이가 없었고 아무도 감히 (항우를) 올려다보지 못하였다.

無 없을/아니할(못할) 무 膝 무릎 슬 行 다닐/갈 행 前 앞/앞설 전 莫 없을/아니할(못할) 막 敢 감히 감 仰 우러를 앙 視 볼 시

중국 역사에서 거록대전巨鹿大戰이라 부르는 전쟁이 끝난 직후의 한 풍경을 담아냈습니다. 고대 중국의 진秦나라가 전국 시대를 끝내고 중국을 하나로 통일했던 때가 기원전 221년이었습니다. 그러나 기원전 210년에 진시황이 죽자마자 바로 각지에서 반란이 일어났습니다. 거록은 과거 조趙나라 지역의 반군이 진나라 군대에게 쫓겨 칩거해 있던 곳이었지요.

거록에는 이미 과거 제齊나라나 연燕나라 지역의 반군이 조나라 반군을 도우려 출정해 있었습니다. 그렇지만 진나라 왕리王離 군대의 위세에 눌려 이러지도 저러지도 못하고 있던 상황이었지요. 이러한 교착 상황을 깨뜨린 인물이 바로 과거 초楚나라 지역의 반군 수장 항우였습니다. 기원전 207년에 벌어진 이 전쟁을 중국 측 역사서에서 보통 거록대전이라고 합니다. 이때 진나라의 주력군 20만이 큰 타격을 입으면서

진나라가 급격히 기울기 시작해 다음 해인 기원전 206년에 멸망하고 맙니다.

이 구절에는 항우의 전투 장면을 성 위에서 목격했던 타 지역 장군들의 두려움이 담겨 있습니다. 전투가 끝난 뒤 항우가 타 지역 장군들을 불러 접견했을 때의 모습입니다. 항우 군영의 문에 들어서자마자 다들 무릎걸음을 걷고 항우와 눈을 마주치지 못했다고 묘사하고 있지요. 이 당시의 항우는 누구도 감히 대적할 엄두를 내지 못했습니다. 나중에 항우를 이기고 중국을 재통일하게 되는 유방조차도 마찬가지였습니다.

'없을 무無'와 '없을 막莫'

'없을 무無'는 '있을 유有'의 반의어입니다. 有처럼 뒤에 오는 목적어(보어)에 '이/가'를 붙여 '없다'로 해석하지요. '없을 막莫'은 無와 같은 뜻이지만 주어를 지시하는 기능이 無보다 강합니다. 그래서 '아무' '어느 것' 같은 주어를 넣어서 해석하는 경우가 흔합니다. 막감앙시莫敢仰視는 '감히 항우를 올려다보는 이(사람)가 없었다'로 번역하기도 하지만 莫의 특징을 강조해서 '아무도 감히 항우를 올려다보지 못하였다'로 번역할 수도 있지요.

둘 다 '아닐 불不'처럼 '아니하다' '못하다'란 뜻을 나타내기도 합니다. 또 無는 '관계없이'로, 莫은 '더없이'로 뜻이 확장되어 쓰이기도 합니다.

다른 문장들

子無敢食我也[163]

《전국책》 초책 초일

자무감식아야

• 子 아들/당신(그대) 자 食 밥/먹을 식 我 나 아

• **이럴 땐 이렇게** 호가호위狐假虎威란 고사성어를 낳게 한 우화의 한 대목입니다. 호랑이에게 잡아먹힐 뻔한 여우가 했던 말입니다. 여우는 자신이 하늘님(天帝)이 임명한 동물의 우두머리라고 큰소리를 칩니다. 그러고선 자신의 뒤를 따라오며 그 말이 맞는지 확인해 보라고 호랑이를 꼬드기지요. 여우와 호랑이를 본 동물들은 모두 도망쳤고 호랑이는 여우를 놓아 줬습니다.

▶ **넌 날 함부로 잡아먹지 못해.**

有過不罪 無功受賞[164]

《한비자》 내저설상

유과부죄 무공수상

• 有 있을 유 過 지날/허물 과 罪 허물/죄 죄 功 공 공 受 받을 수 賞 상줄 상

• **이럴 땐 이렇게** 有A는 'A가(이) 있다'로 해석하고, 無A는 'A가(이) 없다'로 해석합니다.

▶ **잘못이 있어도 죄받지 않고 공이 없는데 상을 받는다.**

一夫當關 萬夫莫開[165]

이백 〈촉도난〉

일부당관 만부막개

• 一 한 일 夫 사내/저 부 當 마땅/당할/막을/맡을 당 關 관계할/관문

관 萬 일만 만 開 열 개

▶ **한 사내가 관문을 막으면 만 명의 사람도 열지 못한다.**

事有不已之勢 情有莫急之形[166]

《이충무공전서》, 체찰사 이원익 공에게 올린 편지

사유불이지세 정유막급지형

• 事 일/섬길 사 有 있을 유 已 이미/그만둘 이 勢 형세/권세 세 情 뜻/정/사정 정 急 급할 급 形 모양(형상)/나타날 형 形便

• **이럴 땐 이렇게** 莫急은 莫이 '더없이'란 뜻을 나타낸 사례입니다.

▶ **일에는 그만두지 못하는 형세가 있고 사정에는 더없이 급한 형편이 있습니다.**

【꼭 알아 두기】
'없을 무無'는 '있을 유有'의 반의어로 '~이/가 없다'로 해석한다. '없을 막莫' 역시 無와 같이 '~이/가 없다'로 해석한다. 다만 莫은 '아무도(어느 것도) ~하지 않다'로 번역할 수 있다는 점이 無와 다르다.

36편 금지를 나타내는 무毋, 물勿, 무無, 막莫

김정희 〈세한도〉

長毋相忘[167]

장무상망

늘 서로 잊지 말자.

長 길/자랄/나을/어른(우두머리) 장. '길다'는 뜻은 시간이 '오래되다'는 의미로도 확장된다. 이런 뜻은 '오래다, 오래도록, 늘' 같은 말로 번역한다. 毋 말/없을 무 相 서로 상 忘 잊을 망

마음 편한 날, 오래된 친한 친구나 동료를 떠올리며 읊조리면 잔잔한 여운이 이는 문구입니다. 최초의 흔적은 중국에서 출토된 한나라 때 와당에 새겼던 것이라고 하지요. 그렇지만 조선 후기에 추사 김정희金正喜가 〈세한도歲寒圖〉에 인장으로 찍고, 그에 얽힌 일화가 알려지면서 잊히지 않는 글귀가 됐습니다.

김정희가 장무상망長毋相忘이라는 다정한 말을 건넸던 인물은 그의 제자였던 역관 이상적李尙迪이었습니다. 그는 평소에 스승이 애착을 갖고 구하려 했다가 실패한 책의 목록을 잊지 않았습니다. 그러다가 김정희가 기력이 쇠잔해지는 장년의 나이에 제주도 대정에서 유배 생활을 하게 되자 그 책들을 청나라에서 어렵사리 구해 스승에게 보냈습니다. 탐욕스러운 독서가였던 스승을 위로하고 싶었던 작은 소망이었겠지요. "늘 서로 잊지 말자"라는 문구에는 그런 제자의 마음을 읽은 김정

희의 울긋불긋한 감정의 결이 담겨 있습니다. 고맙고, 한편으로 자신에 대한 친분을 대놓고 드러내서 불이익이 가지 않을까 걱정스럽고, 또 좋은 선물에 변변한 답례를 하지 못하는 자신의 처지가 한스러웠을 것입니다. 〈세한도〉는 제자의 마음에 답하는 추사의 정성 어린 선물이었습니다. 그 그림과 거기에 딸린 글이 후대에 국보로 지정될 줄은 꿈에도 생각 못 했겠지요.

인터넷 검색창에 장무상망長毋相忘을 쳐보면 꽤 많은 글이 검색됩니다. 대개 '오래도록 서로 잊지 말자'로 번역합니다. 흠잡을 데 없는 번역이지만 '길 장長'이 지닌 또 다른 함의를 보이고 싶어서 '늘'을 써서 바꿔 봤습니다. 김정희가 제주도에 유배된 시기는 조선 헌종 대인 1840년부터 1848년까지였습니다. 나이로 치면 55세부터 63세까지였지요.

금지를 나타내는 무毋, 물勿, 무無, 막莫

'말 무毋'는 '말 물勿'과 함께 '~하지 말라(마라)' '~해서는 안 된다'는 금지를 나타내는 대표 한자입니다. 毋가 勿보다 기세가 세다고 하는데 우리말로 차이를 표현하기는 어렵습니다. 둘 다 '말라'는 뜻 외에 불不이나 무無처럼 '말다(하지 않다, 못하다)' '없다'의 뜻을 나타낼 수 있습니다. 이는 대화인지 선언인지 아니면 다른 문장 속에 안긴 문장인지 상황에 따라 달라지지요. 한편 '없을 무無'는 음이 같은 무毋로, '없을 막莫'은 음이 비슷한 물勿을 대신해 금지를 표현할 수 있습니다. 35편의 문장들과 비교해 두면 좋습니다.

다른 문장들

己所不欲 勿施於人[168]

《논어》 위령공

기소불욕 물시어인

- 己 몸/자기 기 所 바/것 소 欲 하고자 할 욕 施 베풀 시 於 어조사 어. 시간이나 장소(에, 에서, 로부터), 대상(을/를, 에게, 에 대해), 비교(보다) 등을 나타낸다. 人 사람/남 인
- **이럴 땐 이렇게** 공자가 제자인 자공에게 했던 말입니다. 우리말에서 '마라'는 구어체에 쓰고, '말라'는 문어체에 씁니다.

▶ **자기가 하고자 하지 않는 일을 남에게 시키지 마라.**

毋邇其求 而遠其憂[169]

《관자》 주합

무이기구 이원기우

- 邇 가까울 이 其 그 기 求 구할/바랄 구 而 말 이을 이 遠 멀 원 憂 근심/근심할 우

▶ **자신이 바라는 것만 가까이하며 근심을 멀리하지 말라.**

毋意 毋必 毋固 毋我[170]

《논어》 자한

무의 무필 무고 무아

- 意 뜻/생각할(헤아릴) 의 意圖 意志 必 반드시/반드시 할 필 固 굳을/완고할 고 我 나 아
- **이럴 땐 이렇게** "공자는 네 가지를 끊었다"라는 구절 다음에 따르는 말입니다. 毋가 '없다' '말다(하지 않다, 못하다)'는 뜻으로 사용된 사례입니다. 毋意에서 意는 공자 사상을 이해하는 관점에 따라 자의自意

나 사사로운 뜻, 오기 등으로 조금씩 다르게 번역합니다.

▶ **정해진 의도가 없었고 반드시 한다는 일이 없었고 고집이 없었고 '나'를 내세우지 않았다.**

無爲名尸 無爲謀府[171]

《장자》 응제왕

무위명시 무위모부

- 名 이름/이름날(이름할) 명 名譽 名分 爲 할/될 위 尸 주검/시동 시. 시동尸童은 고대 중국에서 제사 지낼 때 신주를 대리했던 어린아이를 가리킨다. 謀 꾀 모 謀略 智謀 府 마을/곳집(창고) 부
- **이럴 땐 이렇게** '없을 무無'가 음이 같은 '말 무毋'처럼 쓰인 사례입니다. 名尸는 널리 알려진 이름이나 평판을 시동에 빗댄 말입니다.

▶ **명예의 허깨비가 되지 말고 모략의 창고가 되지 말라.**

【꼭 알아 두기】

'말 무毋'와 '말 물勿'은 '~하지 말라(마라)' '~해서는 안 된다'는 뜻을 주로 나타내고 '말다(하지 않다, 못하다)' '없다'란 뜻으로 쓰기도 한다. '없을 무無'와 '없을 막莫'도 毋와 勿처럼 쓸 수 있다.

37편 비교를 나타내는 막약莫若 같은 말

《순자》 권학

節怒莫若樂 節樂莫若禮[172]

절노막약악 절락막약례

분노를 절제하는 데에는 음악만 한 것이 없고 쾌락을 절제하는 데에는 예의만 한 것이 없다.

節 마디/절개/절제할 절 怒 성낼/노여울 노 莫若 없을 막, 같을 약. ~만 한 것이 없다, ~같은 것이 없다 樂 즐길/즐거울 락, 노래/음악 악, 좋아할 요 快樂 禮 예도 례. 예도禮度는 예의와 법도를 가리킨다.

어디 분노뿐이겠습니까? 기쁨이나 슬픔, 원망 따위를 절제하는 데에도 음악만 한 대체재는 찾기 힘듭니다. 사람이 살다 보면 누구나 한두 번쯤 인생의 커다란 고비에 맞닥뜨리게 됩니다. 또 그런 어려움은 겹으로 몰려오는 경우가 많지요. 한때 소박한 포부를 갖고 시작했던 제주도 살이를 정리하고 고향인 서울 마포로 귀향했던 때가 딱 그랬습니다. 건강, 가족, 일에서 삼중고가 한꺼번에 몰아닥쳤습니다.

그래도 제주도에서는 눈에 넉넉히 담기는 파도와 바다, 흰구름과 돌고래, 하늘 끝에 닿을 듯한 고목들이 적지 않게 위로가 됐습니다. 그러나 7년 만의 서울살이는 모든 게 좁았습니다. 방이며 길이며 계단이 다 좁았고, 오가는 거리와 시야, 가끔 들르는 카페의 탁자까지 다 빽빽했습니다. 그때 헝클어진 마음과 짜증, 원망, 분노의 감정을 절제하게 해

준 것이 바로 영화 〈비긴 어게인〉에 나오는 음악이었지요.

〈비긴 어게인begin again〉(2014년 개봉)은 무명의 싱어송라이터가 한물간 프로듀서를 만나 음악을 만들어 가는 미국 영화입니다. 주인공이 부르거나 만드는 노래가 그대로 영화 음악이 되고 그 과정에서 싱어송라이터와 프로듀서가 지닌 각각의 상처가 아물어 갑니다. 음악이 삶이었던 사람들의 이야기이지요. 그 음악을 한 달 내내 들었던 것 같습니다. 그러고 나서 그 끄트머리 즈음에 세상이 다시 넓어지고 한강이 사랑스러워졌습니다.

아마 누구나 이런 인생의 음악을 하나쯤은 맘속에 지니고 있을 것입니다. 절노막약악節怒莫若樂이라는 관자의 이 구절을 발견했을 때 지금은 또 하나의 추억이 된 과거가 떠올라 뽑아 봤습니다. 감정의 절제 수단으로 음악과 예의를 동시에 생각한 점도 흥미로웠습니다. 음악처럼 사람 사이를 흐르는 예의가 있을 수 있을까요? 있다면 어떤 형태일까요?

비교를 나타내는 말

'아닐 불不'이나 '없을 막莫'같이 부정을 뜻하는 말에 '같을 약若' '같을 여如' 자를 붙이면 대상을 비교하여 우위를 나타낼 수 있습니다. 막약莫若, 막여莫如는 비교 대상 중에 가장 나은 것을 가리킬 때 쓰고, 불약不若, 불여不如는 비교 대상 중에 더 나은 것을 가리킬 때 사용합니다. '莫若, 莫如'는 '(어떤 것도) ~만한 것은 없다, ~같은 것은 없다'로 해석합니다. '不若, 不如'는 '~같지 않다, ~만 못하다'로 해석하지요. 다만 不若, 不如는 상황에 따라 비교의 의미가 약해지고 다름만을 나타낼 수 있으므로 주의합니다.

다른 문장들

予不若古之人[173]

《태종실록》 태종 17년 1월 11일

여불약고지인

• 予 나/줄 여 不若 아닐 불, 같을 약. ~같지 않다/~만 못하다 古 옛 고 之 어조사(의/-는, 이/가, 을/를) 지

▶ **나는 옛사람 같지 않다.**

終身之計 莫如樹人[174]

《관자》 권수

종신지계 막여수인

• 終身 마칠 종, 몸 신. 죽을 때까지, 일생, 평생 計 셀/꾀할 계 計劃 計策 莫如 없을 막, 같을 여. (어떤 것도) ~만한 것이 없다, ~같은 것이 없다 樹 나무/심을/세울 수

▶ **평생 가는 계획으로는 사람 키우는 일만 한 것이 없다.**

三年海上 萬無如是之理[175]

《난중일기》 1594년 9월 3일

삼년해상 만무여시지리

• 海 바다 해 上 윗/오를 상 萬無 일만/많을/절대로 만, 없을 무. 만무하다는 '절대 없다'는 뜻이다. 如 같을 여 是 이/옳을 시 理 다스릴/이치/결 리 道理 處理

▶ **3년 동안 바다 위에서 절대로 이처럼 처리했던 적이 없다.**

吾嘗終日而思矣 不如須臾之所學也[176]

《순자》 권학

오상종일이사의 불여수유지소학야

• 吾 나 오 嘗 맛볼/일찍이 상 終日 마칠 종, 날/해 일. 종일, 하루 내내 思 생각/생각할 사 矣 어조사 의 須臾 모름지기/잠깐 수, 잠깐 유. 수유는 잠시와 같은 말이다. 學 배울/공부할 학 也 어조사 야

• **이럴 땐 이렇게** 而와 之의 차이가 느껴지는 좋은 구문입니다. 앞 구절에선 而가 부사어(부사) 終日과 서술어(동사) 思 사이에 왔음을 보여 줍니다. 뒤 구절에선 之가 須臾와 所學을 이어 如의 목적어(보어)로 쓸 수 있게 명사 성격을 부여했습니다. '잠깐의 공부'를 뜻했다면 須臾之學이라 썼을 텐데 '잠깐의 공부했던 바'를 나타내려 했기에 須臾之所學이라 썼습니다. 여기서 '바'가 의미하는 것이 무엇인지 생각합니다. 矣는 과거의 시간 속에서 일이 종결됐다는 느낌을 전달하고 也는 그에 대한 화자의 판단을 드러냅니다.(26편 참조)

▶ **내가 일찍이 종일토록 생각해 봤으나 잠깐이나마 공부했던 때만 못했다.**

【꼭 알아 두기】

'莫若' '莫如'는 '(어떤 것도) ~만한 것은 없다' '~같은 것은 없다'로 해석한다. '不若' '不如'는 '~같지 않다' '~만 못하다'로 해석한다.

38편 미未는 실현되지 않은 상황을 부정한다

이이 〈자경문〉

一豪不及聖人 則吾事未了[177]

일호불급성인 즉오사미료

털끝 하나라도 성인에 미치지 못하면 내 일은 아직 끝나지 않은 것이다.

一 한/하나 일 豪 털 호 不 아닐(아니) 불 及 미칠 급 聖 성스러울 성 則 곧(-면/-라면) 즉 吾 나 오 事 일/섬길 사 未 아닐 미 了 마칠/끝날 료

율곡 이이李珥가 젊은 시절 1년여의 방황을 마치고 나서 썼던 자경문自警文(스스로를 경계하는 글)의 한 구절입니다. 이이가 조선 시대의 천재 가운데 한 명이란 사실은 널리 알려져 있습니다. 열세 살에 과거 시험 초급 단계에 합격했다는 일화도 나이까지야 모르겠지만 역사 상식의 하나이지요. 하지만 그가 열아홉 살 때 금강산으로 가출하여 스님 노릇을 하며 떠돌았던 사실은 덜 알려져 있습니다.

이이는 이른 나이에 과거 시험 합격을 경험했지만 아이답지 않게 담담했다고 합니다. 어릴 적 글을 봐도 조숙한 고민이 넘칩니다. 그러던 차에 열여섯 살 때 어머니 신사임당이 세상을 떠났습니다. 그 충격 때문인지 이후 세상을 조롱하는 글만 뒤적이며 공부에 손을 놓았습니다. 그러고는 삼년상을 마친 다음 금강산으로 들어갔지요. 유교 국가였던 당시 시대 상황을 고려한다면 사춘기 시절의 방황을 꽤 세게 했던 셈입

니다. 물론 그 기간이 길진 않았습니다. 1년을 채우지 못하고 다시 집으로 돌아왔으니까요.

〈자경문〉은 그때 무엇을 잊지 말아야 할지 스스로에게 다짐했던 글이었습니다. 이이는 일찌감치 관직 생활을 시작했고 남들이 부러워하는 고위직까지 올랐습니다. 그렇지만 관리로서 성취감을 느꼈던 적이 거의 없었습니다. 그가 제안한 개혁 정책을 선조가 채택해 주지 않았기 때문입니다. 그래도 사직과 출사를 반복하며 선조를 설득하려는 노력을 포기하지 않았습니다.

임진왜란이 일어나기 8년 전, 과로로 병석에 누워 있을 때도 변방으로 파견 가는 무관에게 군사 문제를 자문하느라 잠시 숨을 놓았다고 하지요. 그러고 나서 다음 날 세상을 떠났습니다. 스무 살에 자신과 한 약속을 마지막 순간까지 잊지 않았던 것이지요.

'아닐 미未'의 쓰임

미未는 '아니다, 없다, 아니하다, 못하다'로 두루 해석되는 한자입니다. 불不이나 무無 같은 한자와 비슷한 구실을 할 수 있지요. 그런데 이들과 달리 실현되지 않은 상황을 부정한다는 특징을 지니고 있습니다. 그래서 보통 '아직 ~하지 않다/~한 적이 없다'로 해석되는 경우가 많습니다. 실제 번역에서는 '아직'이 생략되는 경우가 흔하지만 이런 특징 때문에 '~하기 전에'로 의역되기도 하고, 윗사람 앞에서 완곡하게 부정하려는 의도를 전달할 때에 자주 쓰였습니다.

다른 문장들

未明行師[178]

《난중일기》 1598년 9월 19일

미명행사

• 明 밝을 명 行 다닐/갈 행 師 스승/군사 사

▶ **날이 밝기 전에 군사를 움직였다.**

身七十餘戰 未嘗敗北[179]

《통감절요》 한기 태조고황제 5년

신칠십여전 미상패배

• 身 몸/몸소/자신 신 七 일곱 칠 十 열 십 餘 남을 여 戰 싸울/싸움 전 嘗 맛볼/일찍이 상 敗 패할 패 北 북녘 북, 달아날 배

• **이럴 땐 이렇게** 전쟁의 패배가 확실해진 상황에서 남은 군사들에게 항우가 했던 연설의 일부입니다. 죽음이 예상되는 마지막 전투를 앞두고 유언처럼 했던 말이지요.

▶ **몸소 70여 차례를 싸웠으나 아직까지 패배한 적이 없었다.**

從軍廢禮 哭泣亦未自意[180]

《난중일기》 1597년 5월 5일

종군폐례 곡읍역미자의

• 從 따를/좇을 종 軍 군사 군 廢 폐할/없앨 폐 禮 예도 례 婚禮 葬禮 哭 울 곡 泣 울 읍 亦 또 역 自 스스로/부터 자 自己 自身 意 뜻 의

• **이럴 땐 이렇게** 이 일기를 쓰기 20여 일 전인 4월 14일은 감옥에서 나온 이순신을 보러 오던 어머니가 배 위에서 세상을 떠난 날이었습니다.

▶ **군대를 따르느라 장례도 없앴고 곡하며 우는 일도 자기 뜻대로 하지 못한다.**

至誠而不動者 未之有也[181]

《맹자》 이루 상

지성이부동자 미지유야

- 至 이를/지극할 지 誠 정성/진실로 성 誠實 動 움직일 동 感動 行動 者 놈(사람, 이)/것(일, 때, 경우) 자(19편, 22편 참조) 之 그(그것) 지 有 있을 유
- **이럴 땐 이렇게** 미지유未之有를 긍정으로 바꾸면 유지有之가 됩니다. 부정문에서 목적어 지之는 서술어 앞에 놓입니다.(40편 참조)

▶ **지극히 정성을 다하고도 남을 움직이지 못한 경우는 그랬던 적이 (아직) 있지 않다.**

【꼭 알아두기】

미未는 '아니다, 없다, 아니하다(않다), 못하다'로 두루 해석하지만 不이나 無와 달리 '아직 ~하지 않다/~한 적이 없다'로 번역할 수 있다.

39편 무불無不이나 무비無非 같은 이중 부정

《노자》 상 37장

道常無爲 而無不爲[182]

도상무위 이무불위

도는 언제나 하는 일이 없어도 하지 못하는 일이 없다.

無不 없을 무, 아닐 불. ~하지 않은 것이 없다, ~하지 못하는 것이 없다
爲 할 위 而 말 이을 이

누군가 "도를 아십니까?" 하고 물었을 때 "알지요. 도란 하는 일이 없어도 하지 못하는 일이 없는 것입니다." 이렇게 답하면 어떻게 될까요? 질문자가 만족스러워하며 고개를 끄덕일까요? 노자老子의 '무위無爲'는 꽤 널리 알려진 단어입니다. '무위의 철학' '무위의 정치'라는 것도 어디선가 한 번쯤 봤을 만한 문구이지요. 그렇지만 그것이 삶의 도리나 길에 관련되어 있다는 사실은 쉽게 잊힙니다.

무위는 위爲가 없다(無)는 뜻입니다. 위爲는 '하다' '되다' '당하다' '만들다' '다스리다' '이다' '위하다' 등의 다양한 행위를 나타냅니다. 특히 '위하다'란 뜻을 지닌 점이 각별하지요. 그래서 무위는 목적을 지닌 행위가 없다는 의미를 함축합니다. 이를 《노자》 상 25장에 나오는 "도법자연道法自然" 즉 "도는 자연(스스로 또는 저절로 그러함)을 따른다"라는 구절과 연결지어 읽어 보겠습니다. 아래의 괄호는 임의로 집어넣은 말입니다.

사람은 땅을 따르고 땅은 하늘을 따르고 하늘은 도를 따르고 도는 자연을 따른다. (자연을 따르는) **도는 언제나 하는 일이 없어도 하지 못하는 일이 없다.**

이렇게 보면 무위는 어떤 목적 없이 스스로 또는 저절로 변화하는 자연의 모습을 형용한 것이라 할 수 있습니다. 그렇기에 해나 바람, 숲과 들, 강물과 파도처럼 하지 못하는 일이 없고, 목적을 가지고 외부에 의존하는 유위有爲나 인위人爲보다 우위에 있게 됩니다. 노자의 관점에서는 무위가 곧 자연의 원리이자 방법이었지요. 어떤가요? 무위하시렵니까, 유위하시렵니까?

이중 부정: 無不, 無非, 莫不, 未不, 非不, 非無

한문에서는 연이어 두 번을 부정해서 뜻을 강조하는 경우가 많습니다. 이를테면 무불無不, 무비無非, 막불莫不, 그리고 미상불未嘗不의 형태로 자주 나타나는 미불未不은 이중 부정으로 긍정을 강하게 나타냅니다. 모두 '~하지 않은 것이 없다' '~하지 못하는 것이 없다' 정도로 각각의 한자 뜻을 조합해 해석하지요. 이때 '것'이 지칭하는 바를 상황에 맞춰 '일, 사람/이, 터/경우, 때/적, 곳/데' 등으로 좁혀 주면 한문 번역에서 '것'의 반복이 주는 어색함이나 건조함을 줄일 수 있습니다.

한편 非不이나 非無도 부정이 두 번 나타나는데 이들은 강한 긍정을 의미하진 않습니다. 非不은 '~하지 않은 것이 아니다' '~하지 못하는 것이 아니다'로, 非無는 '~ 없는 것이 아니다'로 보통 해석하지요. '것'의 지칭에 대해서는 앞 사례와 같습니다.

다른 문장들

帝未嘗不稱善 [183]

《통감절요》 한기 태조고황제 11년

제미상불칭선

• 帝 임금 제 皇帝 上帝 未 아닐 미 嘗 일찍이 상 不 아닐(아니할)/못할 불(부) 稱 일컬을/칭찬할 칭 善 착할/좋을 선

• **이럴 땐 이렇게** 未嘗不은 '~하지 않은 적이 없다'이지만 한 단어 부사처럼 쓰이면 '아닌 게 아니라'는 뜻을 나타냅니다.

▶ **황제가 좋다고 칭찬하지 않은 적이 없었다.**

天下莫不以物易其性矣 [184]

《장자》 변무

천하막불이물역기성의

• 莫不 없을 막, 아닐(아니할) 불/부. ~하지 않은(/못하는) 것이 없다 以 써 이. ~로써, ~로, ~ 때문에 등을 나타낸다. 物 물건/만물/것 물 物質 事物 易 바꿀 역, 쉬울 이 其 그 기 性 성품 성 本性 性質

▶ **천하에 물질 때문에 자신의 본성을 바꾸지 않는 이가 없다.**

一船之上 雨無不漏 [185]

《난중일기》 1593년 6월 3일

일선지상 우무불루

• 一 한/하나 일 船 배 선 上 윗 상 雨 비 우 漏 샐 루

▶ **온 배 위가 비에 새지 않는 곳이 없었다.**

人無有不善 水無有不下 [186]

《맹자》 고자 상

인무유불선 수무유불하

• 人 사람/남 인 有 있을 유 水 물 수 下 아래/내려갈 하

▶ **사람은 좋지 않은 사람이 없고 물은 아래로 흐르지 않는 경우가 없다.**

非無安居也 我無安心也[187]

《묵자》 친사

비무안거야 아무안심야

• 非無 아닐 비, 없을 무. ~없는 것이 아니다 安 편안 안 居 살 거 居處 我 나 아 心 마음 심

▶ **편안한 거처가 없는 게 아니라 나는 편안한 마음이 없다.**

【꼭 알아 두기】

무불無不, 무비無非, 막불莫不, 미불未不은 모두 강한 긍정을 나타낸다. '~하지 않은 것이 없다' '~하지 못하는 것이 없다'로 해석한다. 非不은 '~하지 않은 것이 아니다' '~하지 못하는 것이 아니다'로, 非無는 '~ 없는 것이 아니다'로 해석한다.

40편 평서문과 달라지는 부정문의 어순 몇 가지

《묵자》 경 상

小故 有之不必然 無之必不然[188]

소고 유지불필연 무지필불연

작은 원인은 그것이 있더라도 반드시 그렇게 되는 것이 아니지만 없으면 반드시 그렇지 않게 된다.

故 연고 고. 연고는 사유, 까닭, 관계, 인연 등을 의미한다. 之 갈/그(그것) 지 必然 반드시 필, 그럴 연. 반드시 그렇게 되도록 되어 있음

필연이라는 단어의 연원이 무척 오래됐음을 알려 주는 구절입니다. 묵자墨子가 중국의 전국 시대 초기에 활동했던 인물이니까 최소한 2200여 년 이상을 거슬러 올라갑니다. 오늘날 필연은 대개 어떤 사건이나 논리가 객관적인 자연법칙에 따른 결과일 때 사용합니다. 지구의 탄소 배출량이 늘면 지구 온난화 현상의 발생이 필연이지요. 사랑을 하면 눈에 콩깍지가 씌이는 것도 어느 정도 필연입니다.

당연하게도 묵자가 이런 의미로 필연을 사용하지는 않았습니다. 그는《묵자》경經 상편의 다른 대목에서 형과 아우의 관계를 필연의 한 예로 제시합니다. 형제는 둘 중의 하나가 형이면 나머지가 동생이고 하나가 동생이면 나머지가 형입니다. 묵자는 이런 관계를 필연(必)으로 생각했습니다. 그리고 필연이 성립되는 관계나 인연을 대고大故라고 칭했습니다.

위에서 '작은 원인'으로 번역해 둔 소고小故는 대고大故가 아닙니다. 어딘가에 작용하더라도 필연 관계가 성립하지는 않습니다. 요즘의 논리학 개념으로 바꾸면 소고는 사건의 성립에 필요하긴 하지만 충분하지는 않은 필요조건입니다. 대고는 필요충분조건이지요. 이처럼 묵자는 소고와 대고를 구분하고 대고를 추구했습니다. 대고를 획득해야 일이 필연으로 성립되거나 완성되니까요.

묵자는 전국 시대에 공인工人이나 장인층을 기반으로 세력을 일군 사상가이자 철학자입니다. '다 같이 서로 사랑하고 서로 이롭게 하자'는 겸애설兼愛說을 내세워 혈연을 초월한 공동체를 꿈꿨지요. 이때 가족과 지역, 출신이 다른 사람들을 결속시키는 수단의 하나가 바로 논리적 전제의 공유였습니다. 그래서 묵자를 따르는 묵가는 다른 제자백가와 달리 '필연' 같은 논리 문제를 탐구하는 독특한 면모를 보입니다.

부정문의 어순

우리말은 서술어가 고정되어 있다면 그 앞의 주어, 목적어, 부사어 등이 자리를 바꾸어도 의미가 크게 달라지지 않습니다. 그러나 고립어인 한문은 다릅니다. 불필연不必然이 '반드시 그런 것은 아니다'는 뜻으로 부분을 부정한다면, 必不然은 '반드시 그렇지 않다'로 전체를 부정하게 됩니다. 부사어로 쓰인 '반드시 필必'의 위치에 따라 뜻이 달라지지요. 사용되는 부사 의미에 따라 뜻이 바뀌지 않는 경우도 있지만 한문에선 위치에 따라 뜻이 달라지는 必 같은 사례가 흔합니다.

덧붙여서 한문의 부정문에서는 목적어가 서술어 앞에 놓입니다. 유지有之에 '아닐 미未'를 붙이면 미지유未之有가 되지요. 모든 목적어가 그렇지는 않고 '그(그것) 지之' '너 이爾' '자기 기己'처럼 인칭을 나타내는 한자들만 그렇습니다. 다른 문장들에서 사례를 확인해 보세요.

다른 문장들

不患莫己知 [189]

《논어》 이인

불환막기지

- 患 근심/근심할 환 莫 없을/말 막 己 몸/자기 기 知 알 지
- **이럴 땐 이렇게** 己가 知의 목적어로 쓰였습니다. 평서문에서는 己知가 '자기가 안다'는 뜻이지만 부정문인 莫己知에서 己知는 '자기를 안다'는 뜻이 됩니다.

▶ **자기를 알아주지 않는다고 근심하지 않는다.**

名實不必合 [190]

《묵자》 경 상

명실불필합

- 名 이름 명 實 열매/실제 실 合 합할/적합할 합 合致 符合

▶ **이름과 실제가 반드시 합치하지는 않는다.**

遂去不復與言 [191]

굴원 〈어부사〉

수거불부여언

- 遂 드디어 수 去 갈/없앨 거 除去 復 회복할 복, 다시 부 與 더불/줄 여 言 말씀 언
- **이럴 땐 이렇게** 不復與言과 復不與言은 해석이 크게 달라지지 않습니다. 쓰이는 부사에 따라 자리가 달라져도 의미가 변하지 않는 사례입

니다.

▶ **마침내 가 버리고는 다시 말을 나누지 않았다.**

外重物而不內憂者 無之有也[192] 《순자》 정명

외중물이불내우자 무지유야

• 外 바깥 외 重 무거울/소중할 중 重視 所重 物 만물/물건/것 물 物質 事物 內 안/속 내 憂 느릿할/근심할 우 者 놈(사람)/어조사 자

▶ **밖으로 물질을 소중하게 여기면서 속으로 근심하지 않는 사람은 (그런 사람이) 있었던 적이 없다.**

【꼭 알아 두기】

불필연不必然은 '반드시 그런 것은 아니다'란 뜻이고 必不然은 '반드시 그렇지 않다'란 뜻이다. 한문의 부정문에선 이처럼 부사어의 자리에 따라 전체 의미가 달라질 수 있다. 어순 역시 之, 爾, 己 같은 말이 서술어 앞에 와서 평서문과 달라진다.

41편 물勿이나 무無처럼 쓰는 말

《명심보감》 성심

害人人害汝休嗔[193]

해인인해여휴진

남을 해치면 남도 해치니 너는 성내지 말라.

害 해할(해칠)/해로울 해 人 사람/남 인 汝 너 여 休 쉴/말 휴 嗔 성낼 진

남을 해치면 상대도 나를 해치게 되니 그렇게 받은 손해나 상처에 화내지 말라는 소리입니다. 자신이 악당처럼 굴어놓고 상대가 나에게 악당처럼 군다고 화를 내면 도둑놈 심보겠지요. 그렇다면 남이 먼저 나를 해치면 어떻게 해야 할까요? 이 답의 단서가 정치학자 로버트 액설로드가 설계한 '반복적 죄수의 딜레마'란 게임 결과에 담겨 있습니다.

액설로드는 게임 참가자 A와 B에게 모두 협력 카드와 배신 카드를 나누어 주고 동시에 가위바위보처럼 내게 하여 점수를 쌓는 게임을 개발했습니다. 둘 다 배신 카드를 내면 각각 10만 원, 둘 다 협력 카드를 내면 각각 30만 원, 둘 중 하나가 배신 카드를 내면 배신 카드를 낸 쪽에 50만 원, 협력 카드를 낸 쪽에 0원을 주는 식으로 차등을 두어 점수를 배정했지요. 그다음 15개 팀을 꾸려 전략을 짜게 한 뒤 이를 컴퓨터 프로그램으로 구현하여 총 1000회의 게임을 치르도록 했습니다.

참가팀이 짠 전략은 다양했습니다. 배신과 협력 카드를 랜덤하게 내는 전략부터 배신 카드만 내거나 협력 카드만 내는 전략 등등. 어떤 팀

이 가장 높은 점수를 받았을까요? 첫 번째에 협력 카드를 내고 두 번째부터 상대가 직전에 냈던 카드와 같은 카드를 계속 따라내는(상대가 배신 카드를 냈다면 다음번에 배신 카드를 낸다는 의미) 팀이었습니다. 이 전략은 단순했지만 함의가 무척 흥미롭습니다. 첫째, 먼저 배신하지 않는다. 둘째, 상대가 배신하면 응징한다. 셋째, 상대가 협력으로 돌아서면 용서하고 다시 협력한다. 이런 태도를 취했을 때 가장 높은 점수를 냈다는 뜻이거든요.

이제 처음 질문으로 돌아갑니다. 남이 먼저 나를 해치면 어떻게 해야 할까요? 화를 내며 응징하고, 응징했다면 해당 건을 잊고 관용해야 합니다. 그러면 협력의 장기 이득이 배신의 단기 이득을 이깁니다. '반복적 죄수의 딜레마' 게임이 알려 주는 충고였습니다. 《협력의 진화》(로버트 액설로드 지음, 시스테마)에 나오는 사례입니다.

그 밖의 부정사

한문 초보자를 당황케 하는 요인 가운데 하나는 뻔히 아는 한자가 드물게 쓰는 뜻을 나타낼 때입니다. 이를테면 '끝 말末'은 막莫처럼 '없다'는 뜻으로도 쓰입니다. '쉴 휴休'도 물勿처럼 '말다, 말라'는 뜻을 나타낼 수 있지요. '망할 망亡' 역시 무無 대신 쓰기도 합니다. 이때는 음도 달라져서 '망'을 '무'라고 읽습니다.

한편 크게 어렵지는 않지만 뜻이 비슷한데 형태가 다른 경우도 있습니다. '없을 무无'는 무無를 형태만 다르게 쓴 글자이고, '아닐 불弗'은 불不과 쓰임이 거의 같습니다.

다른 문장들

亡之 命矣夫[194]

《논어》 옹야

무지 명의부

- 亡 망할/잃을 망, 없을 무 之 갈/그(그것)/어조사 지 命 목숨/명령할/운명 명 矣夫 어조사 의, 지아비/-구나 부. 문장 끝에 와서 감탄이나 한탄, 추측을 나타내는 데 도움을 준다.
- **이럴 땐 이렇게** 공자의 제자였던 백우佰牛가 병이 들자 공자가 그의 손을 잡고 했다는 말입니다. 之로 백우가 병든 일을 지칭했습니다. 이 구절은 무지亡之를 망지亡之로 읽는 번역자도 많습니다. 이때는 '그대를 잃겠구나'라는 뜻이 됩니다. 矣夫는 우리말의 '-구나, -어라/-아라, -런가, -려나' 같은 어미를 써서 감탄이나 추측의 느낌을 살려 줍니다.

▶ **이런 일이 없는데 운명이려나!**

雖欲從之 末由也已[195]

《논어》 자한

수욕종지 말유야이

- 雖 비록 수 欲 하고자 할 욕 從 좇을/따를 종 末 끝/없을 말 由 말미암을/이유/따를 유 也已 어조사 야, 이미/그칠/뿐 이. 문장 끝에서 긍정이나 감탄을 나타내는 데 도움을 준다.
- **이럴 땐 이렇게** 이 구절 앞에 공자의 모습과 가르침을 상찬하는 대목이 나옵니다. 從之에서 之는 공자를 가리킵니다.

▶ **비록 그를 따르려 할지라도 따를 수가 없구나.**

天與弗取 反受其咎[196]

《통감절요》 한기 태조고황제 4년

천여불취 반수기구

• 天 하늘 천 與 더불/줄 여 弗 아닐 불 取 가질 취 反 돌이킬/반대할/도리어 반 受 받을 수 其 그 기 咎 허물/재앙 구

▶ **하늘이 주었는데 가지지 않으면 도리어 재앙을 받는다.**

【꼭 알아 두기】

'끝 말末'은 '없다'는 뜻을 나타내고 '쉴 휴休'는 '말다, 말라'는 뜻을 나타낼 수 있다. '망할 망亡'도 無처럼 '없다'는 뜻을 나타낼 수 있고 이때는 '무'라고 읽는다.

문장과 문장

1

君出言自以爲是 而卿大夫莫敢矯其非 《통감절요》 주기 안왕 25년

군출언자이위시 이경대부막감교기비

임금이 말을 내면서 스스로를 옳게 여긴다면 ______________________

____

2

無貴無賤 無長無少 道之所存 師之所存也 《한유》 사설

무귀무천 무장무소 도지소존 사지소존야

______________________ 옳은 길이 존재하는 곳이 스승이 존재하는 곳이다.

3

生事事生君莫怨 害人人害汝休嗔 《명심보감》 성심

생사사생군막원 해인인해여휴진

______________________ 남을 해치면 남도 해치니 너는 성내지 말라.

4

夫妄意室中之藏 聖也 入先 勇也 出後 義也 知可否 知也 分均 仁也 《장자》 거협

부망의실중지장 성야 입선 용야 출후 의야 지가부 지야 분균 인야

방안에 감춘 물건을 대충 헤아린다면 성인이다. 들어갈 때 앞장서는 것은 용기이고 나올 때 뒤에 서는 것은 의리이다. ______________________

____

1 경과 대부가 감히 그 말이 그르다고 바로잡지 못한다.
2 귀함과 천함, 나이의 많고 적음에 관계없이
3 일을 생기게 하면 일이 생기니 그대는 원망하지 말라.
4 옳은지 옳지 않은지 아는 것이 지혜이고 골고루 나눔은 인자함이다.
(• 여기서 옳음과 옳지 않음은 가치가 전도되어 있다. 해도 괜찮은 도적질이 옳음으로 나타난다.)

6장

의문, 반어, 감탄의 말

일상생활에서 대부분의 말은 대화로 이루어지고, 대화에서 상당 부분은 질문으로 채워집니다. 이렇게 말하는 이가 말을 듣는 이에게 질문하며 메시지를 전달하는 문장을 의문문이라고 합니다. 우리말에서는 '-느냐' '-니' '-는가' '-ㅂ니까' '-ㄹ까' 같은 어미의 사용과 억양의 변화로 의문을 나타냅니다. 당연히 한문은 다릅니다. 한문은 어떻게 의문을 나타내고 주로 어떤 것을 물었을까요? 6장에서는 '어찌 하何' '어찌/되 호胡' '누구 숙孰' '편안/어찌 안安' '어조사 호乎' '더불/어조사 여與'가 필수 한자입니다.

42편 의문문의 대표 선수 하何의 쓰임

《논어》 양화

四時行焉 百物生焉 天何言哉[197]

사시행언 백물생언 천하언재

사계절이 그곳에서 운행하고 온갖 만물이 거기에서 생겨나지만 하늘이 무엇을 말하더냐?

四時 넉 사, 때/철 시. 사계절 行 다닐/갈 행 運行 焉 어찌/어조사 언. 於之와 같다. 之는 天을 가리킨다. 百 일백/온갖 백 物 물건/만물/것 물 生 날/살 생 何 어찌(어느, 무엇)/얼마 하 言 말씀/말할 언 哉 어조사 재. 감탄이나 의문의 어조를 나타내는 데 도움을 준다.

흔히 조선을 성리학의 나라라고 합니다. 성리학은 주희(주자)로 대표되는 중국 송나라 시대의 유학이지요. 성즉리性卽理, 곧 인간의 타고난 본성에 하늘의 이치가 담겨 있다고 믿고 그러한 이치를 탐구하고 보존하려고 했던 유학의 한 유파라 할 수 있습니다. 그런데 이 성리학의 성리性理를 거꾸로 읽으면 그리스어 로고스logos 또는 영어 리즌reason의 번역어인 이성理性이 됩니다. 우연일까요?

철학사나 종교사를 뒤적이다 보면 17, 18세기 즈음을 다루는 편에서 이신론理神論이라 불리는 한 조류를 만나게 됩니다. 세상을 창조한 절대자 하느님은 인정하지만 하느님이 기적과 계시라는 형태로 역사에 개입하지 않는다고 믿는 이론이지요. 이신론에서 하느님은 인간과 접축하기보다 자신이 설계한 섭리攝理나 이법理法의 형태로 세상을 주재합니다. 이 이법을 인식하는 능력이자 인간만이 갖는 특성이 곧 이성입니다. 이 때문에 이신론에서는 이성의 가치가 더없이 중요해집니다. 하느님과 소통하는 거의 유일한 수단이 되니까요.

공자가 하늘을 대하는 태도가 이 이신론의 사유 구조와 비슷한 구석이 있습니다. 하늘은 공자에게 말을 하지 않습니다. 그렇지만 공자는 늘 하늘을 공경하고 하늘이 부여한 사명을 찾아서 그에 따르려 애썼습니다. 말 없는 하늘의 운행과 변화, 이치에서 인仁이나 예禮와 같은 삶의 준거가 되는 도리를 읽어 내려고 노력했지요.

공자 생각의 이러한 측면을 이理(이치, 섭리)와 성性(성품, 본성)으로 정리하여 체계화시킨 이론이 성리학이었습니다. 이런 사유의 전통이 있었기에 로고스를 '이성'이라는 번역어로 포착했던 것이지요. 성리性理를 사람이 지닌 능력이나 특성의 측면에서 기술하면 곧 이성理性입니다.

이신론의 영향을 받은 유명한 인물로는 고전 역학의 창시자 아이작 뉴턴, 《국부론》의 저자 애덤 스미스, 미국 건국의 아버지 토머스 제퍼슨, 조지 워싱턴 등이 있습니다.

'어찌 하何'의 쓰임

하何는 한문에서 의문이나 반어를 나타내는 말(의문사) 가운데 가장 흔히 쓰이는 한자입니다. 부사어, 관형어, 목적어, 서술어로 두루 쓰여서 매우 다양하게 번역되는 말이기도 하지요. 부사어라면 '어찌(왜, 무엇 때문에, 어떻게, 무엇으로)'로, 목적어라면 '무엇(누구, 어디)'으로,

관형어라면 '어느(무슨)' 정도로 해석합니다. 서술어로는 드물게 쓰는데 '무엇(누구)인가?'라는 뜻을 나타내고, 맥락에 따라 '얼마'란 뜻을 나타내기도 합니다.

우리말로만 뜻을 이해하면 복잡해 보이지만 '무엇'의 변주로 생각하면 쉽습니다. '무엇 때문에(왜, 어째서)' '무엇으로(어떻게)' '무엇을(누구를, 어디를)' '무엇인가(누구인가, 어디인가)' '무슨(어느, 어떤)'으로 돌려 쓴다고 볼 수 있지요.

이때 기억해 두어야 할 의문문의 어순이 있습니다. 의문을 나타내는 말이 목적어로 쓰일 경우 서술어 앞에 온다는 사실이지요. 그래서 천하언재天何言哉를 천언하재天言何哉로 쓰지 않습니다. 天言何哉로 쓰면 '하늘의 말이란 무엇인가?'로 뜻이 달라집니다.

다른 문장들

何其愚也 [198]

《열하일기》 관내정사 호질

하기우야

- 何其 어찌 하, 그 기. 어찌 그렇게, 어쩌면 그리도, 얼마나 愚 어리석을 우 也 어조사 야

▶ **얼마나 어리석은가.**

何時而樂耶 [199]

범중엄 〈악양루기〉

하시이락야

- 時 때 시 樂 즐길/즐거울 락, 노래(음악)/악기 악, 좋아할 요 耶 어조사 야. 문장 끝에서 잠시 호흡을 멈추거나 의문, 반어, 추측의 어조를

나타내는 데 도움을 준다.

• **이럴 땐 이렇게** 何가 時의 관형어로 쓰인 사례입니다. '말 이을 이而'가 없는 何時樂耶는 '어느 때에 즐거운가'인지 '어느 때의 음악인가'인지 뜻이 모호합니다. 何時而라 하면 何時가 서술어나 부사어인 점이 분명해져서 해석의 폭이 좁아지지요. 何時는 서술어로 보기 어려우므로 어떻게 부사어(부사)로 번역할지 생각합니다. '로' '에' '에게' '로서' 등은 우리말의 부사격 조사입니다.(10편 참조)

▶ **어느 때에 즐거운가?**

天何不仁之如是耶[200]

《난중일기》 1597년 10월 14일

천하불인지여시야

• 不 아닐(아니) 불 仁 어질 인 仁慈 如 같을/만일 여 是 이/옳을 시

• **이럴 땐 이렇게** 何가 부사어로 쓰인 사례입니다. 여기서 之는 왜적에게 죽은 이순신의 아들 면葂을 가리킵니다.

▶ **하늘이 어찌 (그에게) 이처럼 어질지 않은가.**

察此何自起 皆起不相愛[201]

《묵자》 겸애 상

찰차하자기 개기불상애

• 察 살필 찰 此 이 차 自 스스로/부터 자 起 일어날 기 皆 다/모두 개 相 서로 상 愛 사랑/사랑할 애

• **이렇게 번역한다면** 察此何自起를 '이것을 어디로부터 일어났는지 살펴보면'이라고 번역한다면? 괜찮습니다. 여기에서 此는 '이것을'도 되지만 '이것이'도 됩니다. 한문에선 서술어의 목적어가 목적어 뒤 구절의 주어가 되는 구문이 자주 나옵니다. 한편 自가 '부터'라는 뜻으로 쓰일 때 何는 自 앞에 와서 何自(무엇으로부터, 어디로부터)가 됩

니다. 만약 此랑 함께 쓰인다면 自此(이로부터)가 되겠지요.

▶ **이것이 어디로부터 일어났는지 살펴보면 다 서로 사랑하지 않기에 일어난다.**

【꼭 알아 두기】

'어찌 하何'는 '어찌(왜, 무엇 때문에, 어떻게, 무엇으로)' '무엇(누구, 어디)' '어느(무슨)'란 뜻으로 번역한다. 何가 목적어로 '무엇'이란 뜻으로 쓰일 때는 서술어 앞에 온다.

43편 하이何以, 하위何爲에서 하불何不까지

《장자》 거협

何以知其然邪[202]

하이지기연야

어떻게 그런 줄 아는가.

何以 어찌 하, 써/때문에 이. 어찌, 어찌하여(무엇 때문에, 왜), 어떻게(무엇으로써) 知 알 지 其 그 기 然 그럴 연 邪 간사할 사, 어조사 야. 어조사로 쓰일 때는 음이 같은 '어조사 야耶'처럼 문장 끝에서 의문, 반어, 추측의 어조를 나타내는 데 도움을 준다.

장자莊子가 인의仁義(인자함과 의로움)의 가치와 성인의 지혜를 비판하는 대목에 나오는 구절입니다. 장자는 인자하고 의로운 정치나 성인의 지혜를 내세워 세상을 바로잡으려 하더라도 큰 도둑은 그런 가치까지 훔친다고 주장했습니다. "어떻게 그런 줄 아는가?"라는 이 구절은 그런 인식의 근거를 자문자답하기 위해 던진 질문이었지요. 아래가 장자의 답입니다.

> 허리띠 버클을 훔친 사람은 사형당하지만 나라를 훔친 사람은 제후가 된다. 제후 가문에서 인자함과 의로움이 존속된다면 이것이 인자함과 의로움, 성인의 지혜를 훔친 게 아니겠는가.

상당히 냉소적이지요? 당시에 장자와 달리 맹자는 중국을 돌아다니며 제후들에게 인의의 가치를 설파했습니다. 비록 받아들여지진 않았지만 현실 정치에 참여하려는 시도 자체를 포기하진 않았지요.

그렇지만 맹자와 장자가 살던 시대는 신하가 제후의 자리를 찬탈하고, 큰 나라가 작은 나라를 무력으로 병합하던 전국 시대의 중반부였습니다. 장자가 《장자》 변무駢拇 편에서 "서민은 이익에 몸을 바쳐 죽고, 선비는 명예에 몸을 바쳐 죽고, 성인은 천하에 몸을 바쳐 죽는다"라고 묘사했던 시대였지요. 이런 현실 속에서는 인의나 성인의 지혜가 오히려 세상을 더 크게 어지럽히는 요인이라는 것이 장자의 생각이었습니다.

"제후 가문에서 인자함과 의로움이 존속된다"라는 말의 어투가 예스럽지요? 이를 박해영 작가의 드라마 〈나의 아저씨〉(tvN, 2018) 버전으로 옮기면 느낌이 달라집니다. "잘 사는 사람들은 좋은 사람 되기 쉬워." 비정규직을 전전하며 사채빚에 시달리던 주인공 지안(이지은 역)이 직장 상사의 도움을 받았음에도 고마워하지 않으려고 삐딱하게 읊조렸던 대사였습니다.

하이何以와 비슷한 말과 하불何不(=합盍)

하이何以, 하위何爲, 하고何故, 하유何由는 원인이나 방법을 질문할 때 나타납니다. 두 글자지만 한 단어처럼 쓰이고 모두 '어찌하여(왜, 어떻게)'로 번역할 수 있지요. 다만 何에 결합된 각각의 한자 뜻에 따라 뉘앙스 차이가 존재합니다.

何以에는 '무엇 때문에, 무엇으로써'라는 뜻이, 何爲에는 '무엇 때문에, 무엇을 위하여' 같은 뜻이 내포되어 있습니다. 何故에는 '무슨(어떤) 까닭으로, 무슨 이유로(연고로)'라는 뜻이, 何由에는 '무엇으로써, 무슨(어떤) 연유로 어떻게' 같은 뜻이 포함되어 있습니다. 이때 何以나 何故를, 이하以何나 고하故何로 쓰지 않는 점도 의문문의 어순이 갖는 특징입니다.

한편 '하불何不'은 보통 '어찌 ~하지 않는가?'라고 해석하는데 '하불'의 음을 '어찌 합盇(蓋)'으로 표기해 대신하기도 합니다. 다만 蓋은 '덮을/대개 개'로도 쓰는 한자이므로 맥락에 주의합니다.

다른 문장들

何故汝自不出乎[203]

《태종실록》 태종 2년 3월 23일

하고여자불출호

- 故 연고(까닭)/예 고 汝 너 여 自 스스로/저절로 자 不 아닐(아니) 불/부 出 날 출 乎 어조사 호

▶ **어떤 이유로 네가 스스로 나오지 않는가?**

先生何爲忍住不哭[204]

《열하일기》 도강록 7월 8일

선생하위인주불곡

- 先生 먼저/앞설 선, 날/태어날 생 忍 참을 인 住 살/멈출 주 哭 울 곡 痛哭

▶ **선생은 무엇 때문에 참고 멈춰서 울지 않습니까?**

何爲則民服[205]

《논어》 위정

하위즉민복

- 爲 할/될/삼을/이다/위할 위 則 곧/-면 즉, 법칙 칙 民 백성 민 服 옷/복종할 복
- **이럴 땐 이렇게** 何爲가 한 글자처럼 '어찌하여''무엇 때문에'란 뜻을 나타낼 때는 뒤에 서술어가 따릅니다. 부사어 단독으로 문장을 구성하지 못하기 때문이지요. 何爲 뒤에 서술어가 없다면 何와 爲를 따로 해석합니다.

▶ **무엇을 하면 백성이 복종하는가?**

盍反其本矣[206]

《맹자》 양혜왕 상

합반기본의

- 盍 덮을/어찌 합 反 돌이킬(돌아볼)/돌아올/반대할/반대로(도리어) 반 反省 反逆 反復 本 근본 본 矣 어조사 의. 의문이나 감탄, 확정의 어조를 나타내는 데 도움을 준다.
- **이럴 땐 이렇게** 盍이 하불何不을 뜻하는 사례입니다.

▶ **어찌하여 그 근본을 돌아보지 않는가?**

國家何由治乎[207]

《태종실록》 태종 15년 8월 1일

국가하유치호

- 國 나라 국 家 집/집안 가 治 다스릴 치
- **이렇게 번역한다면** '나라와 가문이 어떻게 다스려지겠는가'라고 번역한다면? 좋습니다. 한문에서 國家는 국토와 왕의 가문 또는 왕실과 신하의 가문을 뜻했습니다. 나라를 대표하는 가문, 곧 왕을 뜻하기도 했지요. 요즈음 쓰이는 것처럼 영토와 국민, 주권을 지닌 사회 집단

또는 그렇게 정의되는 '나라'를 뜻하게 된 시점은 근대 이후입니다. 영어 네이션nation의 번역어로 차용하면서부터지요.

▶ **나라가 어떻게 다스려지겠는가?**

【꼭 알아 두기】

하이何以, 하위何爲, 하고何故, 하유何由는 모두 '어찌하여(왜, 무엇 때문에, 어떤 이유로, 어떻게, 무엇으로)'로 번역할 수 있는 말이다. 또 하불何不은 '어찌 ~하지 않는가?'로 해석하는데 '어찌 합盍(盍)'으로 줄여서 표현하기도 한다.

44편 하何와 비슷한 해奚, 호胡, 갈曷

《열하일기》 일신수필 차제

車奚不行[208]

차해불행

수레가 왜 다니지 못하는가?

車 수레 거/차 奚 어찌 해 不 아닐(아니) 불/부 行 다닐/갈 행

연암 박지원이 조선에서 왜 수레 운송과 교통이 발달하지 못했는지 이유를 묻는 글귀입니다. 당시 조선의 학문이 현실과 괴리되어 있다고 비판하기 위해 물었던 질문입니다. 이 구절에 앞서서 그는 자신이 목격한 청나라의 수레 제도를 조선에 들여와야 한다고 주장했지요. 수레 제도를 정비하고 재화와 물품의 유통을 늘려야 민생이 개선된다는 이유에서였습니다.

《열하일기》는 중국 여행기입니다. 1780년(정조 4년) 청나라 건륭 황제의 70세 생일을 축하하는 외교 사절단의 일원으로 마흔네 살의 박지원이 겪었던 여정을 기록했습니다. 이 글 곳곳에서 그는 스스로를 소중화라 자처하며 청淸나라의 문물과 제도를 경시하던 조선 선비의 태도를 비판합니다. 중화란 중국인들이 스스로를 세상과 문명의 중심이라고 자처하던 말이었습니다. 그러나 대다수 조선 선비들은 중국의 명나라가 멸망한 뒤 중화가 사라졌다고 여겼습니다. 그러면서 명나라와 의리를 공유하던 조선을 소중화라고 여겼습니다. 연암은 달랐습니다. 중

국의 중화 문명이 한족이나 여진족 같은 종족이 아니라 앞선 문물과 제도로 이어진다는 생각 때문이었지요. 그는 그런 문명을 계승하지 않으면서 소중화를 자처하는 태도를 거짓된 공론으로 여겼습니다.

사방이 수천 리인 작은 땅에서 백성이나 서민의 삶이 이처럼 가난한 까닭은 한마디로 나라 안에 수레가 다니지 않아서이다. 그 이유를 묻고자 한다. **수레가 왜 다니지 못하는가?** 한마디로 답하면 사대부가 잘못한 탓이다. 그들이 평생토록 읽는 주례는 성인이 지었다는 글인데도 글 속의 수레 장인 호칭만 거인車人, 윤인輪人, 여인輿人, 주인輈人이라 외워 대고 수레 만드는 방법이 무엇인지, 수레를 운용하는 기술이 무엇인지 끝내 연구하지 않는다. 이야말로 헛되이 읽는다는 독서이니 어떻게 학문에 도움이 되겠는가. 아! 한숨만 나올 뿐이다.

하何와 비슷한 말인 해奚, 호胡, 갈曷

'어찌 해奚' '어찌/되 호胡' '어찌 갈曷'은 모두 '어찌 하何'와 비슷한 뜻으로 쓰는 한자들입니다. 지금은 다르지만 고대에는 음이 何와 비슷했지요. '어찌 하何'처럼 '어찌, 어느, 무엇(누구, 어디)' 등의 뜻으로 해석합니다. 다들 何보다 사용 빈도가 낮고 뜻의 범위가 좁으므로 奚, 胡, 曷 자리에 何가 있다고 생각하며 풀이해도 크게 틀릴 일이 없습니다.

다른 문장들

樂夫天命 復奚疑[209]

도연명 〈귀거래사〉

낙부천명 부해의

- 樂 즐길 락, 노래/음악 악 夫 지아비/사내/저 부. 문장 중간에 쓰여 어조를 조절해 주는 구실도 한다. 이때는 따로 해석하지 않는다. 天 하늘 천 命 목숨/명령할 명 運命 使命 復 회복할 복, 다시 부 疑 의심할 의
- **이럴 땐 이렇게** 의문문에선 의문사 목적어가 서술어 앞에 놓입니다. 이 때문에 부사어와 목적어 자리가 겹칩니다. 奚를 '어찌'로 번역할지 '무엇을'로 번역할지는 의미 맥락을 따릅니다.

▶ **하늘이 내린 운명을 즐길 뿐 다시 무엇을 의심하리.**

田園將蕪 胡不歸[210]

도연명 〈귀거래사〉

전원장무 호불귀

- 田園 밭 전, 동산/뜰 원. 시골, 교외 將 장수/장차 장 蕪 거칠 무 荒蕪地 胡 되/어찌 호 歸 돌아갈 귀

▶ **시골이 황무지가 되려 하는데 어찌 돌아가지 않는가.**

曷諱之 江以外淸人也[211]

《열하일기》 도강록 서

갈휘지 강이외청인야

- 曷 어찌 갈 諱 숨길/꺼릴 휘 避諱. 피휘는 왕이나 성인처럼 존중받아야 할 대상의 이름에 나오는 한자를 일부러 피해서 쓰지 않는 관례이다. 之 갈/그(그것) 지 江 강 강. 여기서는 압록강을 가리킨다. 以

써/때문에/부터 이 外 바깥 외 淸 맑을/청나라 청

• **이럴 땐 이렇게** 연암이 일기의 연도와 날짜의 기록을 숭정崇禎이라는 명나라 연호에 기반하고 있음을 말하는 대목입니다. 왜 그 연호를 쓰는지, 왜 숨겨서 쓰는지 등을 설명하는 구절의 일부입니다. 之가 그 숭정이라는 연호를 가리킵니다. 以外는 以에 '부터'라는 뜻이 나타나는 사례입니다. A以外라 하면 'A 그로부터 바깥' 또는 'A로부터 바깥'이란 뜻이지요. 이내以內, 이상以上 등도 같은 사례입니다.

▶ **왜 그것(숭정이라는 연호)을 숨기는가? 압록강부터 바깥이 청나라 사람들 땅이기 때문이다.**

【꼭 알아 두기】

'어찌 해奚' '어찌/되 호胡' '어찌 갈曷'은 모두 '어찌 하何'처럼 '어찌, 어느, 무엇(누구, 어디)' 등의 뜻으로 해석한다.

45편 여하如何, 내하奈何, 약하若何의 쓰임

소식 〈후적벽부〉

月白風淸 如此良夜何[212]

월백풍청 여차량야하

달은 밝고 바람은 시원한데 이 좋은 밤을 어떡하나.

月 달 월 白 흰/밝을 백 淸 맑을/깨끗할 청 如~何 같을 여, 어찌(어느, 무엇)/얼마 하. ~을(를) 어찌해야 하나? ~에 대해 어찌해야 하나? 此 이 차 良 어질/좋을 량 夜 밤 야

누구라도 한 번쯤은 이런 밤이 있었겠지요. 날이 너무 좋아 뭐라도 하지 않으면 괜스레 억울해서 엉덩이가 들썩이는 밤. 송나라의 문인이자 정치가였던 소식蘇軾(소동파)이 적벽으로 밤마실을 나갔던 날이 딱 그러했습니다. 바람이 선선했던 10월의 어느 날이었습니다. 그는 그 기억을 담아 후대에 두고두고 회자되는 〈후적벽부後赤壁賦〉라는 작품을 남겼습니다.

후적벽부라고 하니 〈전적벽부前赤壁賦〉가 있겠지요? 사실 적벽부가 이름난 것은 〈전적벽부〉 때문입니다. 〈전적벽부〉가 분량도 더 길고 전하는 메시지도 풍성하지요. 〈전적벽부〉에는 그해 7월에 같은 장소에서 놀았던 경험이 담겼는데 여기서는 〈전적벽부〉의 맛만 살짝 보겠습니다. 뱃놀이 일행 중에 퉁소 부는 연주자가 좁쌀같이 하찮은 인생과 인간의 유한한 삶을 슬퍼하자 그를 위로했던 말입니다.

그대도 저 물과 달을 아는가요? 지나가는 것은 이 강물 같아서 아주 흘러가 버린 적이 없고 차고 이지러지는 것은 저 달 같아서 끝내 사라지거나 커진 적이 없어요. 대개 모든 것이 변한다는 생각으로 사물을 보면 세상에 한순간이 아닌 때가 없지요. 그렇지만 모든 것이 변하지 않는다는 생각으로 사물을 보면 만물과 내가 다 무궁한데 무엇이 부러운가요?

게다가 세상 모든 것에 각자 주인이 있어 내 소유가 아니면 털끝 하나라도 가지지 못해요. 그러나 강물 위를 스치는 맑은 바람과 산속에 뜬 밝은 달만큼은 귀에 들이면 소리가 되고 눈에 담으면 색으로 빛날 뿐 아무리 가져도 금지하는 사람이 없고 아무리 써도 다하지 않아요. 이것은 하늘이 만들어 내어 무진장하고 나와 그대가 지금 함께 즐기는 것이라오.

여하如何, 내하奈何, 약하若何의 쓰임

여하如何는 흔하게 쓰는 관용구입니다. 문장의 서술어 앞에 오면 '어찌 하何'처럼 '어찌(왜, 어떻게), 어느, 무엇'으로, 문장 끝에 오면 '어찌해야 하나, 어떻게 하나'로 번역합니다. 이때 어찌할 대상이 있다면 여차량야하如此良夜何처럼 그 대상을 如와 何 사이에 삽입합니다. 그리고 내하奈何, 약하若何 역시 의미나 용법이 如何와 같습니다. 고대에는 내奈와 약若의 음이 여如와 비슷했지요.

한편 何如는 如何와 비슷하지만 주로 어떤 상황을 물을 때 사용합니다. 이때 문장의 서술어 앞에 오면 '어떻게, 어떤'으로, 문장 뒤에 오면 '어떠한가' 정도로 번역합니다. 如何보다 뜻의 범위가 좁습니다.

다른 문장들

國事將至如何[213]

《난중일기》 1598년 10월 6일

국사장지여하

- 國 나라 국 事 일/섬길 사 將 장수/장차 장 至 이를 지 如何 같을/만일 여, 어찌 하
- **이럴 땐 이렇게** '장차 장將'은 미래 일을 나타냅니다. 한문에선 미래를 將 같은 부사어로 표현하는 경우가 흔하지만 우리말은 부사어뿐 아니라 서술어 어미를 바꾸어 표현할 수 있습니다.

▶ **나랏일이 앞으로 어찌 되려 하는가.**

余問其形何如[214]

《열하일기》 성경잡지 7월 12일

여문기형하여

- 余 나 여 問 물을 문 其 그 기 形 모양(모습) 형 形相 何如 어찌 하, 같을/만일 여. 어떻게, 어떤, 어떠한가
- **이럴 땐 이렇게** 여기서 何如는 '무엇 같은지'를 묻는 것입니다.

▶ **내가 그 모습이 어떠냐고 물었다.**

人而不仁 如禮何[215]

《논어》 팔일

인이불인 여례하

- 人 사람 인 不 아닐(아니) 불/부 仁 어질/인자할 인 禮 예도 례
- **이렇게 번역한다면** 人而不仁은 크게 세 갈래로 해석합니다. 而가 서술어와 서술어를 연결하므로 '사람이 되어 인자하지 못하다면'으로 번역할 수 있습니다. 또한 而가 부사어와 서술어도 연결하므로 '사람으로 인자하지 못하다면'이라는 번역도 가능합니다. 마지막으로 而는

음이 비슷한 '만일 여如'와 통용됩니다. 而를 如와 통용된 것으로 보면 '사람이 (만일) 인자하지 못하다면'으로 해석합니다. 이 세 해석은 한문의 시선에서는 같은 뜻입니다.

▶ **사람이 되어 인자하지 못하다면 예의를 어떻게 갖추겠는가.**

何如雷霆之聲 216

《열하일기》 관내정사 7월 26일

하여뢰정지성

• 如 같을/만일 여 雷 우레(천둥) 뢰 霆 번개 정 聲 소리 성

• **이럴 땐 이렇게** 如가 雷霆之聲을 목적어(보어)로 취했습니다. 214구와 뜻이 달라지는 지점을 비교합니다.

▶ **어떻게 천둥 소리와 같겠는가.**

民不畏死 奈何以死懼之 217

《노자》 74장

민불외사 내하이사구지

• 民 백성/사람 민 畏 두려워할 외 死 죽을 사 以 써(로써)/때문에 이 懼 두려워할 구

▶ **백성이 죽음을 두려워하지 않는다면 어떻게 죽음으로 그들을 두렵게 하겠는가.**

【꼭 알아 두기】

如何는 문장 중간에서는 '어찌(왜), 어느, 무엇'으로, 문장 끝에서는 '어찌해야 하나, 어떻게 하나'로 번역한다. 목적어는 如와 何 사이에 둔다. 한편 何如는 어떤 상황인지 물을 때 사용한다. 문장 중간에서는 '어떻게, 어떤'으로, 문장 끝에서는 '어떠한가'로 옮긴다.

46편 누구인지 묻는 수誰와 숙孰

《순자》 비상

聖王有百 吾孰法焉[218]

성왕유백 오숙법언

훌륭한 임금이 백 명은 있을 텐데 내가 누구를 본받아야 하는가.

聖 성인/거룩할 성 神聖 王 임금 왕 有 있을/가질 유 百 일백 백 吾 나 오 孰 누구/무엇 숙 法 법/본받을 법 焉 어찌/어조사 언. 여기서는 於之의 생략형으로 쓰여 '그 가운데, 그 중에서, 거기에서'란 뜻을 나타냈다. 우리말의 자연스러움을 위해 번역을 생략했다.

현대인들은 과거보다 현재가 낫고, 현재보다 미래가 나아질 거라는 생각에 익숙합니다. 더 나은 미래에서 희망을 찾는 사람들이 많지요. 성장이나 발전 담론에 거부감을 지니거나 과거에 향수를 느끼는 사람도 있긴 하지만 세상의 진보를 믿는다고 해서 마법사나 외계인 취급을 하진 않습니다. 그런데 인류 역사라는 긴 시간 단위로 보자면 세상이 진보한다고 여기는 세계관의 등장이 의외로 최근의 일입니다. 길게 잡으면 16세기, 짧게 잡으면 18세기 이후에나 일반화됐으니까요. 대략 16세기 초반을 기점으로 유럽에서 대서양과 태평양 항로 개척과 함께 새로운 지리학 지식이 퍼지고, 진리라고 믿었던 고대의 지식 체계가 무너지면서 진보에 대한 관념이 생겨났습니다. 일상생활에까지 영향을 끼치는 시점은 그보다 더 뒷날입니다.

그 전까지 동서양을 막론하고 대부분 먼 과거의 이상 세계를 더 나은 세계로 여겼습니다. 현재는 그 이상 세계가 쇠퇴하거나 타락한 시대였지요. 이를테면 유학자들에게는 요순시대나 주나라 초기가 사라진 이상이었습니다. 그리스 사람들은 먼 옛날 황금 시대를 그리워했지요. 르네상스 시기 중세 유럽인들에겐 그리스 고대 문명이 이상 세계였습니다. 다만 어느 시대에나 현재의 현실을 과거보다 중시하는 사상이 없진 않았습니다. 그런 경향을 드러내는 사상가가 역사 속에 점점이 존재했는데 순자도 그 중의 하나였습니다. 앞 구절에도 과거의 임금보다 현재의 임금을 본받아야 한다는 메시지가 담겨 있습니다. 과거의 훌륭한 임금, 이를테면 요임금이나 순임금도 그들이 통치했던 시점에서는 현재의 임금이었다는 이유에서였습니다.

'누구 수誰'와 '누구 숙孰'

'누구 수誰'와 '누구 숙孰'은 사물을 나타내기도 하지만 사람을 가리킬 때 자주 쓰는 의문사입니다. '누구, 무엇, 어느'란 뜻으로 해석합니다. 다만 '숙孰'은 '수誰'보다 사용 범위가 좁습니다. 誰가 주어, 목적어, 관형어, 서술어 자리에 두루 나타난다면 孰은 주어나 목적어로 한정될 때가 많지요. 또 孰은 무언가를 선택하라고 요구하는 질문에 흔하게 쓰입니다.

다른 문장들

吾誰欺 欺天乎[219]

《논어》 자한

오수기 기천호

- 吾 나 오 誰 누구/무엇 수 欺 속일 기 乎 어조사 호. 문장 끝에서 감탄이나 의문, 반문을 나타내는 데 도움을 준다.
- **이럴 땐 이렇게** 誰欺와 欺天의 어순 차이에 주목합니다. 欺의 목적어 誰가 欺 앞에 왔습니다. 誰에 '을/를'을 붙여 해석합니다.(42편 참조)

▶ **내가 누구를 속이겠는가. 하늘을 속이겠는가.**

子名爲誰[220]

《설원》 복은

자명위수

- 子 아들/당신(그대) 자 名 이름 명 爲 할(~라 하다)/될/위하여/이다/삼을(여길) 위
- **이럴 땐 이렇게** 誰가 爲 뒤에 쓰인 것이 무엇을 의미하는지 따져 봅니다. 아래 221구와 비교해 보면 좋습니다.

▶ **그대 이름이 무엇인가?**

人道誰爲大[221]

《예기》 애공문

인도수위대

- 人 사람/남 인 人間 道 길 도 道理 大 큰/클 대

▶ **인간의 도리에서 무엇을 크다 하는가?**

獨樂樂 與人樂樂 孰樂[222]

《맹자》 양혜왕 하

독악락 여인악락 숙락

• **獨** 홀로 독 **樂** 즐길/즐거울 락, 노래(음악)/악기 악, 좋아할 요 音樂 與 더불/줄/와(과)/참여할 여. 여與가 숙孰과 호응하여 쓰이면 비교 대상을 이끄는 구실을 한다.

• **이렇게 번역한다면** '혼자 음악을 즐기는 것과 남들과 음악을 즐기는 것 중에 어느 쪽이 즐거운가'라고 번역한다면? 원뜻을 살린 좋은 번역입니다. 다만 이 번역만 놓고 보면 독악락獨樂樂과 여인악락與人樂樂을 독락악獨樂樂과 여인락악與人樂樂으로 읽어야 맞습니다. 하지만 與가 잇는 앞뒤 구절이 而와 달리 대개 명사(명사구)이므로 樂樂을 서술어(즐기다)-목적어(음악)보다 관형어(음악)-주어(즐거움) 구조로 보는 편이 일반적입니다.(10편 참조) 이 문장은 '孰'이 선택을 요구하는 질문에 쓰인 사례입니다.

▶ **혼자 음악 듣는 즐거움과 남들과 음악 듣는 즐거움 중에 어느 쪽이 즐거운가?**

【꼭 알아 두기】

'누구 수誰'와 '누구 숙孰'은 '누구, 무엇, 어느'란 뜻으로 해석한다. 孰은 선택을 요구하는 질문에 자주 쓰인다.

47편 그 밖의 의문사 안安, 언焉, 오惡

《통감절요》 주기 위열왕 23년

富貴者 安敢驕人[223]

부귀자 안감교인

부유하고 귀한 이가 어디 함부로 남에게 교만합니까?

富 부자/부유할 부 貴 귀할 귀 者 놈(사람)/것 자 安 편안/어디 안 敢 감히(함부로)/구태여 감 驕 교만할 교 人 사람/남 인

중국의 전국 시대 위魏나라 군주 문후文侯의 자문역이었던 전자방田子方이 문후의 아들 위격魏擊에게 했던 말입니다. 훗날 문후의 뒤를 이어 무후가 되는 위격이 어느 날 길에서 전자방을 만났습니다. 그가 수레에서 내려 먼저 전자방에게 인사를 했지만 자방이 본 듯 만 듯 예의를 차리지 않았지요. 그러자 위격이 화를 내며 물었습니다. "부유하고 귀한 이가 남에게 교만해야 합니까, 가난하고 천한 이가 남에게 교만해야 합니까?" 위 구절은 이 질문에 대한 전자방의 답변이었습니다. 전후 맥락을 살려 보겠습니다.

가난하고 천한 이가 남에게 교만할 뿐이지 **부유하고 귀한 이가 어디 함부로 남에게 교만합니까?** 나라의 임금으로 남에게 교만하면 나라를 잃고, 대부로서 남에게 교만하면 가문을 잃습니다. 나라를 잃은 이의 나라가 대접받은 일을 들은 적이 없고, 가문을 잃은 이의 가문이 대접받은 일을 들

은 적이 없어요. 선비란 가난하고 천한 사람이지요. 제안이 쓰이지 않고 행동이 합치하지 않으면 신을 신고 떠나면 그만입니다. 어디에 간들 가난하고 천하지 않겠습니까?

이 말을 들은 위격의 반응에 대해서는 기록이 갈립니다. 위격이 전자방에게 사례했다고도 하고 불쾌해하며 자리를 떴다고도 하지요. 어쨌든 전자방의 답변에는 전국 시대 들어 가치가 높아진 선비(士)층의 자존감이 배어 있습니다. 자국 내 세습 귀족 출신이 담당하던 고위 관직이 의례, 행정, 법률, 군사 등에 전문 지식을 갖춘 선비로 대치되어 가던 역사의 흐름이 확장된 결과였지요. 전자방도 그런 흐름을 탄 선비였습니다. 전국 시대 이전 춘추 시대까지만 해도 선비는 지배층의 하급 관리에 머물렀으니까요. 전자방은 공자의 제자인 자공에게서 배웠고 훗날 도가로 정착했다고 알려져 있습니다.

그 밖의 의문사 안安, 언焉, 오惡

'편안 안安'은 보통 '편안, 편안하다'란 뜻으로 씁니다. 하지만 안감교인安敢驕人에서처럼 '어디, 어찌'란 뜻을 나타내고 의문문을 이끌기도 합니다. 이때 득得, 족足, 가可 등의 한자와 어울려 반어의 의미를 강조하기도 하지요. 안득安得, 안족安足, 안가安可는 '어찌(어떻게) ~할 수 있는가'로 해석합니다.

또 '어찌/어조사 언焉'과 '미워할/어찌 오惡'도 安과 같은 의미로 씁니다. 둘 다 고대에는 安과 음이 비슷한 한자들이었습니다. 이들도 각기 흔하게 쓰이는 다른 뜻 갈래가 있으므로 맥락에 주의해야 합니다.

다른 문장들

未知生 焉知死[224]

《논어》 선진

미지생 언지사

• 未 아닐 미 知 알 지 生 날/살 생 焉 어찌/어조사 언 死 죽을 사

▶ **삶을 알지 못하는데 어찌 죽음을 알겠는가.**

學惡乎始 惡乎終[225]

《순자》 권학

학오호시 오호종

• 學 배울 학 學文 學問 惡 악할 악, 미워할/어찌(어디) 오 乎 어조사 호 始 비로소/처음 시 終 마칠/끝낼 종

• **이럴 땐 이렇게** '어조사 호乎'는 문장 끝에서 의문, 반어, 감탄을 나타내는 데 도움을 줍니다. 문장 중간에서는 '어조사 어於'와 비슷한 뜻으로 쓰이고 '에(에서)' '보다' 등으로 해석합니다. 오惡가 '어찌, 어디'라는 뜻을 나타낼 때 惡는 乎 앞에 옵니다.

▶ **학문은 어디에서 시작하고 어디에서 끝나는가?**

天地間安有如吾者乎[226]

《난중일기》 1597년 9월 11일

천지간안유여오자호

• 天地 하늘 천, 땅 지. 세상, 세계 間 사이 간 有 있을 유 如 같을/만일 여 吾 나 오 者 놈(사람, 이)/것 자

• **이럴 땐 이렇게** 명량대첩을 며칠 앞둔 날, 이순신이 세상을 떠난 어머니를 생각하며 남겼던 말입니다. 이순신의 어머니는 유배가던 아들을 만나러 오다가 세상을 떴지요. 칠천량의 패전 이후 그가 삼도수군

통제사로 복귀하기 전이었습니다.

▶ **이 세상 어디에 나 같은 이가 있겠는가.**

罪安可逃[227]

《난중일기》 1597년 9월 16일

죄안가도

• 罪 허물/죄 죄 可 옳을/가히(~할 수 있다) 가 逃 도망할 도

▶ **죄에서 어찌 도망칠 수 있는가?**

【꼭 알아 두기】

'어찌 안安' '어찌 언焉' '어찌 오惡'는 '어디, 어찌'란 뜻을 나타낸다. 안득安得, 안족安足, 안가安可는 '어찌(어떻게) ~할 수 있는가'로 해석한다.

48편 의문을 돕는 어조사들

《논어》 헌문

是知其不可 而爲之者與[228]

시지기불가 이위지자여

(그이가) 안 될 줄 알면서도 그 일을 한다는 사람인가?

是 이/옳을/이다 시. 이 구절 앞에서 자로가 언급했던 공자를 가리킨다. 不可 아닐 불, 옳을/가할/가히 가. ~할 수 없다, ~하면 안 된다 爲 할 위 之 갈/그것 지. 앞 구절의 '안 될 줄 아는 일'을 다시 지칭한다. 者 놈(사람)/것 자 與 더불/줄/와(과)/참여할/어조사 여. 與는 문장 끝에서 의문이나 반문을 나타내는 데 도움을 줄 수 있다.

공자가 과거 한자 문화권에서 왜 그리 오랫동안 생명력을 지녔는지 그 이유의 한 자락을 알려 주는 구절입니다. 석문에서 하룻밤을 묵은 공자의 제자 자로子路에게 문지기가 했던 반문입니다.

문지기가 자로에게 "어디에서 왔소?"라고 묻자 자로가 "공씨(공자)에게서 왔습니다"라고 대답하지요. 그러자 문지기가 공자에 대해 되물었던 질문이었습니다. 문지기 시점에서 보면 비하 감정이 섞여 있었습니다. '세상을 바로잡겠다고 되지도 않는 일을 한다는 그 공자인가?' 하는 의미가 담겼으니까요. 그러나 유가 쪽 시선으로 보면 불굴의 정신을 지닌 공자를 상찬하는 말이 됩니다.

46편에서 순자의 현실주의적 면모를 잠깐 언급했습니다. 과거의 여러 임금보다 현재의 임금을 본받으려 한다는 순자의 주장이었지요. 이런 태도는 주어진 현실이 안정되어 있고 대다수 사람에게 정당성을 인정받는 사회라면 가치가 있습니다. 그렇지만 현실이 혼탁하고 불안하거나 정당성이 의심받고 있는 상황이라면 사정이 달라집니다. 이를테면 일제 강점기의 한국인들이 조선총독부의 총독을 본보기로 삼아 살아갈 순 없었지요. 이 때문에 당시의 많은 독립 투사들과 민족주의, 사회주의, 자유주의 운동가들이 당장의 독립이 힘든 줄 알면서 '안 될 줄 알면서도 그 일을 한다는 사람'의 길로 걸어갔습니다.

나라의 역사로 예를 들었지만 개개인의 인생도 비슷할 것입니다. 누구나 인생의 부침을 겪습니다. 삶을 순탄하게 보내다가도 어느 순간 하는 일마다 어그러지는 때가 닥쳐오지요. 그럴 때마다 논어의 저 한 마디를 꺼내들고 스스로에게 질문해 봅니다. "할 수 있는가 없는가, 될 수 있겠는가 없겠는가, 해야 하는 일인가 아닌가?" 그러고는 내면의 목소리에 귀를 기울입니다.

의문의 어조를 돕는 말

위지자여爲之者與에서 여與는 문장 끝에서 의문의 어조를 강조합니다. 일반적으로 쓰이는 뜻인 '더불다, 주다, 참여하다, 와(과)'로 해석되지 않지요. 한문에서는 이런 與처럼 문장 끝에서 의문이나 반어의 어조를 돕는 한자가 제법 있습니다. '어조사 호乎' '모두/어조사 제諸' '어조사 야耶' '어조사 야邪' '어조사 야也' '어조사 여歟' '할/어조사 위爲' 등이 그런 한자들이지요. 모두 '-느냐, -는가, -나, -니, -ㄹ까, -ㅂ니까' 같은 우리말 어미와 물음표(?)를 활용해 번역합니다. 모두 문장 끝에서 홀로 쓰이기도 하지만 그보다는 앞 편에 나온 하何, 해奚, 안安 같은 말과 호응하여 함께 쓰이는 경우가 많습니다.

이 가운데 야邪는 '간사하다'는 뜻을 나타낼 때는 '사'로 읽고, 제諸는 지호之乎의 음을 합쳐 말한 형태입니다. 諸가 之乎를 의미할 때는 '저'로 읽는다고 정해 둔 한자 사전도 있지만 여기선 그런 규정이 없는 사전을 따랐습니다. 耶, 邪, 也는 음이 같으니 함께 기억하면 좋습니다.

다른 문장들

聞斯行諸 [229]

《논어》 선진

문사행제

- 聞 들을 문 斯 이(이것)/이에(곧) 사. '이에(곧)'이란 뜻으로 쓰였다. 行 다닐/갈/행할 행 實行 行動 諸 모두/여러/어조사 제. 한자 사전에 따라 어조사로 쓸 때의 독음을 '저'로 잡기도 한다.
- **이럴 땐 이렇게** 諸를 之乎로 치환해서 의미를 생각합니다. 여기서 之는 들은 것을 가리킵니다.

▶ **들으면 곧 (그것을) 실행해야 합니까?**

何莫由斯道也 [230]

《논어》 옹야

하막유사도야

- 莫 없을/말 막. '말다'는 '하지 않다'는 뜻이다. 由 말미암을/이유/따를 유 斯 이(이것)/이에(곧) 사. '이(이것)'이란 뜻으로 쓰였다. 道 길 도 也 어조사 야

▶ **어찌 이 길을 따르지 않는가?**

天之亡我 我何渡爲[231]

《사기》 항우본기

천지망아 아하도위

- 天 하늘 천 之 갈/그(그것)/어조사(의, 를) 지 亡 망할 망 我 나 아 渡 건널 도 爲 할(~라 할)/될/위하여/삼을(여길)/어조사 위
- **이럴 땐 이렇게** 항우가 오강烏江까지 쫓겼을 때, 강을 건너 도망쳐서 뒷날을 도모하라는 제안을 거절하며 남긴 말입니다.

▶ **하늘이 나를 망하게 한 터인데 내가 어찌 (강을) 건너겠는가.**

安衛欲死軍法乎 逃生何所耶[232]

《난중일기》 1597년 9월 16일

안위욕사군법호 도생하소야

- 安衛 편안 안, 지킬 위. 안위는 이순신의 휘하에 있던 장수이다. 欲 하고자 할 욕 死 죽을 사 軍 군사 군 法 법/본받을 법 乎 어조사 호 逃 도망할 도 生 날/살 생 所 바(것)/곳 소 耶 어조사 야

▶ **안위야, 군법으로 죽고 싶은 게냐? 도망간들 어느 곳에서 살겠느냐?**

【꼭 알아 두기】

어조사 '호乎' '제諸(之乎)' '야耶' '야邪' '야也' '여與' '여歟' '위爲'는 모두 문장 끝에서 의문과 반문, 감탄을 나타내는 데 도움을 줄 수 있다. 이때 이들 한자가 실제 뜻을 지니고 있다기보다 음이 환기하는 효과로 다른 글자의 뜻을 보조한다고 보는 편이 한문의 특성에 맞는 판단이다.

49편 의문의 관용 표현

《사기》 장의열전

視 吾舌尙在不[233]

시 오설상재불

봐주게. 내 혀가 아직 있는가?

視 볼 시 吾 나 오 舌 혀 설 尙 오히려/아직 상 在 있을 재 不 아닐(아니) 불/부

장의張儀는 유세에 능숙한 달변가였습니다. 현란한 말솜씨와 간계로 합종연횡의 연횡책을 실현시켜 전국 시대 중반기의 중국 정치를 들었다 놨다 했던 인물이었지요. 이 장의가 유명해지기 전에 도둑놈 취급을 받았던 적이 있었습니다. 초楚나라 재상 소양昭陽의 식객이었던 시절, 재상의 구슬을 훔쳐간 범인으로 몰려 흠씬 두들겨 맞았습니다. 그 뒤에 풀려나와 아내에게 했던 말이 바로 위 구절이었습니다. 혀만 멀쩡하다면 언젠가 자신의 뜻을 펼칠 수 있다는 자존감이 배인 말이었지요. 억울함 때문에 절망에 빠질 만한 상황이었는데도 농담 한마디로 털어 냈던 장의의 유들유들한 성격도 드러납니다.

합종연횡은 널리 알려진 고사성어입니다. 전국 시대의 강대국 일곱 나라(진秦, 위魏, 조趙, 한韓, 초楚, 제齊, 연燕) 중에서 진나라가 절대 강자로 등극하면서 생겨난 외교 책략이었지요. 1등인 진나라를 견제하기 위해 나머지 나라끼리 종(세로)으로 연합하자는 쪽이 합종책이고,

각 나라마다 진나라와 횡(가로)으로 연대하여 생존을 도모하자는 쪽이 연횡책이었습니다. 당시 진나라가 중국 서북쪽에 걸쳐 있고 다른 나라들이 중앙과 동쪽에 포개져 있었던 데서 나온 명명법이었습니다. 뜻만 놓고 보면 각 나라별로 한 책략을 선택해서 일관되게 구사한 듯이 보이지만 실제 역사에서는 진나라를 뺀 여섯 나라가 합종과 연횡책을 번갈아 썼습니다. 그 과정에서 여섯 나라가 서로 싸우면서 국력을 소진시켰고 그 과실을 진나라가 취하면서 중국을 통일했지요. 당시 소진蘇秦이 합종책의 대표 주자였고 장의는 연횡책의 상징 인물이었습니다.

의문을 나타내는 관용 표현

오설상재불吾舌尙在不에서 주의 깊게 볼 대목은 '아닐 불不'의 위치입니다. 흔하게 쓰이는 자리가 아니라 서술어 뒤 문장 끝에 놓여 있지요. 이렇게 '아닐 불不'이나 '아닐 부否' '아닐 미未'가 문장 끝에 오면 의문을 나타냅니다. '~는가, 아닌가'를 선택하도록 해서 의문임을 표현하는 형태입니다. 실제 번역에서는 '아닌가'를 생략하는 경우가 많습니다.

또 야耶 같은 어조사를 반복해서 사용해도 선택을 묻는 의문이 됩니다. A耶B耶라면 'A인가, B인가?'라는 뜻을 나타내지요. A耶B耶의 耶 대신 '야邪' '여與' '호乎' 등을 사용하는 문장도 마찬가지입니다.

다른 문장들

是邪非邪[234]

《사기》 백이열전

시야비야

• 是 이/옳을 시 邪 간사할 사, 어조사 야 非 아닐/그를 비

▶ **옳은가, 그른가?**

未知凶乎吉乎 [235]

《삼국유사》 기이 제사 탈해왕

미지흉호길호

• 未 아닐 미 知 알 지 凶 흉할 흉 乎 어조사 호 吉 길할/좋을 길

▶ **좋은 일일지 궂은 일일지 알지 못했다.**

東方虛空可思量不 [236]

《금강경》 묘행무주분 제4품

동방허공가사량불

• 東 동녘 동 方 모/방법/방향 방 虛空 빌 허, 빌 공. 하늘 또는 공중. 아무것도 없는 세계 可 옳을/가히(~할 수 있다) 가 思 생각/생각할 사 量 헤아릴/양 량

▶ **동쪽의 허공은 생각한다 해서 헤아릴 수 있는가?**

【 꼭 알아 두기 】

'아닐 불不'이나 '아닐 부否' '아닐 미未'가 문장 끝에 놓이면 의문을 나타낸다. 또 '야耶' '야邪' '여與' '호乎' 같은 어조사가 문장 끝에서 반복 사용돼도 의문을 나타낼 수 있다.

50편 반어의 관용 표현

《열하일기》 관내정사 호질

虎之道 豈不光明正大矣乎[237]

호지도 기불광명정대의호

호랑이의 도리가 어찌 광명정대하다 하지 않겠는가!

虎 범/호랑이 호 之 갈/그(그것)/어조사(의, 을) 지 道 길 도 道德 道理 豈 어찌 기 不 아닐 불/부 光 빛 광 明 밝을 명 正 바를 정 大 큰 대 矣 어조사 의 乎 어조사 호

호랑이의 도리가 인간보다 광명정대하다는 호랑이의 말입니다. 시점이 확실치 않은 중국의 춘추 전국 시대, 정鄭나라에서 벌어진 일이었습니다. 어느 날 사람 잡아먹는 호랑이가 도덕 군자의 맛이 좋다는 추천을 받고 북곽선생이라는 선비를 찾아갔습니다. 북곽선생은 간이 어질고 쓸개가 의롭고 덕망이 높다고 묘사된 대학자였지요.

그러나 호랑이가 직접 마주한 그는 추잡하고 똥구린내가 나는 선비였습니다. 열녀로 소문난 동네 과부와 밤중에 한방에서 놀다가 들킨 뒤, 허겁지겁 도망을 치다 똥구덩이에 빠진 몰골이었으니까요. 이에 입맛을 잃은 호랑이가 북곽선생을 한바탕 꾸짖는 대목에 위 구절이 나옵니다. 호랑이는 삼강오륜을 읊어 대며 온갖 잔혹한 짓과 거짓된 행위를 마다않는 선비와 인간들을 맹렬히 비판합니다. 그러고는 북곽선생을 먹지 않고 홀연히 사라집니다. 평가는 생략하고 호랑이의 대사 한 단락

만 들어보겠습니다.

> 그러나 호랑이 집안에는 처음부터 그런(사람이 사람에게 가하는) 잔혹한 형벌이 없다. 이를 보면 호랑이의 성품이 사람보다 어질지 않은가. 호랑이는 푸나무를 먹지 않고 벌레나 물고기를 먹지 않는다. 술이나 썩힌 음식을 좋아하지 않고, 새끼 배거나 자잘한 동물은 차마 먹지 않는다. 산에 들어가면 노루나 사슴을 사냥하고 들판에 머물 때는 말이나 소를 잡아먹지, 아직까지 먹이 때문에 세상에 크게 누를 끼치거나 송사를 벌인 적이 없다. **호랑이의 도리가 어찌 광명정대하다 하지 않겠는가!**

여기서 호랑이의 생물학적 특징을 들면서 호랑이의 말을 반박하면 갑자기 분위기가 싸해집니다. 호랑이는 선비를 비판하기 위한 도구 캐릭터일 뿐이니까요. 호질虎叱은 '호랑이의 꾸지람'이라는 뜻입니다. 요즈음 유행어로 바꿔 '호랑이의 혼쭐'이라 해도 되겠지요. 창작품은 아니고 박지원이 중국에서 채록한 민담을 단편으로 편집했습니다. 제목도 그가 뽑았습니다.

반어를 나타내는 관용 표현: 豈(其)~乎, 不亦(得無/無乃)~乎

의문은 넓게 보면 반어를 포함합니다. 좁게 보면 답을 요구하는 의문만 의문이라 하고, 답을 요구하지 않으면서 화자의 생각을 강조하는 의문은 따로 반어라고 하지요. 좁게 봤을 때의 의문과 반어는 형식이 같기 때문에 보통은 둘을 의미 맥락으로 구분합니다. 그러나 '기豈~호乎'는 주로 반어를 나타내는 관용 형식입니다. '어찌 ~하겠는가/이겠는가'로 해석하지요. '불역不亦~호乎'도 반어를 나타내는 관용 형식입니다. '(또한) ~하지 않은가/않겠는가'로 해석합니다.

'豈~乎'의 豈는 음이 같은 기其로 쓰는 경우도 많고 '어조사 호乎' 역시 '어조사 재哉' 같은 다른 어조사로 대신하기도 합니다. '不亦~乎'의 不亦도 득무得無나 무내無乃가 대신 나타날 수 있습니다. 하나만 덧붙이자면 '豈(其)~乎'는 추측을 나타내서 '혹시 ~인가, 아마 ~겠지'란 뜻으로 해석되기도 합니다. 한문에서 기계적인 해석은 금물이지요.

다른 문장들

豈虛言哉[238]

《노자》 22장

기허언재

- 豈 어찌 기 虛 빌 허 言 말씀(말) 언 哉 어조사 재. 문장 끝에서 감탄, 의문, 추측 등의 어조를 나타내는 데 도움을 준다.
- **이럴 땐 이렇게** 빈말이 아니라는 뜻입니다.

▶ **어찌 빈말이겠는가.**

善爲文者 其知兵乎[239]

《연암집》 소단적치인

선위문자 기지병야

- 善 착할/좋을/잘할 선 爲 할/될/위하여 위 文 글 문 者 놈(사람)/것 자 其 그 기 知 알 지 兵 병사/병기/전쟁 병 兵法
- **이럴 땐 이렇게** 호乎가 추측을 나타내는 데 도움을 준 예입니다.

▶ **글을 잘 쓰는 이는 아마도 병법을 아는 사람일 것이다.**

虎之性 不亦賢於人乎 [240]

《열하일기》 관내정사 호질

호지성 불역현어인호

- 性 성품/성질 本性 亦 또 역 賢 어질/현명할 현 於 어조사(에/에서/보다) 어 乎 어조사 호
- **이럴 땐 이렇게** 호랑이의 성품이 사람보다 어질다는 뜻입니다.

▶ **호랑이의 성품이 사람보다 어질지 않은가.**

【꼭 알아 두기】

'豈(其)~乎'는 '어찌 ~하겠는가/이겠는가'로 해석하거나 '혹시 ~인가, 아마 ~겠지'로 해석한다. '不亦(得無/無乃)~乎'는 '(또한) ~하지 않은가/않겠는가'로 해석한다.

51편 감탄을 표현하는 두 가지 방법

구양수 〈추성부〉

噫噫悲哉 此秋聲也 胡爲乎來哉[241]

희희비재 차추성야 호위호래재

아아, 슬퍼라! 이 가을 소리, 어찌하여 들려오는가.

噫噫 탄식할 희, 탄식할 희. 아아! 悲 슬플 비 哉 어조사 재. 감탄이나 의문의 어조를 나타내는 데 도움을 준다. 此 이 차 秋 가을 추 聲 소리 성 乎 어조사 호. 문장의 중간에 쓰여 호흡을 고르는 구실을 한다. 이때는 따로 해석하지 않는다.

가끔 감정이 헝클어져 일마다 질척일 때 인터넷 동영상 사이트를 뒤집니다. 숲 소리, 바람 소리를 찾기 위해서지요. 요즈음 인터넷 사이트에선 대나무 숲이나 청보리밭, 비자림, 숲속의 정자 같은 제목을 달고, 전국 각지에서 녹음한 파일을 들려주는 채널을 쉽게 검색할 수 있습니다. 이런 영상을 틀어 두면 숲속 어디께 누워 있는 듯 맥이 풀리고 조급함과 불안이 사라집니다.

그렇지만 디지털로 변조된 음이 아니라 날것의 숲 소리라면 마냥 편안하기만 할까요? 구양수歐陽脩의 추성부는 그 질문에 아니라는 답을 주는 작품입니다. 대략 1000여 년 전, 송나라의 문인 구양수가 들었던 가을밤 숲 소리는 슬프고 쓸쓸한 소리였습니다. 여름날 무성했던 풀과 나무가 가을의 매서운 기운에 쇠락하는 소리, 여름이 가을에게 패퇴하여 사그라져 가는 애절한 소리였습니다. 문학 작품은 줄거리나 감정의 흐름을 요약해서는 작가의 감성을 느끼기 어렵습니다. 한 대목이라도 전체를 다 옮겨 보겠습니다.

> **아아, 슬퍼라! 이 가을 소리, 어찌하여 들려오는가.** 저 가을이 보여 주는 모습이란, 빛깔은 애처롭게 맑아서 안개가 날아 오르고 구름이 거두어진다. 용모는 맑고 깨끗하여 하늘이 높고 해가 반짝인다. 기운은 서늘하고 차가워서 사람의 살과 뼛속까지 찌르고, 뜻은 쓸쓸하게 뻗어 가니 산천이 조용하고 잠잠해진다. 그래서 그 소리가 서글프고 애절하며 부르짖듯이 터져 나오는 것이다. 수북한 풀들이 푸르른 때깔로 무성함을 다퉜었지. 아름다운 나무들이 푸르게 우거져 기뻐할만 했었다. 허나 풀들은 가을에 스치자 색깔이 변하고 나무는 가을을 만나며 잎이 떨어진다. 그들이 꺾이고 쇠락하는 까닭은 바로 가을의 기세가 남기는 매서움 때문이리라.

감탄의 표현

희희비재噫噫悲哉는 한문에서 감탄을 표현하는 두 가지 요소를 보여 줍니다. 하나는 '탄식할 희噫'처럼 탄식하는 소리를 나타내는 한자를 쓰는 것입니다. 두 자를 붙여 쓰기도 하고 외자로 쓰기도 하지요. 희噫 같은 기능을 하는 한자에는 '탄식할 차嗟' '탄식할 오嗚' '부를 호呼' 등이 있습니다. 이들은 모두 '오, 아, 와' 같은 우리말 감탄사로 번역합니다.

다음은 문장 끝에 '어조사 재哉'처럼 감탄을 나타내는 데 도움을 주는 한자를 붙이는 것입니다. 재哉 같은 기능을 갖는 한자에는 '어조사 호乎' '어조사 야也' '어조사 의矣' '어찌/어조사 언焉' '지아비/구나 부

夫' 등이 있지요. 이때 어조사는 감탄뿐 아니라 의문, 반어, 명령 등의 어조를 나타낼 수도 있으므로 문장이 쓰이는 상황을 살펴야 합니다. 우리말의 감탄형 어미에는 '-구나' '-로구나' '-어라/아라' 등이 있습니다.

다른 문장들

吾何畏彼哉[242]

《맹자》 등문공 상

오하외피재

- 吾 나 오 何 어찌 하 畏 두려울 외 彼 저/그 피 哉 어조사 재

▶ **내가 어찌 그들을 두려워하겠는가!**

嗚呼 老矣 是誰之愆[243]

《명심보감》 권학편

오호 노의 시수지건

- 嗚呼 슬플/탄식할 오, 부를 호. 아! 老 늙을 로 誰 누구 수 之 갈/그(그것)/어조사(의/-는, 이/가, 을/를) 지 愆 허물 건

▶ **아! 늙었다. 이게 누구의 잘못인가.**

【꼭 알아 두기】
한문에서 감탄을 나타낼 때는 '탄식할 희噫' '탄식할 차嗟' '탄식할 오嗚' '부를 호呼' 같은 한자를 쓰고 '오, 아, 와' 같은 우리말 감탄사로 번역한다. 또 문장 끝에서 '어조사 재哉' '어조사 호乎' '어조사 야也' '어조사 의矣' '어조사 언焉' '-구나 부夫' 같은 한자를 사용해서 감탄을 표현할 수 있다.

嗟夫 予嘗求古仁之心[244]

범중엄 〈악양루기〉

차부 여상구고인지심

• 嗟夫 탄식할 차, 지아비/구나 부. 아! 予 나 여 嘗 맛볼/일찍이 상 求 구할 구 古 옛 고 仁 어질 인 心 마음 심

▶ **아! 내가 일찍부터 옛사람의 어진 마음을 희구했다.**

문장과 문장

1

浮生若夢 爲歡幾何 이백 〈춘야연도리원서〉

부생약몽 위환기하

덧없는 인생 꿈과 같으니 ____________________

2

若勝我 我不若勝 若果是也 我果非也邪 《장자》 제물

약승아 아불약승 약과시야 아과비야야

너가 나를 이기고 내가 너에게 이기지 못했다 해서 ________

____

3

我死汝生 理之常也 汝死我生 何理之乖也 《난중일기》 1597년 10월 14일

아사여생 이지상야 여사아생 하리지괴야

내가 죽고 네가 살아야 이치에 맞는 일인데 네가 죽고 내가 살았으니

____

4

默而識之 學而不厭 誨人不倦 何有于我哉 《논어》 술이

묵이지지 학이불염 회인불권 하유우아재

묵묵히 기억하고, 배움에 싫증내지 않고, 남을 가르치는 데 게으르지 않는다. ______________________________

5

視其所以 觀其所由 察其所安 人焉廋哉 《논어》 위정

시기소이 관기소유 찰기소안 인언수재

그가 하는 일을 보고 그가 따라온 길을 살펴보며 그가 편안해하는 데를 관찰한다면 ______________________________

---

1 기뻤던 적이 얼마나 되랴!

2 너가 정말 옳고 내가 정말 그른 것인가.

3 무슨 이치가 이렇게 어긋나는가.

4 (이 중에) 나에게 무엇이 있던가. (• '(이 밖에) 나에게 무엇이 있던가'라는 의미로 해석하기도 한다. 이렇게 해석하면 뜻이 180도 달라진다.)

5 사람이 어디에 자신을 숨기겠는가.

7장

한정하고 수식하는 말

우리말에서 부사어는 서술어의 뜻을 한정하거나 덧붙여 줍니다. '많이, 묵묵히, 잘, 좋게, 미치도록, 사람으로, 땅에(에서)'처럼 부사나 부사 구실을 하는 말이 부사어 자리에 들어가지요. 그렇지만 한문에서는 부사어가 한정과 수식 기능 이상의 구실을 할 때가 많습니다. 우리말이라면 서술어로 나타내는 가능(~할 수 있다)이나 시제(-었다, -겠다) 같은 표현을 부사어 자리의 한자로 나타내기 때문이지요. 7장에서는 이런 사례를 살펴봅니다. 이 장은 '옳을/가히 가可' '능할/능히 능能' '얻을 득得' '족할/족히 족足' '장차 장將' '차라리 녕寧' '그럴 연然'이 필수 한자입니다.

52편 한문의 부사어 자리는 문장이나 서술어 앞

《좌전》 장공 8년

豕人立而啼[245]

시인립이제

돼지가 사람처럼 서서 울었다.

豕 돼지 시 人 사람/남 인 立 설 립 啼 울 제

기원전 686년 중국의 춘추 시대 제齊나라에서 일어났던 반란 기사에 나오는 구절입니다. 이날 제나라 군주 양공襄公은 사냥을 하다가 이상한 멧돼지를 만났습니다. 자신이 죄를 뒤집어씌워 죽인 팽생彭生처럼 생긴 돼지였지요. 양공이 화를 내며 그 돼지에게 활을 쏘자 돼지가 사람처럼 서서 울었다고 합니다. 이처럼 평소에 보지 못하던 기이한 일은 옛 역사책에 흔하게 나옵니다. 대개 멸망의 징조로 여기지요. 《삼국유사》의 백제 기사에도 암탉이 참새와 교미하고, 회나무가 사람처럼 곡을 했다는 일이 기록되어 있습니다. 그다음 해에 백제가 멸망했습니다.

그러니까 사람처럼 우는 돼지는 양공의 제나라가 무너진다는 징조를 표현한 것이었습니다. 그 징조대로 그날 궁궐로 돌아온 양공은 사촌인 무지無知의 반란군에게 죽임을 당하고 말았습니다. 그 후 무지 역시 얼마 안 가 다른 반란군에게 죽고 양공의 동생 소백小白이 군주가 되면서 제나라 정국이 비로소 안정됩니다. 이 소백이 춘추 시대 최초의 패자로 유명한 제나라 환공桓公입니다.

팽생은 비운의 공자公子였습니다. 양공의 아들이라고도 하고 이복동생이라고도 하는데 양공에게 충성을 바친 대가로 죽임을 당한 인물이었습니다. 양공은 그야말로 패륜아였지요. 이웃인 노魯나라 환공桓公에게 시집보낸 이복 여동생 문강文姜과 사통하고, 그 일이 환공에게 발각되자 팽생을 보내 환공을 죽였습니다. 그러다가 논란이 커지자 팽생에게 모든 죄를 덮어씌워 팽생을 사형시켰지요. 춘추 시대에 이런 사건은 흔했습니다. 그런 일이 점점 더 빈번해지고 강도가 세지면서 전국 시대로 넘어갑니다. 이처럼 돼지가 사람처럼 울었던 시대가 공자나 맹자, 장자, 노자, 순자, 묵자, 관자 등이 마주했던 현실이었습니다.

한문의 부사어

한문에서 부사어는 대개 문장 앞이나 서술어 앞에 옵니다. 그렇다면 평소 부사어로 잘 쓰지 않는 한자가 부사어 자리에 오면 평소 뜻을 살려야 할까요, 부사처럼 해석해야 할까요? 후자입니다. 그래서 시인립豕人立의 '사람 인人'은 '사람처럼'으로 해석합니다. '돼지 시豕'가 주어, '설 립立'이 서술어가 되겠지요. 다만 한문의 문장 성분은 앞뒤 한자의 의미 맥락 속에서 정해집니다. '사람이'라고 하면 주어이고, '사람을'이라고 하면 목적어임을 바로 알 수 있는 우리말과 다릅니다.

다른 문장들

天下雲集而響應[246] 가의 〈과진론〉

천하운집이향응

• 天下 하늘 천, 아래 하. 온 세상, 온 나라 雲 구름 운 集 모을 집 響 울릴/메아리 향 應 응할 응 呼應 應答

• **이럴 땐 이렇게** 진시황이 죽은 뒤 진승과 오광이 반란을 일으키자 그들을 따르려고 모여드는 농민들의 모습을 묘사했습니다.

▶ **천하에서 구름처럼 모여들고 메아리처럼 호응했다.**

范增數目項王 247

《사기》 항우본기

범증삭목항왕

• 范增 성씨 범, 더할 증. 항우의 신하 數 셈 수, 자주 삭. 부사어로 쓰이면 '자주, 여러 번'의 뜻을 나타낸다. 目 눈/볼/조목 목. 서술어로 쓰이면 '보다, 주시하다, 눈으로 말하다(눈짓하다)' 같은 뜻을 나타낸다. 項王 목 항, 임금 왕. 항우를 가리킨다.

• **이렇게 번역한다면** '범증이 자주 항우를 보았다'라고 번역한다면? 괜찮습니다. 다만 당시 상황의 세부를 전하는 힘이 떨어집니다. 이 문장은 항우의 책사 범증이 항우에게 유방을 죽이라는 신호를 보내는 장면입니다. '눈짓하다'는 뜻은 그 새김이 나오지 않는 한자 사전이 더러 있습니다.

▶ **범증이 항우에게 여러 번 눈짓했다.**

軍官等麻立船上 如雨亂射 248

《난중일기》 1597년 9월 16일

군관등마립선상 여우란사

• 軍官 군사 군, 벼슬/관가 관. 군관은 조선 시대에 군무에 종사하던 직급 낮은 벼슬아치이다. 等 같을/무리 등 麻 삼 마. 마는 줄기가 꼿꼿하고, 마끼리 빽빽하게 늘어서서 자란다. 立 설 립 船 배 선 上 위 상 如 같을/만일 여 雨 비 우 亂射 어지러울 란, 쏠 사. 난사는 어지

러이 마구 쏜다는 뜻이다.

▶ **군관들이 배 위에 마처럼 늘어서서 빗발 뿌리듯 마구 쏘아댔다.**

日知其所亡 月無忘其所能[249]

《논어》 자장

일지기소망 월무망기소능

- 日 날/해 일 知 알 지 其 그 기 所 바/것 소 亡 망할/없어질 망, 없을 무 月 달 월 無 없을 무 忘 잊을 망 能 능할/능력/능히 능
- **이럴 땐 이렇게** 공자의 제자였던 자하의 말입니다. 우리말에서 주어와 같은 말이 반복되면 뒷말이 '자기, 자신'으로 나타납니다. 이 때문에 '그 기其'를 종종 '자기의, 자신의'로 번역하지요. 여기서도 其는 의미 맥락상 그 자신을 나타냅니다. 其所亡을 其의 기능적 측면을 밝혀 직역하면 '자신의 잊은 것'이 됩니다.(20편 참조)

▶ **날마다 자신이 잊은 것을 깨닫고 달마다 자신이 할 수 있는 것을 잊지 않는다.**

【꼭 알아 두기】

'사람 인人'은 주로 주어나 목적어로 쓰는 한자이다. 그렇지만 한문에선 人 같은 한자라도 서술어 앞 부사어 자리에 놓이는 것만으로 부사 뜻을 나타낼 수 있다. 이때 의미 맥락에 따라 '처럼, 같이, 에, 으로' 같은 부사격 조사를 붙여 해석한다.

53편 서술어 앞에 놓인 가可와 가이可以의 차이

《열하일기》 도강록 7월 8일

好哭場 可以哭矣[250]

호곡장 가이곡의

울기에 좋은 곳이다. 울 만하구나!

好 좋을 호 哭 울 곡 場 마당/곳 장 可以 옳을/가히(~할 수 있다) 가, 써/때문에 이. ~할 수 있다, ~할 만하다, ~해도 된다 矣 어조사 의

연암 박지원이 드넓은 요동 벌판을 태어나서 처음으로 보고 읊조린 말입니다. 현재 중국의 랴오닝성(遼寧省) 랴오양(遼陽)시에 편입되어 있는 지역을 지날 때였지요. 산기슭에 가로막혀 보이지 않던 71미터 높이의 백탑과 먼 지평선이 드러나자 박지원이 저도 모르게 중얼거렸던 탄성이었습니다. 왜 그랬을까요? 다음은 그 이유를 담은 울음론 일부입니다. 동행하던 정 진사가 박지원의 말에 선뜻 공감해 주지 않자 그에게 길게 설파했던 말입니다.

> 사람들이 단지 칠정 가운데 슬픔만이 울음을 터뜨린다고 생각하지 칠정이 모두 울게 하는 줄을 알지 못하네. 기쁨이 극에 차오르면 울 만하고 화가 머리끝까지 나면 울 만하고 즐거움이 극에 달해도 울 만하네. 사랑이 극단에 이르면 울 만하고 미움이 극에 뻗쳐도 울 만하고 욕심이 지극해져도 울게 되네. 온통 막힌 답답한 마음을 떨쳐 버리는 데에는 소리를

내지르는 일보다 빠른 것이 없지. 울음소리란 하늘과 땅 사이에 존재하고 우레가 울리는 일과 비슷하네. 극에 다다른 감정에서 터져 나와서 울음이 사리에 맞아떨어지거늘 웃음소리와 무엇이 다르겠나?

어떤가요? 공감이 가나요? 그런데 이런 감성은 유학자 선비에 대한 일반적인 선입견에 잘 들어맞지 않습니다. 최소한 이 글만 놓고 보면 꼬장꼬장하게 예절을 강조하는 도덕주의자나 가부장의 모습을 찾기 어려우니까요. 사실 박지원의 생각이 조선 후기 사회의 주류 감성에 맞닿아 있다고 보긴 어렵습니다. 《열하일기》도 당시엔 거의 금서 취급을 받았습니다. 그러나 바로 그런 이유 때문에 현대를 사는 한국인이 박지원의 글을 한번 읽어 볼 만합니다. 요동 벌판을 보고 정복욕을 불태우기보다 울음을 터뜨리는 감성, 어떻게 생각하십니까?

가可와 가이可以의 차이

'옳을 가可'는 서술어 자리에 놓이면 '옳다' '가하다' '허락하다'란 뜻으로 해석하는 한자입니다. 그러나 다른 서술어의 앞에 놓이면 '~할 수 있다' '~할 만하다' '~해도 된다' '~해야 한다'는 뜻으로 해석합니다. 이는 영어의 캔can이나 메이may 같은 조동사를 번역하듯이 해석하는 방식인데 과거에는 '가히'라는 말을 써서 부사처럼 번역하는 사례가 흔했습니다. 번역도 시류를 타는 것이지요.

그리고 가이可以 역시 가可처럼 '~할 수 있다' '~할 만하다' '~해도 된다' '~해야 한다'는 뜻을 나타냅니다. 다만 可以 앞에는 제 힘으로 동작을 행하는 인물이나 사물이 주어로 올 수 있지만 可 앞에는 오지 않습니다. 可 앞에는 다른 힘에 의해 움직이는 인물이나 사물이 주어로 오지요. 이것이 可와 可以의 차이점입니다. 그래서 가이곡의 可以哭矣에서 울 만하다고 느낀 주체가 박지원이라고 쉽게 추측할 수 있습니다. '써(로써)/때문에 이以'에 함축된 의미를 짐작해 보면서 아래 문장들을 해석해 보세요.

다른 문장들

朽木不可雕也[251]

《논어》 공야장

후목불가조야

- 朽 썩을 후 木 나무 목 不 아닐(아니할)/못할 불(부) 雕 독수리/조각할 조 也 어조사 야
- **이럴 땐 이렇게** 朽木은 제 힘으로 동작을 행하지 않는 사물입니다. 다시 말해 朽木은 조각하는 주체가 아닙니다.

▶ **썩은 나무에는 조각할 수 없다.**

人有不爲也 而後可以有爲[252]

《맹자》 이루 하

인유불위야 이후가이유위

- 人 사람/남 인 有 있을/가질 유 不 아닐(아니/아니할) 불/부 爲 할/될/위할/삼을(여길) 위 也 어조사 야 而後 말 이을 이, 뒤 후. ~한 뒤
- **이렇게 번역한다면** '사람은 하지 않음이 있고 난 뒤에 함이 있을 수 있다'라고 번역한다면? 사전적 뜻에 따른 직역이지만 의미가 모호합니다. '하지 않음이 있다'는 말이 행위가 없다는 뜻인지 특정한 행위가 없다는 뜻인지 분명치 않지요. 이처럼 한문을 번역하다 보면 '직역을 하고

나서 의역을 한다'는 일반론이 통하지 않는 경우가 자주 있습니다. 한국어와 한문의 통사 구조가 다르기 때문입니다. 이럴 때는 오히려 상황과 맥락에 따라 적절히 의역을 해 줘야 직역의 의미가 포착됩니다.

▶ **사람은 하지 않겠다는 일이 있고 난 뒤에야 할 일을 가질 수 있다.**

下視三危太伯 可以弘益人間[253]

《삼국유사》 기이 고조선

하시삼위태백 가이홍익인간

• 下 아래/내릴 하 視 볼 시 三危 석 삼, 위태할/높을 위. 중국의 삼위산으로 보거나 세 봉우리로 해석한다. 太伯 클 태, 맏 백.《삼국유사》에는 태백산을 묘향산이라고 설명했지만 백두산으로 보는 학자들이 많다. 구월산으로 보거나 신성한 산을 가리키는 일반 명사로 해석하기도 한다. 弘 넓을 홍 益 더할 익 人間 사람 인, 사이 간. 인간은 사람과 같은 뜻이지만 사람이 살아가는 세상을 뜻하기도 한다.

▶ **삼위태백을 내려다보니 널리 인간을 이롭게 할 만했다.**

可淺可深 可浮可沈 可曲可直[254]

《관자》 주합

가천가심 가부가침 가곡가직

【 꼭 알아 두기 】

가可는 서술어의 앞자리에 놓이면 '~할 수 있다' '~할 만하다' '~해도 된다' '~해야 한다'는 뜻으로 해석한다. 가이可以 역시 可처럼 해석하지만 可는 보통 다른 힘에 의해 움직이는 인물이나 사물을 주어로 취하고 可以는 제 힘으로 동작을 행하는 인물이나 사물을 주어로 취한다.

• 淺 얕을 천 深 깊을 심 浮 뜰 부 沈 잠길/가라앉을 침 曲 굽을 곡 直 곧을 직

• **이럴 땐 이렇게** 인간이 처한 조건이나 상황, 풀어야 문제가 다양한 모습으로 나타남을 보여 주는 글입니다.

▶ **얕을 수도 깊을 수도 있고, 떠 있을 수도 잠겨 있을 수도 있고, 굽을 수도 곧을 수도 있다.**

54편 가可와 비슷한 능能, 득得, 족足

《세종실록》 세종 30년 7월 25일

豈能動予哉[255]

기능동여재

어찌 나를 움직일 수 있겠는가.

豈 어찌 기 能 능할/능력/능히(~할 수 있다) 능 動 움직일 동 予 나 여 哉 어조사 재. 문장 끝에 와서 감탄, 의문, 반어, 추측 등의 어조를 나타내는 데 도움을 준다.

불당 건립을 반대하는 신하에게 세종이 했던 말입니다. 앞 구절을 살려서 보면 "나이 든 대신의 말에도 답을 내리지 않았는데 너희가 뜰에 서서 고집스레 간청한들 어찌 나를 움직일 수 있겠는가"라는 대답이었습니다. 퉁명스러운 어투 속에서 신하의 요청을 받아들이지 않겠다는 세종의 단단한 결의가 느껴지지요. 선비와 신하들의 공론을 중시했다고 알려진 그 세종이 맞나 싶을 정도입니다. 어떤 일이 벌어졌던 것일까요?

대립의 시작은 1448년 7월 17일, 세종이 창덕궁 옆에 불당을 건립하라는 명령을 내리면서부터였습니다. 그때부터 조정의 공론장은 온통 불당 건립을 반대하는 상소로 들끓었습니다. 성균관 유생부터 판서와 대간, 집현전 학사, 정승까지 날마다 반대 의견을 내며 세종을 압박했습니다. 그 중에는 세종과 찰떡궁합을 자랑했던 영의정 황희도 있었지요.

그러나 세종은 꿈적도 하지 않았습니다. 오히려 양위할 뜻을 내비치기까지 하며 8월 4일에 거처를 넷째 아들 임영대군 집으로 옮기는 초강수를 두었습니다. 그 뒤에야 반대 의견이 수면 밑으로 가라앉았지요.

대략 보름 동안 진행되었던 이 대립은 당대 선비의 시선으로 보면, 어진 성군이었으나 갑자기 독단하는 왕을 견제하지 못한 사건이었습니다. 하지만 사상의 다양성이란 관점에서 보면 조선 후기보다 건강했던 조선 전기 사회의 강점 하나를 보여 줍니다. 유학 외의 사상이 깃들 공간이 궁궐 근처에 존재할 수 있었다는 사실이지요. 임진왜란과 병자호란을 거치면서 사라지는 공간이었습니다. 한 나라의 지배층이 단일하고 경직된 사상 체계에 갇혀 있으면 현실의 진단과 대안 제시, 해결 과정까지 그 밥에 그 나물이 되기 십상입니다. 세종 대에 '때이른 절정'에 이르렀던 조선 문명이 그런 공간 덕분이었다고 한다면 지나친 비약일까요?

가可와 비슷한 말인 능能, 득得, 족足

'능할/능히 능能' '얻을 득得' '족할/족히 족足'은 가可처럼 서술어 앞에 왔을 때 '~할 수 있다'로 번역되는 한자들입니다. 모두 비슷한 뜻이지만 뉘앙스는 살짝 다르지요. 能은 능력이나 힘이 있어서 할 수 있음을, 得은 기회나 조건을 얻게 되어 할 수 있음을 나타냅니다. 또 足은 기회나 조건이 충족되어서 할 수 있음을 나타내지요. 그래서 기능동여재豈能動予哉에는 '나를 움직일 능력이 없다'는 의미가 내포되어 있습니다.

한편 足은 서술어 앞에서 족이足以로도 씁니다. 이때 足과 足以의 관계는 바로 앞 53편에 나오는 可와 가이可以의 관계에 준합니다.

다른 문장들

厚愛利 足以親之 [256]

《관자》 권수

후애리 족이친지

- 厚 두터울/두터이 할 후 愛 사랑 애 利 이로울/이익/날카로울 리 足 발/족할/족히(~할 수 있다) 족 以 써/때문에 이 親 친할/가까울 친 之 갈/그(그것) 지. 앞 구절에 나온 백성을 가리킨다.

▶ **사랑과 이익을 두터이 해 주면 그들(백성)과 친해질 수 있다.**

今望我兵勢 不得不恐 [257]

《삼국유사》 태종 춘추공

금망아병세 부득불공

- 今 이제 금 望 바랄 망 我 나 아 兵 군사/병기 병 勢 형세/권세 세 不 아닐(아니) 불/부 得 얻을/깨달을 득 恐 두려울 공

▶ **지금 우리 군세를 바라봤을 때 두려워하지 않을 수 없다.**

必諾之言 不足信也 [258]

《관자》 형세

필락지언 부족신야

- 必 반드시/반드시 할 필 諾 허락할/승낙할 낙 之 갈/그(그것)/어조사(의/-는, 이/가, 을/를) 지 言 말씀(말) 언 信 믿을 신 也 어조사 야
- **이럴 땐 이렇게** "반드시 얻어낸다는 일은 신뢰할 수 없다"라는 구절 다음에 나오는 말입니다.

▶ **언제나 허락해 주는 말은 믿을 수 없다.**

軍行如春遊 安得不敗者也[259]

유성룡 《징비록》

군행여춘유 안득불패자야

- 軍 군사/군대 군 行 다닐/갈 행 行列 行進 如 같을 여 春 봄 춘 遊 놀 유 安 편안/어찌 안 敗 패할 패 者 놈(사람)/것 자 也 어조사 야. 의문이나 반어의 어조를 나타내는 데 도움을 줄 수 있다.
- **이럴 땐 이렇게** 유성룡이 임진왜란 초기 조선 군대의 문제점을 한마디로 표현한 구절입니다. 安得 ~也는 반어를 나타내며 '어찌 ~할 수 있는가'로 번역합니다.(47편 참조)

▶ **군대 행렬이 봄날에 놀러 나온 것 같으니 어떻게 싸움에 지지 않을 수 있겠는가.**

【꼭 알아 두기】

'능할/능히 능能' '얻을 득得' '족할/족히 족足'은 모두 서술어 앞에 놓였을 때 가可처럼 '~할 수 있다'로 번역한다. 能은 능력이나 힘이 있어서, 得은 기회나 조건을 얻게 되어서, 足은 기회나 조건이 충족되어서 할 수 있음을 나타낸다.

55편 시간과 관련된 금今, 석昔, 장將 같은 한자

《설원》 담총

子將安之[260]

자장안지

너, 어디 가려고?

子 아들/당신(그대) 자. 인칭을 가리킬 때는 '너, 그대, 당신' 등의 뜻을 갖는다. 將 장수/장차 장 安 편안/어디 안 之 갈/그(그것)/어조사(의/-는, 이/가, 을/를) 지

어느 날 바리바리 짐을 싸들고 가던 올빼미가 비둘기를 만났다. 비둘기가 고개를 갸웃거리며 물었다.

"너, 어디 가려고?"

"응. 동쪽 숲으로 이사 가."

"왜?"

"마을 사람들이 다 내 울음소리를 싫어하잖아. 그래서 이사 가려고."

올빼미가 이렇게 대답하자 비둘기가 다시 고개를 갸웃거리며 말했다.

"너의 음산한 울음소리를 고치는 게 좋을걸. 고칠 수 없으면 동쪽으로 이사 가도 그 마을 사람들이 똑같이 네 울음소리를 싫어할 거야."

양념을 살짝 친 번역인데 이 우화가 전하는 메시지는 간단합니다. 어떤 문제가 생겼을 때 주변 환경이나 타인에게서만 원인을 찾지 말고 자

기 자신에게서도 원인을 찾아보라는 조언입니다. 남을 판단하거나 비판하는 데에서 날카로운 안목을 보이는 사람이라 할지라도 자신을 평가하고 잘못을 찾아낼 때는 흐릿한 경우가 흔합니다. 자신의 절실한 이해나 욕구가 시선을 흐리기 때문이겠지요. 이런 태도를 경계하는 이야기였습니다.

《설원說苑》은 오늘날로 치면 자기 계발서였습니다. 중국 한나라 이전의 유명한 군주나 고위 관리들의 일화, 민간에 떠도는 설화나 우화, 잠언 따위를 모아 삶의 지침으로 삼고자 했던 책입니다. 전한 말기 사람이자 《전국책戰國策》과 《열녀전列女傳》(여러 여자 이야기)의 편찬자로 알려진 유향劉向의 작품입니다.

시간과 관련된 말

우리말은 문장에서 사건이 일어난 시점을 나타낼 때 동사 어미를 주로 활용합니다. 현재가 '간다'라면 과거는 '갔다', 미래는 '가겠다, 갈 것이다'가 됩니다. 그러나 한문은 이런 과거, 현재, 미래를 주로 부사어 자리에 놓이는 한자로 드러냅니다. 이를테면 '이제 금今' '바야흐로/막 방方'은 현재를, '예 석昔' '일찍이 증曾' '일찍이 상嘗'은 과거 상황을 나타내지요. '장차 장將' '장차 차且'는 '~하려 한다'는 의도를 함축하면서 미래를 표시합니다.

한편 '이미 기旣' '이미 이已'는 어떤 시점을 기준으로 동작이 끝난 상태를 나타냅니다. '이미'란 말을 살려서 번역할 수 있고, '-어 있다' '-어 버리다' '-어 놓다' 등을 활용해 번역하기도 합니다.

다른 문장들

我昔占之[261]

《열하일기》 관내정사 호질

아석점지

- 我 나 아 昔 예(옛날)/접때(앞서)/저녁 석 占 점령할/점칠/볼 점
- **이럴 땐 이렇게** 호랑이와 귀신 창귀倀鬼가 저녁거리에 대한 이야기를 하며 나온 말입니다. 여기서 之는 창귀가 찍어 둔 저녁거리를 가리킵니다.

▶ **내가 지난번에 봐 두었다.**

國將亡 必多制[262]

《좌전》 소공 6년

국장망 필다제

- 國 나라 국 將 장수/장차/거느릴 장 亡 망할 망 必 반드시/반드시 할 필 多 많을 다 繁多 制 절제할/법도 제. 법도法度는 법과 제도를 뜻한다.

▶ **나라가 망하려 할 때에는 반드시 법과 제도가 번다해진다.**

既生瑜 何生亮[263]

나관중 《삼국연의》

기생유 하생량

- 既 이미 기. '이미 기旣'와 같다. 生 날/낳을/살 생 瑜 옥빛 유. 오나라 손권의 책사였던 주유周瑜를 가리킨다. 何 어찌/어느/무엇 하 亮 밝을 량. 촉나라 유비의 책사였던 제갈량諸葛亮을 가리킨다.

▶ **나(주유)를 낳아 놓고 어찌 제갈량을 낳았습니까?**

余嘗登妙香山 宿上元庵[264]

《열하일기》 일신수필 서

여상등묘향산 숙상원암

• 余 나 여 嘗 맛볼/일찍이 상 登 오를 등 妙香山 묘할 묘, 향기 향, 산 산. 북한의 평안북도, 평안남도, 자강도의 경계에 놓인 산 宿 잘/묵을 숙 上元庵 위 상, 으뜸 원, 암자 암. 묘향산 상원동 골짜기에 있는 암자

▶ **내가 예전에 묘향산에 올라 상원암에 묵을 때였다.**

【꼭 알아 두기】

한문에서 '이제 금今' '바야흐로/막 방方'은 현재를, '예 석昔' '일찍이 증曾' '일찍이 상嘗'은 과거 상황을 나타낸다. '장차 장將' '장차 차且'는 '~하려 한다'는 의도를 함축하면서 미래를 표시한다. 우리말로 번역할 때는 해당 부사어(부사)뿐 아니라 그 부사어가 수식하는 서술어(동사, 형용사) 어미 부분도 바꾼다.

56편 與其A 寧B는 A하기보다 B한다는 뜻

《통감절요》 주기 현왕 36년

寧爲鷄口 無爲牛後[265]

영위계구 무위우후

차라리 닭 부리가 될지언정 쇠꼬리가 되지 말라.

寧 차라리 녕 爲 할/될/위할 위 鷄 닭 계 口 입 구 無 없을/말 무 牛 소 우 後 뒤 후

말은 얼마나 힘이 있을까요? 중국 고대의 춘추 전국 시대 역사를 읽다 보면 말이 꽤 힘이 있다는 사실을 알게 됩니다. 말을 잘해서 죽을 상황에서 벗어나기도 하고 백수가 단숨에 고위 관직에 임용되기도 합니다. 특정한 상황에 들어맞는 말 때문에 역사의 물줄기가 휙휙 바뀌기도 하지요. 영위계구寧爲鷄口 무위우후無爲牛後도 그런 말의 하나였습니다. 합종연횡 중에서 합종책을 설파했던 소진蘇秦이 한韓나라 선혜왕宣惠王에게 했던 유세 중에 나옵니다.

한나라 땅은 사방이 9백여 리에 갑옷 입은 병사가 수십만이고 천하의 강한 활과 튼튼한 쇠뇌, 날카로운 검이 다 한나라에서 산출됩니다. 지금 대왕이 진나라를 섬기면 진은 반드시 의양과 성고 지역을 요구할 것입니다. 지금 그 땅을 바치면 다음해에 또다시 땅을 분할해 달라고 요구하겠지요. 땅은 끝이 있지만 진나라의 요구는 멈추지 않습니다. 속담에서도

'차라리 닭 부리가 될지언정 쇠꼬리가 되지 말라'고 했지요. 대왕은 현명하시니까 한나라 군대를 끼고 있으면서 쇠꼬리라고 이름나면 저는 대왕도 부끄러워하리라 생각합니다.

당시 한나라는 중원의 중앙에 위치했고 상대적인 약소국이었습니다. 서쪽의 진秦, 남쪽의 초楚, 북쪽의 위魏나라에 늘 시달리던 처지였지요. 이 때문에 위, 초 등과 동맹을 맺고 진나라와 팽팽하게 대치하는 상황이 나쁘지 않았습니다. 그러는 동안이라도 국경의 안정이 보장될 테니까요. 이처럼 소진은 합종책을 주장하되 각 나라의 실정에 맞게 변주해서 유세했습니다. 또 쇠꼬리, 직설하면 소의 '똥꼬' 노릇이 부끄러운 짓이라며 은근히 자존심을 자극하는 화술도 잘 구사했지요. 결국 소진은 원하던 결과를 얻어냈습니다. 다만 합종에 참여한 나라들의 이해관계가 달랐고 그 틈새를 진나라가 연횡책으로 잘 공략해서 합종이 오래가진 않았습니다. 이 합종의 해체가 진나라가 중국을 통일하게 되는 주요한 요인 가운데 하나였습니다.

與其A 寧B 구문

'차라리 녕寧'은 비교나 선택 상황에서 자주 나오는 한자입니다. 어느 한쪽이 다른 쪽보다 낫다는 뜻을 전달합니다. 이를테면 영위계구寧爲鷄口 무위우후無爲牛後 즉 '차라리 닭 부리가 될지언정 쇠꼬리가 되지 말라'에서 닭 부리가 쇠꼬리보다 낫다는 뜻을 함축합니다. 이 구절에서는 비교 대상이 뒤에 왔지만 與其A 寧B 형식을 취해서 비교 대상이 앞에 오는 경우도 흔합니다.

이때 與其A 寧B는 'A하기보다 차라리 B한다'로 해석합니다. 녕寧 대신 '기약豈若' '숙약孰若' '숙여孰如'를 써도 비슷한 뜻을 전달하지요. 다만 뜻의 뉘앙스가 달라집니다. 與其A 豈若(孰若/孰如)B乎는 'A하는 것이 어찌(무엇이든) B만 하겠는가?'라는 뜻입니다.

다른 문장들

喪與其易也 寧戚[266]

《논어》 팔일

상여기이야 영척

- 喪 잃을/초상 상. 초상은 사람이 죽은 뒤에 장사를 지낼 때까지의 일로, 상례는 그때 지키는 예절이다. 與其 더불/과(와) 여, 그 기. 寧과 호응하여 비교 대상을 나타낸다. 易 바꿀 역, 쉬울 이. 능숙해서 쉽다로 해석하기도 하고 대충대충해서 쉽다로 해석하기도 한다. 也 어조사 야 戚 슬플 척
- **이럴 땐 이렇게** 與其A 寧B는 'A하기보다 차라리 B한다'로 해석합니다. 여기서 也는 잠시 호흡을 고르는 구실을 합니다.

▶ **초상은 쉽게 치르기보다 차라리 슬퍼한다.**

與其有樂于身 孰若無懮于其心[267]

한유 〈송이원귀반속서〉

여기유락우신 숙약무우우기심

- 樂 즐길/즐거울 락, 노래/음악 악, 좋아할 요 安樂 于 어조사 우. ~에, ~까지 身 몸 신 若 같을/만약 약 懮 느릿할/근심할 우
- **이럴 땐 이렇게** 與其A 孰若B乎는 'A하는 것이 어찌(뭐든) B만 하겠는가'란 뜻을 나타냅니다.

▶ **몸에 즐거움이 있는 것이, 어찌 그 마음에 근심이 없는 것만 하겠는가.**

其相食之酷 孰甚於汝乎[268]

《열하일기》 관내정사 호질

기상식지혹 숙심어여호

- 相 서로 상 食 밥/먹을 식 酷 심할 혹 酷甚 慘酷 孰 누구/어느/무엇 숙 甚 심할 심 於 어조사 어 汝 너 여 乎 어조사 호
- **이럴 땐 이렇게** 其A 孰B乎의 형태를 보여 주는 사례입니다. 여기에 與와 若을 더하면 與其A 孰若B乎 형태가 됩니다. 與는 '와/과'의 뜻이고, 若은 '같다'는 뜻으로 비교 대상을 좀 더 분명히 드러냅니다.

▶ **서로 잡아먹는 참혹함에서야 누가 너희들(인간)보다 심하겠느냐?**

【 꼭 알아 두기 】

與其A 寧B는 'A하기보다 차라리 B한다'는 뜻을 나타낸다. 與其A 豈若(孰若/孰如)B乎는 'A하는 것이 어찌(뭐든) B만 하겠는가?'라는 뜻을 나타낸다.

57편 명령이나 권유를 나타내는 기其

《사기》 이사열전

君其反位[269]

군기반위

그대는 자리로 돌아가시지요.

君 임금/그대(자네) 군 其 그/아마도 기 反 돌이킬/돌아올(되돌아갈)/반대할 반 反逆 反省 反復 位 자리 위

중국 진나라의 승상 이사李斯가 환관 조고에게 했던 말입니다. 춘추 전국 시대를 종결하고 중국을 통일했던 진나라 시황제가 기원전 210년에 죽은 직후였습니다. 당시 진시황은 중국의 동남쪽 일대를 순행하다가 급작스럽게 죽음을 맞이했습니다. 맏아들 부소가 먼 북쪽 변경에 나가 있었고, 후계 체제에 대한 준비가 되어 있지 않았지요. 조고와 이사는 이런 상황이 정치 혼란을 일으킬까 두려워 진시황의 죽음을 비밀에 부쳤습니다.

이때 진시황의 임종을 지켰던 조고가 원대한 꿈을 꾸었습니다. '진시황의 어린 아들 호해에게 황위를 맡기고 뒤에서 조정하면 진시황 곁에서 누렸던 권세와 지위를 천년만년 유지할 수 있지 않을까?' 그의 손에는 누구도 알지 못하는, 진시황이 부소에게 보낸 편지와 옥새가 들려 있었습니다. 그는 호해를 끌어들인 뒤 어쩌다 최고 권력자가 된 이사를 설득했지요. 처음에 이사는 거절했습니다. "그대는 자리로 돌아가시지

요." 그러나 그 거절은 단호하지 못했고 역모에 대한 적절한 대응책도 아니었습니다. 결국 이사는 조고와 꿈을 함께하는 공모자가 됐습니다. 진시황이 남긴 편지를 조작해 부소에게 진시황 명의의 자살 명령을 내려 죽인 뒤 호해를 2세 황제에 등극시켰습니다. 그 뒤 얼마 안 가 이사는 반란 진압에 소홀했다는 책임을 뒤집어쓰고 형장의 이슬로 사라졌습니다.

앞서 18편에서 보았듯이 한신은 항우가 보낸 사자의 말을 듣지 않아 큰 공을 세우고도 결국 제 명을 살지 못했습니다. 반대로 이사는 조고의 말을 순순히 들었던 탓에 천수를 누리지 못했습니다. 타인의 간언諫言은 언제 들어야 하고 언제 듣지 말아야 할까요? 이사의 처세와 죽음은 자신의 자리에 대한 자각과 판단력, 실행력이 없는 리더에게 가하는 서늘한 경고입니다.

명령이나 권유의 표현

군기반위君其反位에서 주목할 대목은 '그 기其'의 자리입니다. 其는 보통 관형어 자리에 놓여서 '그, 그의, 그것, 그것의' 같은 뜻으로 번역되는 한자입니다. 그렇지만 서술어 앞에 오면 추측(아마도, 혹은), 반어(어찌), 권유나 명령(-아라/어라, -십시오) 같은 의미를 전달할 수 있습니다. 추측인지 반어인지 권유나 명령인지는 상황과 의미 맥락을 보고 판단합니다.

이처럼 한문에서 명령(권유)은 서술어 앞에 오는 한자의 의미로 암시되곤 합니다. '그 기其' 외에도 '반드시 필必', '마땅할 의宜' 등의 한자가 활용됩니다. 그렇지만 일반적으로 한문에서 명령문은 평서문과 크게 구별되는 형식 차이가 없습니다. 앞뒤 구절의 의미 맥락만을 따져 짐작할 수밖에 없지요. 우리말에서 명령을 나타내는 어미는 '-어라/아라' '-게, -오' '-십시오' '-려무나' 등이 있습니다.

다른 문장들

居 吾語女[270]

《논어》 양화

거 오어녀

- 居 살/앉을 거 吾 나 오 語 말씀(말)/말할 어 女 여자/너 여. 음이 같은 '너 여汝'와 통용되어 '너'란 뜻을 나타낼 수 있다.
- **이럴 땐 이렇게** 제자인 자로가 여섯 가지 폐단(六蔽)을 모른다고 하자 공자가 자로에게 건넸던 말입니다. 한문 해설서에 따라 吾語女居에서 居를 吾語女 앞으로 도치해 권유의 의미를 나타낸다고 설명하기도 합니다. 그러나 도치하지 않더라도 吾語女에서 한숨 쉬고 居를 말해도 居는 '앉아라'는 뜻을 나타낼 수 있습니다.

▶ **앉거라. 내가 너에게 말해 주겠다.**

樂其可知也[271]

《논어》 팔일

악기가지야

- 樂 즐길/즐거울 락, 노래/음악/악기 악, 좋아할 요 可 옳을/가할/가히(~할 수 있다, ~할 만하다) 가 知 알 지 也 어조사 야
- **이럴 땐 이렇게** 其가 추측을 나타내는 사례입니다.

▶ **음악은 알아 둘 만한 것이다.**

君其勿復言[272]

《사기》 이사열전

군기물부언

- 勿 말 물 復 회복할 복, 다시 부 言 말씀(말)/말할 언
- 이럴 땐 이렇게 其가 명령(권유)을 나타내는 사례입니다. 勿도 '말라, 마라'라는 금지의 명령을 나타냅니다.

▶ **그대는 다시 말하지 마시오.**

此何聲也 汝出視之[273]

구양수 〈추성부〉

차하성야 여출시지

- 此 이 차 何 어찌/무슨 하 聲 소리 성 汝 너 여 出 날 출 視 볼 시
- 이럴 땐 이렇게 화자가 밖에서 나는 이상한 소리를 듣고 부리는 아이에게 말하는 대목입니다. '어조사 야也'가 의문을 나타내는 데 도움을 주고 있지요.

▶ **이게 무슨 소리냐. 네가 나가 보거라.**

【꼭 알아 두기】

'그 기其'는 크게 두 갈래 뜻을 나타낸다. 먼저 관형어 자리에서 '그, 그의, 그것, 그것의' 같은 뜻으로 쓰인다. 다음은 부사어 자리에서 추측(아마도, 혹은), 반어(어찌), 권유나 명령(-아라/어라, -십시오)을 나타낸다.

58편 '귀'를 뜻하지 않는 이耳의 쓰임

《맹자》 고자 상

人人有貴於己者 弗思耳[274]

인인유귀어기자 불사이

사람마다 자기 자신에게 귀함이 있다는 사실을 생각하지 못할 뿐이다.

人人 사람/남 인. 사람마다 有 있을/가질 유 貴 귀할 귀 於 어조사 어. 목적어 앞에 놓여 시간이나 장소(에,에서, 로부터), 대상(을/를, 에게, 에 대해)을 나타낸다. 己 몸/자기 기 弗 아닐 불 思 생각/생각할 사 耳 귀/뿐 이

중국의 춘추 전국 시대는 독일 철학자 칼 야스퍼스가 말한 '축의 시대(Axial Age)'와 대부분의 기간이 겹칩니다. 축의 시대란 대략 기원전 800년부터 기원전 300년까지를 가리키는 용어입니다. 이 시기에 인류 정신사의 근간이 되는 종교와 철학이 탄생했다는 점에 착안해 붙인 것이지요. 중국에서는 공자와 노자가 활약했고, 인도에서는 석가모니가, 그리스에서는 소크라테스와 플라톤이, 이스라엘에서는 이사야와 예레미아 등이 살아갔습니다. 불교, 유교, 유대교, 기독교, 그리스 철학 등이 이들이 깨달았던 사유의 혁신을 딛고 발전한 종교나 철학이지요.

이때 일어난 주요한 전환 가운데 하나가 인간과 신이 맺는 관계의 변화였습니다. 그 이전까지 종교에서 신은 제례 의식이나 주술, 금기에 기반해서 섬기는 신이었습니다. 인신 공양이나 희생 제물을 바쳐서 기

분을 달래거나 기쁘게 해 주면 그에 대한 보답으로 복을 내리고 불운을 피하게 해 준다고 믿었던 신이었습니다. 그러나 축의 시대를 거치며 인간 내면의 가치가 신과 연결되는 수단이 되기 시작했습니다. 자기 수양을 통해 내면의 가치와 목표를 발견하고 이에 따라 도덕적인 행동을 하는 것이 신을 만나는 길이 되었지요. 맹자는 아마도 춘추 전국 시대의 사상가 중에서 이런 내면의 가치를 가장 강조했던 인물일 것입니다. 위 구절도 맹자가 인간이면 누구나 지니고 있다고 믿었던 내면의 고귀한 본성에 관한 언급입니다.

귀해지고 싶은 욕구야 사람의 똑같은 마음이지만 **사람마다 자기 자신에게 귀함이 있다는 사실을 미처 생각하지 못한다.** 남이 귀하게 해 준 자리는 진짜로 귀한 것이 아니다. 권력자 조맹이 귀하게 해 준 자리는 조맹이 천하게도 할 수 있다.

이耳의 쓰임: 而已, 而已矣, 耳, 爾

불사이弗思耳를 '귀를 생각하지 않는다'로 해석하면 큰일까지는 아니더라도 작은 일 정도는 납니다. 이런 耳의 쓰임은 이이而已를 기본형으로 보고 이를 음이 비슷한 耳가 대신했다고 생각하면 접근하기가 편합니다. 而已는 '~하고 만다' '~에 그친다'라는 사전적 뜻을 확장해서 '~할 뿐이다' '~할 따름이다'란 뜻을 나타낸 관용구라 할 수 있습니다. 이爾나 이이의而已矣도 같은 뜻으로 쓰입니다. 모두 음이 같거나 비슷하지요.

다른 문장들

只恨不遭時而已[275]

《난중일기》 1597년 5월 5일

지한부조시이이

- 只 다만/단지 지 恨 한할/한 한 不 아닐(아니) 불 遭 만날 조 時 때 시 而已 말 이을 이, 이미/그만둘/뿐 이. ~할 뿐이다, ~일 따름이다. 而已矣, 而已也도 비슷한 뜻이다.
- **이렇게 번역한다면** '단지 한스러운 것은 때를 만나지 못한 것뿐이다'라고 해석한다면? 어색합니다. 위 문장엔 '무엇은 무엇이다'로 해석할 수 있도록 하는 표지가 없습니다. 이를테면 '무엇은 무엇일 뿐이다'는 문장이었다면 而已보다 뜻이 비슷한 也已矣를 썼을 것입니다.

▶ **단지 때를 만나지 못했음을 한탄할 뿐이다.**

未知凶乎吉乎 向天而誓爾[276]

《삼국유사》 기이 제사 탈해왕

미지흉호길호 향천이서이

- 未 아닐 미 知 알 지 凶 흉할 흉 乎 어조사 호 吉 길할/좋을 길 向 향할 향 天 하늘 천 誓 맹세할/고할 서 爾 너/뿐 이

▶ **좋을 일일지 궂은일일지 알지 못해 하늘을 향해 읊조릴 뿐이었다.**

學問之道無他也 求其放心而已矣[277]

《맹자》 고자 상

학문지도무타야 구기방심이이의

- 學問 배울 학, 물을 문. 배우고 물어서 익히는 일 또는 그렇게 익힌 지식 無 없을 무 他 다를 타 求 구할/찾을 구 其 그 기 放 놓을 방
- **이럴 땐 이렇게** 우리말에서 주어와 같은 말이 문장 안에 반복되면 뒷말

이 '자기, 자신'으로 나타납니다. 이 때문에 '그 기其'는 종종 '자기의, 자신의'로 번역합니다.

▶ **학문의 길은 다른 게 없다. 자신이 놓쳐 버린 마음을 찾을 뿐이다.**

【꼭 알아 두기】

'귀 이耳'가 문장 끝에 쓰이면 '~할 뿐이다' '~할 따름이다'로 해석한다. 耳와 음이 비슷한 이이而已, 이이의而已矣, 이爾 역시 같은 뜻으로 쓰인다.

59편 모양이나 소리를 표현하는 두 가지 방식

《장자》 제물론

栩栩然胡蝶也 自喩適志與[278]

허허연호접야 자유적지여

하늘하늘 날아가는 나비가 절로 기쁘고 마음에 좋았던가.

栩栩 상수리나무 허, 상수리나무 허. 기쁘거나 황홀한 모습을 나타낸다. 상수리나무의 수꽃과 잎이 화려하게 흔들리는 모습에서 나온 표현으로 짐작된다. '훨훨, 나풀나풀' 등으로도 번역할 수 있다. 然 그럴 연 胡蝶 되/어찌 호, 나비 접. 호랑나비나 제비나비 같은 나비를 일컫는다. 也 어조사 야 自 스스로/저절로 자 喩 깨우칠/기뻐할 유 適 맞을(알맞을)/갈 적 志 뜻 지 與 더불/과(와)/줄/어조사 여. 與는 문장 끝에서 의문이나 반문을 나타내는 데 도움을 줄 수 있다.

최근 들어 메타버스란 말이 자꾸 눈에 들어옵니다. 메타버스를 알아야 돈을 번다고도 하고, 차세대 플랫폼인 메타버스가 인터넷보다 더 한 충격파를 사회에 안겨 줄 거라고도 합니다. 처음 메타버스를 들었을 때 미래 교통수단인가 하고 넘겨짚었는데, 알고 보니 버스가 유니버스universe의 줄임말이었습니다. 메타meta가 '너머, 초월'의 뜻이니까 메타버스의 사전적 의미는 '세상 너머의 세계'입니다.

그래서 온라인 가상 현실의 또 다른 말인가 했더니 그것도 아니라는 해설이 많았습니다. 가상 현실 그 자체라기보다 가상 현실과 현실이 융합된 또 다른 세계 또는 그렇게 융합되는 현상을 보통 메타버스라 칭하더군요. 그래도 알 듯 말 듯 했는데 메타버스와 장자의 호접몽胡蝶夢(나비의 꿈)을 연결지은 글들이 꽤 많았습니다. 그런 글에서 메타버스는 '현대판 호접몽'이나 '물화物化의 신세계'에 비유됩니다. 호접몽이 매우 짧은 글이므로 전체를 다 보겠습니다.

> 옛날에 장자가 꿈에서 나비가 되었다. **하늘하늘 날아가는 나비가 절로 기쁘고 마음에 좋았던가,** 스스로 장자인 줄을 몰랐는데 퍼뜩 깨어 보니 분명 장자 자신이었다. 그는 알 수 없었다. "내가 꿈에서 나비가 되었던가, 나비가 꿈에서 내가 되었던가." 장자와 나비는 틀림없이 구분이 가지만 이렇게 구별이 사라진 상태를 물화라 한다.

장자에게 물화는 사람 꿈이 나비인지 나비 꿈이 사람인지 혼재된 경지를 가리킵니다. 이 도식으로 이해하면 현실의 내가 가상 현실 속의 아바타로 사는지 가상 현실 속의 내 아바타가 현실의 나로 사는지, 구분하기 어렵게 융합된 또 다른 세계가 곧 메타버스입니다. 이런 메타버스라면 미디어에서 떠들썩할 만합니다. 인터넷이나 스마트폰이 세상을 바꾸었듯 또 한차례 삶의 모습이 크게 변하리라는 징조이니까요. 물론 그 세계가 장자의 물화처럼 절로 기쁘고 마음에 좋을지는 지켜볼 일입니다.

모양이나 소리의 표현: 중첩과 然, 爾, 如, 若

이번 구절에는 '상수리나무 허栩'처럼 매우 어려운 한자가 포함되어 있습니다. 그래서 다른 용례를 가져올까 고민했지만 '허허연栩栩然'이 한문에서 사물의 모습이나 소리를 표현하는 두 방식을 다 담고 있어서 그대로 썼습니다. 먼저 두 한자를 중첩시키는 방식입니다. 이를 통해 정경을 묘사하거나 움직이는 모양, 소리 등을 나타내지요. 우리말로는 의태어, 의성어 또는 그와 뜻이 비슷한 부사나 형용사로 옮깁니다. 허허栩栩는 '하늘하늘, 훨훨, 황홀하게' 정도로 번역할 수 있습니다.

또 하나는 단어 뒤에 연然, 이爾, 여如, 약若 등을 붙여 움직이는 형태나 보이는 모습을 나타내는 방식입니다. 대개 우리말 부사나 형용사 뜻으로 옮기게 되지요. 돌연突然(뜻밖에), 홀연忽然(갑자기) 같은 단어에 이런 표현의 흔적이 남아 있습니다. '허허연栩栩然'처럼 然이 단어 뒤에 붙는 경우가 많지만 爾, 如, 若 등도 然 같은 기능을 할 수 있습니다.

다른 문장들

雨雨終日 [279]

《난중일기》 1592년 3월 8일

우우종일

• 雨 비 우 終 마칠 종 日 날 일

▶ **온종일 주룩주룩 비가 내렸다.**

沿河上下正爾彷徨 [280]

《열하일기》 도강록 7월 8일

연하상하정이방황

• 沿 따를 연 河 강 하 上 위/오를 상 下 아래/내릴 하 正爾 바를 정, 너 이. 위아래에 대해 정正방향으로 가로질러 왔다 갔다 하는 모습을 나타낸다. 彷徨 헤맬 방, 헤맬 황. 헤매며 돌아다니다

▶ **강을 따라 오르락내리락 가로질러 오가며 헤매었다.**

性豁達 家貧晏如也[281]

《세조실록》 8년 4월 14일

성활달 가빈안여야

• 性 성품/성질 성 豁達 뚫린 골짜기/클 활, 통달할/통할 달. 도량이 넓고 시원시원하다. 家 집 가 貧 가난할 빈 晏 늦을/편안할 안 如 같을/만일 여 也 어조사 야

▶ **성격이 너그럽고 시원시원하여 집이 가난했어도 편안한 모습이었다.**

頭髮盡禿 光光如瓠[282]

《열하일기》 성경잡지 7월 12일

두발진독 광광여과

• 頭髮 머리 두, 터럭 발. 머리털, 머리카락, 머리 盡 다할 진 禿 대머리/벗어질 독 光 빛 광 瓠 표주박/바가지 호

• **이렇게 번역한다면** 光光如를 반들반들한 모습을 나타낸 표현으로 볼 수 없을까요? 그렇게 하면 전체 문장이 '머리가 다 벗어져 반들반들한 바가지이다'로 번역되므로 어색해집니다. 여기선 如가 '같다'는 뜻을 나타냅니다.

▶ **머리가 다 벗어져 바가지같이 반들반들했다.**

【꼭 알아 두기】
한문에서 사물의 모습이나 소리를 표현할 땐 두 한자를 중첩시키거나 단어 뒤에 연然, 이爾, 여如, 약若 같은 한자를 붙인다.

문장과 문장

1

誰能出不由戶 何莫由斯道也 《논어》 옹야

수능출불유호 하막유사도야

________________ 어찌하여 이 길을 따르지 않는가?

2

貧賤者驕人耳 富貴者安敢驕人 《통감절요》 주기 위열왕 23년

빈천자교인이 부귀자안감교인

________________ 부유하고 귀한 이가 어디 함부로 남에게 교만합니까?

3

未知凶乎吉乎 向天而誓爾 《삼국유사》 기이 제사 탈해왕

미지흉호길호 향천이서이

좋은 일일지 궂은일일지 알지 못해 ________________

4

可淺可深 可浮可沈 可曲可直 可言可默 《관자》 주합

天不一時 地不一利 人不一事

가천가심 가부가침 가곡가직 가언가묵 천불일시 지불일리 인불일사

얕을 수도 깊을 수도 있고, 떠 있을 수도 잠겨 있을 수도 있고, ________

____

하늘은 한 시기에 머무르지 않고 땅은 한 가지 이로움만 주지 않고 사람은 한 가지 일만 하지 않는다.

1 누구라도 문을 거치지 않고 나갈 수 있는가.

2 가난하고 천한 이가 남에게 교만할 뿐이지

3 하늘을 향해 읊조릴 뿐이었다.

4 굽을 수도 곧을 수도 있으며, 말하게 될 수도 침묵하게 될 수도 있다.

8장

가정과 양보의 표현, -한다면 -할지라도

'-(으)면' '-라면' 등은 우리말에서 가정이나 조건을 나타내는 어미입니다. '~하면 ~한다', '~라면 ~한다' 식으로 쓰지요. '-ㄹ지라도' '-더라도' 등은 양보를 나타내는 어미이고 '~할지라도 ~한다' '~하더라도 ~한다'는 식으로 씁니다. 이 가정과 양보 표현이 한문에서는 어떻게 나타나는지 읽어 봅니다. 필수 한자는 '곧 즉則' '만약/같을/너 약若' '만일/같을 여如' '진실로/구차할 구苟' '비록 수雖'입니다.

60편 가정을 나타내는 즉則, 사斯, 내乃

《통감절요》 주기 위열왕 23년

臣聞脣亡則齒寒[283]

신문순망즉치한

저는 입술이 없어지면 이가 시린다고 들었습니다.

臣 신하 신 聞 들을 문 脣 입술 순 亡 망할/잃을(없어질) 망 則 곧 즉, 법칙 칙 齒 이 치 寒 찰 한

중국 역사를 바꾼 말 중에서 순위를 매겨 보면 아마도 탑10 안에 들어갈 구절일 것입니다. 기원전 453년이었습니다. 진晉나라 귀족들 중에서 가장 세력이 강했던 지백智伯이 한강자韓康子와 위환자魏桓子를 거느리고 조양자趙襄子의 영지였던 진양을 공격했습니다. 땅을 할양해 달라는 지백의 요구를 조양자가 거절했다는 이유 때문이었습니다. 한강자와 위환자가 고분고분 땅을 지백에게 바치고 이미 복종한 뒤라 지백의 기세가 하늘을 찔렀지요. 진양의 함락과 조양자의 몰락은 예정된 운명이었습니다.

그러나 조양자는 포기하지 않았습니다. 은밀히 한강자와 위환자의 막사로 밀사를 보내 이간책을 쓰는 마지막 수를 냈습니다. "입술이 없어지면 이가 시린다"라는 이 비유가 바로 그 밀사가 건넸던 말이었습니다. 입술 같은 조양자가 무너지면 지백이 위환자와 한강자를 침략할 테니 셋이 힘을 합쳐 지백을 물어뜯자는 제안이었지요. 한강자와 위환

자는 그 제안을 받아들였고, 약속된 날짜에 조양자와 협공해 지백을 무너뜨렸습니다. 춘추 시대의 강대국이었던 진晉나라가 이렇게 위魏, 한韓, 조趙 세 나라로 쪼개졌지요. 이미 허수아비 신세였던 진晉의 제후 애공哀公도 서민과 다름없는 신세로 전락했습니다. 그러고 나서 50년 뒤인 기원전 403년, 주나라 왕실은 이들의 후손을 제후에 봉함으로써 그 반란을 공인해 줍니다.

후대 중국의 역사가나 정치가들은 이 사건에서 그 이전과 다른 시대의 특징을 읽어 냈습니다. 제후국의 신하가 멋대로 주 왕실이 분봉한 제후의 권력을 찬탈해도 어쩌지 못하고 합법화하는 시대, 더 나아가 그런 질서가 상식이 되는 시대가 열렸다고 본 것이지요. 이 새로운 시대를 보통 그 이전의 춘추 시대와 구분하여 전국 시대라고 부릅니다. 사건 발생을 기준으로 하느냐, 주 왕실의 공인을 기준으로 하느냐에 따라 구분의 기점은 학자마다 다릅니다.

가정을 나타내는 즉則, 사斯, 내乃

'곧 즉則'은 한문에서 가정과 조건을 나타내는 가장 대표적인 한자입니다. 보통 단어와 단어, 구절과 구절 사이에 놓이고 우리말로는 보통 '-(으)면' '-라면' '-거든' '-더라도' 같은 어미를 써서 번역합니다. 순망즉脣亡則은 '입술이 없어지면'이 되지요. 다만 則이 구절을 대비할 때는 '-은(는)'을 붙여 번역해야 자연스럽습니다. 다른 문장들에서 확인해 보세요. 그리고 '이/곧 사斯' '이에/곧 내乃'도 則처럼 쓸 수 있습니다.

다른 문장들

水則載舟 水則覆舟[284]

《순자》 왕제

수즉재주 수즉복주

- 水 물 수. 서민 또는 백성을 비유한다. 載 실을 재 舟 배 주. 임금을 비유한다. 覆 엎을(뒤집을) 복, 덮을 부
- **이럴 땐 이렇게** "임금은 배이고 서민은 물이다"라는 구절 다음에 나오는 말입니다. 則이 구절을 대비할 때 쓰이는 사례입니다.

▶ **물은 배를 띄우기도 하고 물은 배를 뒤집기도 한다.**

儉則傷事 侈則傷貨[285]

《관자》 승마

검즉상사 치즉상화

- 儉 검소할 검 傷 다칠/상할 상 損傷 傷害 事 일/섬길 사 事業 事故 從事 侈 사치할 치 貨 재물/재화 화

▶ **검소하면 사업을 손상시키고 사치하면 재물을 손상시킨다.**

清斯濯纓 濁斯濯足矣[286]

《맹자》 이루 상

청사탁영 탁사탁족의

- 淸 맑을 청 斯 이(이것)/곧 사 濯 씻을 탁 洗濯 纓 갓끈 영 濁 흐릴 탁 足 발/족할/족히 족 矣 어조사 의

▶ **(물이) 맑으면 갓끈을 헹구고 흐리면 발을 씻는다.**

一貧一富乃知交態[287]

《사기》 급정전

일빈일부내지교태

• 乃 이에/곧/마침내. 부사어로 쓰여 '이에, 곧, 비로소, 마침내' 등의 뜻을 나타낸다. 交 사귈 교 情 뜻/정 정 態 모습 태 態度 形態

▶ **한 번 가난하고 한 번 부유해지면 사귀던 태도를 알게 된다.**

【꼭 알아 두기】

'곧 즉則'은 보통 '-(으)면' '-라면' '-거든'으로 번역하고 구절을 대비할 때는 '-은(는)'을 붙여 번역한다.

61편 가정을 나타내는 여如, 약若, 이而

《열하일기》 도강록 6월 27일

若以如來慧眼 遍觀十方世界 無非平等[288]

약이여래혜안 편관시방세계 무비평등

만약 석가여래의 지혜로운 눈으로 이 세상을 두루 살펴본다면 평등 아닌 것이 없다.

若 같을/만약 약 以 써(로써)/때문에 이 如來 같을/만일 여, 올 래. 부처를 달리 일컫는 말. 석가여래 慧 슬기로울/지혜 혜 眼 눈 안 遍 두루 편/변 觀 볼 관 十方世界 열 십, 모/방향 방, 인간/세대 세, 지경/경계 계. 온 세계를 나타내는 불교 용어로 십방세계가 아니라 시방세계로 읽는다. 無 없을 무 非 아닐 비 平等 평평할/고를 평, 같을 등

과거의 한자 문화권에서 평등의 관념이 불교 전통 속에서 보존되어 왔음을 알려 주는 구절입니다. 더불어 연암 박지원이 불교에 대해 지니고 있던 열린 태도도 보여 줍니다. 그가 청나라 시골 도시의 반듯한 건축물과 살림 수준을 보고 잠깐 주눅이 들었을 때 부처의 시선을 떠올리며 반성하는 대목에 나옵니다. 물론 이 평등이 법 앞의 평등이나 기회의 평등 같은 현대적 의미를 함축하고 있진 않았습니다. 그런 의미는 평등이 이퀄리티equality의 번역어로 채택되는 19세기 말 이후에야 더해지니까요.

불교에서 평등은 깨달음에 차별이 존재하지 않는다는 의미를 담아 흔히 쓰였습니다. 모든 사람이 불성을 지니고 태어나므로 누구나 부처

가 될 수 있다는 사상이 불교의 평등 관념을 보여 주지요. 불경에서는 평등각平等覺, 평등안平等眼, 평등심平等心 같은 단어를 쉽게 찾을 수 있습니다. 모두 만물을 차별 없이 고르게 대하려는 의식이 배어 있는 단어들입니다. 이런 사유의 전통이 있었기에 이퀄리티가 갖는 현대적 의미를 평등이란 말로 쉽게 포착할 수 있었던 것입니다.

프랑스 혁명의 3대 이념이 자유, 평등, 박애(우애)입니다. 이 가운데 리버티liberty의 번역어가 되는 자유自由는 한문 고전에 용례가 나오지만 이념적 가치를 담고 있진 않았습니다. '스스로 행하다' '제멋대로 하다' 같은 뜻의 서술어로 주로 쓰였지요. 그러나 프러태너티fraternity의 번역어가 되는 박애博愛는 유학의 핵심 가치인 인仁과 관련 있었습니다. 송나라 유학자 중 특히 한유가 "널리 사랑함을 인이라 한다"(博愛之謂仁)라고 하여 박애를 거의 인仁과 동일시해서 사유했지요. 그러니까 프랑스 혁명의 가치를 수용하고 이해하는 데에서만큼은 불교와 유교라는 전통 사유가 동등하게 작용했던 셈입니다.

가정을 나타내는 여如, 약若, 이而

'같을/만일 여如'와 '같을/만약 약若'은 '곧 즉則'처럼 가정과 조건을 나타낼 때 자주 쓰는 한자입니다. '만일/만약 ~한다면' '만일/만약 ~라면' 정도로 해석하고, '만약, 만일'은 생략하기도 합니다. '-(으)면'이라는 어미만으로도 가정과 조건의 의미를 나타낼 수 있으니까요.

한편 如와 음이 비슷한 '말 이을 이而' 역시 종종 가정과 조건을 나타냅니다. 이 경우 而는 如로 대치할 수 있는 부사어 자리에 오는 경우가 많고 해석도 如와 같습니다.

다른 문장들

如我能將幾何[289] 《사기》 회음후열전

여아능장기하

- 如 같을/만일 여 我 나 아 能 능할/능력/능히(~할 수 있다) 능 將 장수/거느릴/장차 장 幾何 몇(얼마)/기미 기, 어찌/무엇/얼마 하. 얼마
- **이렇게 번역한다면** 위 문장에서 如我를 '나라면' '나 같으면' '만일 나라면'이라고 해도 다 좋습니다.

▶ **만일 나라면 얼마나 거느릴 수 있는가?**

人而無信 不知其可也[290] 《논어》 위정

인이무신 부지기가야

- 人 사람/남 인 而 말 이을 이 信 믿을 신 信義 信賴 信念 不 아닐(아니)/못할 불(부) 知 알 지 其 그 기 可 옳을/가할/가히(~할 수 있다) 가. '가하다'는 옳거나 좋다, 괜찮다는 뜻이다. 也 어조사 야
- **이렇게 번역한다면** 人而無信은 세 갈래 해석이 가능합니다. 먼저 而는 음이 비슷한 '만일 여如'와 통용됩니다. 而를 如와 통용된 것으로 보면 '사람이 (만일) 신의가 없다면'으로 해석합니다. 또 而는 서술어와 서술어를 이어서 '사람이 되어 신의가 없다면'으로 번역할 수 있습니다. 마지막으로 而는 부사어와 서술어를 연결하므로 '사람으로 신의가 없다면'이라고 번역할 수 있습니다. 우리말로는 뉘앙스 차이가 있지만 한문에서는 세 뜻을 크게 구분하지 않습니다. 其可는 그의 옳음, 가함입니다. 이 可는 쓸모로 번역하는 번역자도 많습니다.

▶ **사람이 신의가 없다면 그가 옳은지를 알지 못한다.**

天若有情 天亦老[291]

이하 〈금동선인사한가〉

천약유정 천역로

- 天 하늘 천 有 있을 유 情 뜻/정 정 人情 感情 亦 또한 역 老 늙을 로

▶ **하늘에게 정이 있다면 하늘도 늙어 갈 것이다.**

如殺無道 以就有道何如[292]

《논어》 안연

여살무도 이취유도하여

- 殺 죽일 살 無道 없을 무, 길/도리 도 就 나아갈/이룰 취 何如 어찌 하, 같을/만일 여. 어떻게, 어떤, 어떠한가
- **이럴 땐 이렇게** '써 이以'가 음이 같은 '말 이을 이而'와 통용되어 쓰였습니다. 而는 앞 구절과 뒤 구절을 이어 주는데 맥락에 따라 나열(-고, -며), 상반(-나, -지만), 가정(-면), 배경(-는데), 이유(-아서/어서) 등의 뜻으로 두루 번역할 수 있습니다. 만약 앞 구절을 '만일 막돼먹은 놈을 죽임으로써'라고 하면 어떨까요? 괜찮습니다. 명사와 동사(형용사) 뜻을 다 지니는 한자 특성상 절과 구의 구분이 엄밀하지 않습니다.

▶ **만일 막돼먹은 놈을 죽여서 옳은 길로 나아가게 한다면 어떨까요?**

【꼭 알아 두기】

如와 若이 부사어 자리에서 가정과 조건을 나타내면 '(만일/만약) ~한다면' '(만일/만약) ~라면'으로 해석한다. 而 역시 음이 같은 如와 통용되어 가정과 조건을 나타내면 如처럼 해석한다.

62편 가정을 나타내는 구苟와 사使

《논어》 이인

苟志於仁矣 無惡也[293]

구지어인의 무악야

진실로 인仁에 뜻을 두면 나쁜 짓을 하지 않는다.

苟 구차할/진실로 구 志 뜻 지 於 어조사 어 仁 어질(인자할)/사람/씨 인 矣 어조사 의 無 없을/말 무 惡 나쁠 악, 미워할 오. 여기선 '악'이라 읽었지만 '오'로 읽는 학자도 있다. 이 경우 무오無惡는 '미워하지 않는다, 미움이 없다, 미워하지 말라'와 같이 해석된다. 也 어조사 야

자전거를 타려면 페달을 밟아 가며 핸들을 움직여 균형을 잘 잡아야 합니다. 그렇지만 자전거를 처음 타보는 사람에게 균형의 중요성을 아무리 강조한들 실제로 자전거를 타보면서 균형 감각을 몸에 익히지 않는 한 자전거는 나가지 못하고 넘어집니다. 공자의 '인仁'이 이 자전거 타는 법의 '균형'이란 개념과 비슷한 데가 있습니다.

공자는 인간관계를 올바르게 조화시키는 원리나 방법, 덕목, 능력 등을 지칭할 때 '인仁'이란 말을 썼습니다. 어떤 경우엔 그것이 '남을 사랑하는' 일이었고 어떤 경우엔 '어려운 일에 앞장서고 이익을 챙길 때 뒤에 서는' 태도였지요. 또 '공손하고 너그럽고 믿음직하고 민첩하고 은혜를 베푸는' 행위를 가리키기도 했습니다. 그때그때 상황에 따라 실현되는 의미가 달라지므로 사람들 속에서 인仁의 감각을 발달시키지

않는 한 온전한 의미를 정의하고 체험하기가 어렵습니다.

이 때문에 仁은 한자음 그대로 '인仁'이라 번역하는 경우가 많습니다. 인仁에 대응하는 우리말 번역어를 한 단어로 확정하기 어렵기 때문이지요. '어질다'는 인仁을 덕목이란 측면에서 포착한 뜻이지만 고어투라 번역에 자주 활용되지는 않습니다. 그렇더라도 인仁의 의미를 우리말 일상 어휘로 이해하려는 노력을 접을 필요는 없습니다.

다음은 공자 후대의 인물인 자사, 장자, 한유가 인仁을 이해한 바에 따라 공자의 위 문장을 재구성해 본 예입니다.

仁者人也 인仁은 인간이다. 《중용》 20장

▶ 진실로 **인간**에 뜻을 두면 나쁜 짓을 하지 않는다.

愛人利物之謂仁 사람을 사랑하고 만물을 이롭게 하는 것을 인仁이라 한다. 《장자》 외편 천지

▶ 진실로 **사람을 사랑하고 만물을 이롭게 하는 데**에 뜻을 두면 나쁜 짓을 하지 않는다.

博愛之謂仁 널리 사랑하는 것을 인仁이라 한다. 한유 〈원도〉

▶ 진실로 **널리 사랑하는 데** 뜻을 두면 나쁜 짓을 하지 않는다.

가정을 나타내는 구苟와 사使

'진실로/구차할 구苟'와 '하여금/가령 사使'는 '곧 즉則'이나 '같을/만약 약若' 같은 한자에 비해 빈도가 낮지만 종종 가정을 나타내는 문장에 쓰입니다. 苟는 '진실로(만약) ~한다면' '진실로(만약) ~라면'으로 해석하고, 使는 '가령(만약) ~한다면, ~한다면' 정도로 해석하지요.

苟가 '구차하다' '잠시'란 뜻으로도 쓰이고, 使가 '하여금(시키다)' '사신'의 뜻을 지닌 점도 기억해 두면 좋습니다.

사실 한문은 한자와 한자 사이의 의미 맥락만으로도 가정을 나타낼 수 있습니다. 이를테면 현재나 과거의 일이 아닌 어떤 상황이 문장 앞에 놓이면 그 구절을 가정이나 조건으로 해석할 수 있습니다. 이런 구절에 苟나 使가 쓰인다면 가정이나 조건의 의미가 확실해집니다.

다른 문장들

一夫當逕 足懼千夫[294]

《난중일기》 1597년 9월 15일

일부당경 족구천부

- 一夫 한 일, 지아비/사내 부. 한 사람 當 마땅/당할/막을 당 逕 좁은 길 경 足 발/족할/족히(~할 수 있다) 족 今 이제 금 我 나 아 謂 이를 위
- **이럴 땐 이렇게** 문장의 의미 맥락만으로 가정을 나타낸 사례입니다. 一夫當逕이 현재 벌어지고 있는 사건의 서술이 아니지요. 이 구절은 명량해전의 승리를 이끌어 냈던 이순신의 전략을 알려 줍니다.

▶ **한 사람이 길목을 막으면 천 명도 두렵게 할 수 있다.**

使驕且吝 其餘不足觀也已[295]

《논어》 태백

사교차린 기여부족관야이

- 驕 교만할 교 且 또/장차 차 吝 아낄 린 吝嗇 餘 남을/나머지 여 不足 아닐 불/부, 발/족할/족히 족. 서술어 앞에서 '~할 수 없다' '~할 만한 가치가 없다'의 뜻을 나타낸다. 觀 볼 관 也已 어조사 야, 이

미/그칠 이. 긍정이나 감탄의 어조를 나타내는 데 도움을 준다.

▶ **만약 교만하고 인색하게 한다면 그 나머지는 볼 것도 없다.**

知之必好之 好之必求之 [296]

《근사록》 위학

지지필호지 호지필구지

- 知 알 지 之 갈/그것 지 必 반드시 필 好 좋을 호 求 구할 구
- **이럴 땐 이렇게** 문장의 의미로 가정을 나타낸 사례입니다. 구조가 비슷한 105구와 비교해 두면 좋습니다. 之는 이 문장에서 드러나지 않지만 배움의 대상을 폭넓게 지칭합니다.

▶ **알면 반드시 좋아지고 좋아지면 반드시 구한다.**

【꼭 알아 두기】

한문에선 현재나 과거의 일이 아닌 상황을 문장 앞에 제시하는 것만으로 가정이나 조건을 나타낼 수 있다. 이런 문장에 '진실로 구 苟'와 '가령 사使'가 쓰이면 가정이나 조건의 뜻이 분명해진다.

63편 가정의 관용 표현 不(非/無)AB

《맹자》 이루 상

愛人不親反其仁 治人不治反其智[297]

애인불친반기인 치인불치반기지

남을 사랑해 주는데도 친해지지 않으면 너그러웠는지 반성하고, 남을 다스리는데 다스려지지 않으면 지혜로웠는지 반성한다.

愛 사랑/사랑할 애 親 친할(가까울)/어버이 친 反 돌이킬/돌아올/오히려 반 反逆 反省 仁 어질(인자할)인 治 다스릴 치 智 지혜 지

자기반성과 성찰에도 요령이 필요함을 알려 주는 구절입니다. 아마 한 번쯤은 경험해 봤을 것입니다. 마음에 드는 친구나 동료에게 관심을 갖고 나름대로 신경을 쓰고 잘 대해 주는데도 가까워지지 않거나 오히려 더 멀어졌던 경험. 이럴 때 맹자는 자신의 인仁을 반성하라고 충고합니다. 뭘 반성하라는 소리일까요?

62편에도 잠깐 나왔지만 인仁은 사람의 덕목이란 측면에서 봤을 때 '어짊, 너그러움, 사랑, 배려, 연민, 박애' 같은 말로 나타낼 수 있습니다. 그런데 맹자는 이런 덕목의 내면적 근거를 깊이 사유한 유학자였습니다. 사람 내면에 잠재된 인성을 발양시켜 인仁의 자질이나 덕목을 키워 내려고 했지요. 그래서 측은지심惻隱之心에서 인仁의 실마리를 찾고, '인仁은 사람의 마음이다'(仁人心也) 같은 말을 남기기도 했습니다. 이런 시선으로 보자면 인仁을 반성한다는 말은 사람의 마음을 헤아렸는

지 반성해 보라는 뜻이 됩니다.

남을 사랑할 때는 자신의 욕구를 앞세우기 쉽습니다. 사랑하는 욕구만 크고 상대의 마음을 헤아리는 공감력이 없다면 남을 사랑하더라도 친해지기가 어렵겠지요. 이럴 때 옳은지 그른지, 되는지 안 되는지 따위를 반성하는 것은 큰 도움이 되지 않습니다. 한편 남을 다스릴 때는 자신의 권위와 권한을 앞세우기 쉽습니다. 권력을 가졌다고 일에 합당한 목표나 절차를 무시하면 아랫사람의 진심 어린 동의를 얻기 어렵습니다. 이럴 때는 일의 옳고 그름, 가능성, 리스크 따위를 지혜롭게 판단했는지 반성해야 합니다. 맹자의 조언이었습니다.

가정의 관용 표현: 不(非/無)A B

한문에서는 과거에 일어나지 않았거나 현재에 일어나지 않은 일을 문장 앞에 서술할 경우 가정이나 조건을 나타낼 수 있습니다. '不A B'라고 한다면 'A하지 않으면 B하다' 'A하지 않으면 B이다'로 해석되지요. 불不 자리에 비非나 무無가 놓인 문장도 마찬가지입니다. 다만 부정하는 문구가 문장 앞에 놓인다고 해서 무조건 가정을 나타내진 않으니까 뜻을 살펴야 합니다.

다른 문장들

人無遠慮 必有近憂[298]

《논어》 위령공

인무원려 필유근우

• 遠 멀 원 慮 생각할/근심할 려 必 반드시 필 近 가까울 근 憂 근심 우

▶ **사람이 멀리 내다보며 생각하지 않으면 반드시 가까이에 근심이 있게 된다.**

不登高山 不知天之高也 [299]

《순자》 권학

부등고산 부지천지고야

• 登 오를 등 高 높을 고 山 산 산 知 알 지 天 하늘 천 之 갈/그(그것)/어조사(의/-는, 이/가, 을/를) 지 也 어조사 야

• **이렇게 번역한다면** '높은 산을 오르지 않으면 하늘의 높음을 알지 못한다'로 번역하면? 괜찮습니다. 간혹 登高山이 '높은 산을 오르다'인지 '높은 산에 오르다'인지 질문을 받습니다. 둘 다 맞습니다. 天之高도 '하늘의 높음'인지 '하늘이 높은 것'인지 질문을 받습니다. 둘 다 맞습니다. 天之高는 天高(하늘이 높다)가 知의 목적어로 쓰인 형태입니다. 우리말에서는 '하늘의 높음'이 명사구이고 '하늘이 높은 것'이 명사절이라 하여 둘을 구분합니다. 하지만 한문에서는 그런 구분이 엄밀하지 않고 둘 다 명사 성격인 점만이 중요합니다.

▶ **높은 산에 오르지 않으면 하늘이 높은지를 알지 못한다.**

非夫人能之也 不可以爲大功 [300]

《관자》 승마

비부인능지야 불가이위대공

• 非 아닐 비 夫 사내/남편/저 부 人 사람 인 能 능할/능력/능히(~할 수 있다) 능 可以 옳을/가히(~할 수 있다) 가, 써/때문에 이. ~할 수 있다, ~할 만하다 爲 할/될/위하여/삼을(여길) 위 大 큰 대 功 공 공 功績

• **이럴 땐 이렇게** 여기서 夫는 이 구절 앞에 나온 어리석은 사람, 재능 없

는 사람을 가리킵니다. 한문에서 먼 데나 먼 사람을 지칭하는 夫는 천시하는 의미를 담은 경우가 많습니다.(15편 참조) '할 위爲'는 사전에 따라 뜻 갈래가 20가지가 넘게 나타나는 한자입니다. '大功(큰 공적)을 爲하다'라고 했을 때 爲의 '하다'는 어떤 의미를 지닐까요? 이런 질문을 가지고 한자 사전의 뜻 갈래를 확인합니다.

▶ **저런 사람들까지 능숙하지 않으면 큰 공적을 이룰 수 없다.**

待客不得不豊 301

《명심보감》 치가

대객부득불풍

- 待 기다릴/대접할 대 客 손 객 不 아닐(아니) 불/부 得 얻을 득 豊 풍년/넉넉할 풍 豊盛
- **이럴 땐 이렇게** 不得不豊은 不豊 앞에 나온 不得이 가정이나 조건을 의미하지 않는 사례입니다. 不得不은 '~하지 않을 수 없다'는 뜻.

▶ **손님을 대접하는 일은 넉넉하게 하지 않을 수 없다.**

【꼭 알아 두기】

한문에서 부정하는 말이 문장 앞에 놓이면 가정이나 조건을 나타내는 경우가 많다. 不(非/無)A B라면 'A하지 않으면 B하다' 'A 아니라면 B이다'로 해석한다.

64편 양보의 수雖와 종縱

《난중일기》 1594년 5월 10일

賊雖來犯 可以殲滅矣[302]

적수래범 가이섬멸의

왜적이 침범해 오더라도 모조리 쳐부술 수 있을 것이다.

賊 도둑/역적 적 雖 비록 수 來 올 래 犯 범할/죄 범 侵犯 可以 옳을/가히(~할 수 있다) 가, 써(로써)/때문에 이. ~할 수 있다, ~할 만하다 殲滅 다 죽일 섬, 멸할/꺼질 멸. 섬멸하다, 모조리 무찔러 없애다 矣 어조사 의

비가 주룩주룩 내렸다. 새벽에 일어나 창을 열고 먼 바다를 바라다보니 수많은 배들이 한가득 바다를 지키고 있었다. **왜적이 침범해 오더라도 모조리 쳐부술 수 있을 것이다.**

임진왜란이 일어난 때로부터 2년 후인 1594년 5월 10일 이순신 일기의 한 대목입니다. 이순신이 포구 앞에 떠 있는, 수가 예전보다 늘어난 함선을 보고 흡족해하는 심경이 담겨 있습니다. 이 시기는 전쟁이 소강기에 접어든 때였습니다. 1593년 4월에 조명朝明 연합군이 한성을 탈환한 이후, 그해 여름부터 진행된 명나라와 일본 간의 강화 교섭이 1년 가까이 이어지던 시기였습니다. 당시 일본군은 남해안의 성안에 웅크리고 있었습니다. 그렇지만 명나라 군대가 전쟁을 피하고 조선 군대가

전염병과 기아로 고통받고 있었던 터라 제대로 된 공략 방안을 내지 못했지요. 이순신도 삼도수군통제사의 직위를 맡아 조선 수군 전체를 통솔하고 있었지만 1592년만큼의 성과를 내지 못했습니다. 일본 수군이 조선 수군을 만날 때마다 싸움을 회피하고 도망쳤기 때문입니다.

이때 이순신이 준비했던 전략이 수군의 전력 증강이었습니다. 조선 수군의 전체 함선 수를 250척까지 늘려서 일본이 상륙한 곳의 수군 본진을 무너뜨릴 계획이었지요. 《이순신 평전》(이민웅, 책문)에 따르면 위 일기를 쓰던 1594년 중반기에 대략 140여 척의 배가 준비되었다고 합니다. 이 수는 원균이 삼도수군통제사 직에 오르기 직전인 1597년 상반기에 180여 척까지 증가했습니다. 그러니까 칠천량 해전의 패전은 이순신이 3, 4년간 꾸준히 준비해 온 일본 수군의 궤멸 전략을 무너뜨리는 패배였습니다. 선조와 원균도 왜적을 싫어하고 조선 땅에서 몰아내고 싶었을 것입니다. 그러나 역사는 항상 적을 상대할 때 증오와 분노 이상의 전략과 대비가 필요하다는 사실을 보여 줍니다.

양보를 나타내는 수雖와 종縱

'비록 수雖' '설령 종縱'은 한문에서 양보를 나타내는 대표 한자들입니다. 雖는 '비록 ~할지라도, 비록 ~지만' 정도로, 縱은 '설령 ~더라도' 정도로 해석합니다. 우리말에서 양보를 나타내는 어미가 '-어도, -더라도, -은들, -든지, ㄹ지라도'이므로 서술어에 따라 적절히 변조합니다. 다만 雖는 '오직, 단지' 같은 뜻으로, 縱은 '세로, 놓다'란 뜻으로도 쓰이므로 주의합니다.

다른 문장들

我縱言之 將何補[303] 이백 〈원별리〉

아종언지 장하보

• 我 나 아 縱 세로/설령/놓을 종 言 말씀 언 將 장수/장차 장 何 어찌(어느)/무엇 하 補 기울/도울 보

▶ **내가 설령 말해 본들 장차 무엇을 돕겠는가.**

雖有智慧 不如乘勢[304] 《맹자》 공손추 상

수유지혜 불여승세

• 雖 비록 수 智慧 슬기 지, 슬기로울 혜. 지혜 不如 아닐 불, 같을 여. ~만 못하다, ~같지 않다 乘 탈/오를 승 勢 형세/권세 세

▶ **비록 지혜가 있더라도 형세를 타는 것만 못하다.**

人雖至愚 責人則明[305] 《송명신언행록》 범순인

인수지우 책인즉명

• 至 이를/지극할 지 愚 어리석을 우 責 꾸짖을/책임 책 明 밝을 명

▶ **사람이 지극히 어리석더라도 남을 책망할 때는 명석하다.**

【꼭 알아두기】

'비록 수雖'는 '비록 ~할지라도, 비록 ~지만'으로 해석한다. '설령 종縱'은 '설령 ~더라도'로 해석한다.

문장과 문장

1

其言之不怍 則爲之也難 《논어》 헌문

기언지부작 즉위지야난

________________ 그 말을 행하기가 어렵다.

2

丘也幸 苟有過 人必知之 《논어》 술이

구야행 구유과 인필지지

나는 행복하다. ________________

3

爾輩食之 不見日光百日 便得人形 《삼국유사》 기이 고조선

이배식지 불견일광백일 변득인형

너희들이 이것을 먹으면서 ________________

________________ 곧 사람 몸으로 바뀔 것이다.

4

有過不罪 無功受賞 雖亡 不亦可乎 《한비자》 내저설상

유과부죄 무공수상 수망 불역가호

잘못이 있어도 죄받지 않고 공이 없는데도 상을 받는다면 ____________

____

5

信如君不君 臣不臣 父不父 子不子 雖有粟 吾得而食諸

신여군불군 신불신 부불부 자부자 수유속 오득이식제 《논어》 안연

____

____________ 비록 곡식이 있더라도 내가 얻어먹을 수 있겠는가.

---

1 자신이 한 말을 부끄러워하지 않는다면
2 진실로 잘못한 일이 있으면 사람들이 꼭 알려 준다.
3 백일 동안 햇빛을 보지 않는다면
4 비록 망하더라도 옳지 않겠는가.
5 진실로 임금이 임금답지 않고 신하가 신하답지 않고 아버지가 아버지답지 않고 자식이 자식답지 않다면

9장

사동과 피동의 표현, -하여금 -의해서

우리말에서 '먹다, 먹이다, 먹히다'는 비슷해 보이지만 뜻이 다릅니다. '먹다'는 행위의 주체가 스스로 먹는 행위를 나타낼 때 사용합니다. '먹이다'는 남으로 하여금 먹게 할 때, '먹히다'는 남에 의해서 먹는 행위가 행해질 때 사용하지요. 한자 형태가 변하지 않고 어미 활용이 없는 한문에서는 이런 의미 차이를 어떻게 나타낼까요? 이번 장의 필수 한자는 '하여금/명령 령令' '하여금/부릴 사使' '볼/당할 견見' '입을 피被'입니다.

65편 사동의 사인방 령令, 사使, 교敎, 견遣

이원익 〈답서〉

此書之來 令人心動 [306]

차서지래 령인심동

이 글을 보내온 사정은 사람 마음을 감동시킵니다.

此 이 차 書 글/책/편지/쓸 서 之 갈/그(그것)/어조사 지 來 올 래 令 하여금/명령 령 人 사람/남 인 心 마음 심 動 움직일 동 感動

일에는 그만두지 못하는 형세가 있고 사정에는 더없이 급한 형편이 있습니다. 더없이 급한 사정을 지니고 그만두지 못하는 일에 맞추다 보면 '집안일을 잊어야만 하는 의무에 어찌 죄를 짓겠는가?' 하면서도 어버이를 위하는 사사로운 감정에 굴복하곤 합니다. 저에게는 올해 여든한 살이 되는 늙으신 어머니가 계십니다.

이순신이 상관이었던 체찰사體察使 이원익李元翼에게 보낸 휴가 요청서의 첫 대목입니다. 여기서 그만두지 못하는 일은 전쟁이 끝나지 않은 상태에서 삼도수군통제사의 중임을 맡은 처지를 가리킵니다. 더없이 급한 사정은 나이 들고 병든 어머니를 햇수로 3년째 만나지 못하는 신세를 가리키지요. 이 둘이 부닥쳤을 때 그동안은 그만두지 못하는 일을 앞세웠지만 잠시나마 더없이 급한 사정을 헤아려 달라는 요청을 하려고 운을 떼는 구절입니다. 당시 이순신은 여수 군영에 있었고 어머니는 순천에 머무르고 있었지요.

위 구절 다음에서 이순신은 자신의 어지러운 현재 감정과 휴가를 가도 괜찮은 준비 태세 등에 대해 절절하고 설득력 있게 논지를 전개합니다. 이렇게 품격 있고 가슴을 울리는 휴가 요청서는 아마 쉽게 찾아보기 어려울 것입니다. 그렇다면 이원익은 휴가 요청을 받아들였을까요? 거절했습니다. 그러나 그는 이순신의 요청을 잊지 않고 적절한 시점에 결국 휴가를 보내 주었습니다. 아래는 이순신만큼 격조 있었던 이원익의 답장입니다. 대략 1595년 하반기에 주고받은 것으로 보입니다. 이순신이 감옥에 가기 전이었습니다.

> 지극한 감정이 일어나는 데에서야 그대나 나나 마찬가지입니다. **이 글을 보내온 사정은 사람의 마음을 감동시킵니다.** 다만 공무에 관계된 일인지라 함부로 가벼이 결정하지 못하겠습니다.

사동을 나타내는 령令, 사使, 교教, 견遣

'하여금/명령 령令' '하여금/부릴 사使' '가르칠/하여금 교教' '보낼/하여금 견遣'은 한문에서 사동의 의미를 나타내는 한자 사인방입니다. 네 한자 모두가 지닌 '하여금'이라는 뜻 갈래가 그런 기능을 표현합니다. 사동使動은 남으로 하여금 하게 하는 동작이나 행위를 가리키지요. 자기 스스로 동작이나 행위를 하는 주동主動에 대비되는 용어입니다.

우리말에서 사동은 동사나 형용사에 '-이, -히, -리, -기, -우, -구, -추' 같은 말이나 '-게 하다'란 말을 붙여 나타냅니다. '시키다'처럼 사동의 뜻이 내포된 단어를 써서 표현하기도 하지요. '令AB'라고 한다면

'A를 B하게 하다, A에게 B하게 하다'는 뜻이 됩니다. 令 대신 使, 敎, 遣을 써도 마찬가지 뜻입니다. 다만 각각의 한자가 지닌 뜻이 반영되어 네 한자가 나타나는 상황이 조금씩 다릅니다.

다른 문장들

若敎淮陰侯反乎 307

《통감절요》 한기 태조 고황제 11년

약교회음후반호

- 若 같을/만약/너 약 **敎** 가르칠 교 **淮陰侯** 물 이름 회, 그늘 음, 제후 후. 회음 땅의 제후, 곧 한신을 가리킨다. **反** 돌이킬/돌아올/반대할(반역할)/도리어 반 反逆, 反省 **乎** 어조사 호
- **이럴 땐 이렇게** 若이 주어로 쓰였고 '하여금 교敎'가 사동의 의미를 나타냅니다. '어조사 호乎'가 문장 끝에서 의문을 나타내는 데 도움을 줍니다.

▶ **네가 회음후에게 반역하도록 시켰는가?**

水行者表深 使人無陷 308

《순자》 대략

수행자표심 사인무함

- **行** 다닐/갈 행 **表** 겉/밝힐 표 表示 公表 **者** 놈(사람)/것 자 **深** 깊을 심 水深 深度 **陷** 빠질/무너질 함 陷沒

▶ **물에서 건너다니는 이는 수심을 표시하여 사람들이 빠지지 않게 한다.**

朱蒙知其駿者 減食令瘦 309

《삼국유사》 기이 고구려

주몽지기준자 감식령수

• 朱蒙 붉을 주, 어두울 몽. 고구려를 건립한 인물이다. 知 알 지 其 그(그것)/아마도 기 駿 준마 준 減 덜 감 食 밥/먹을 식 令 하여금/가령/명령 령 瘦 마를 수

• **이럴 땐 이렇게** 其駿者는 '그 중의 준마인 것'을 나타냅니다. 其의 '그(그것)'는 '그 중(그것 중)'으로 의미를 확장해서 쓸 수 있습니다.

▶ **주몽이 그 가운데 준마를 알아보고 사료를 줄여 비쩍 마르게 했다.**

【꼭 알아 두기】

'하여금 령令' '하여금 사使' '하여금 교敎' '하여금 견遣'은 모두 남으로 하여금 하게 하는 동작이나 행위를 나타내는 데 쓰인다. '令(使/敎/遣)AB'라고 한다면 'A를 B하게 하다, A에게 B하게 하다'로 번역한다.

66편 피동의 삼인방 위爲, 견見, 피被

《한비자》 세난

厚者爲戮 薄者見疑[310]

후자위륙 박자견의

심한 경우에는 처형되었고 가벼운 경우에는 의심받았다.

厚 두터울 후 者 놈(사람)/것 자 爲 할/될/~이다/위할 위 戮 죽일/형벌 륙 殺戮 屠戮 薄 엷을/가벼울 박 疑 의심할 의

말로 설득하는 일의 어려움을 두 가지 사례를 들어 요약한 구절입니다. 먼저 말을 잘못한 심한 경우입니다. 춘추 전국 시대 초 정鄭나라의 무공武公이 호胡나라를 정복하고자 했습니다. 그는 먼저 자신의 딸을 호나라 왕에게 시집보낸 뒤에 신하들을 떠보았습니다. "내가 군대를 쓰고자 하는데 어디를 정벌해야 하는가?" 그러자 대부였던 관기사關其思가 호나라를 정벌할 만하다고 했습니다. 무공은 기다렸다는 듯 형제의 나라를 칠 수 없다며 그에게 죄를 물어 처형했지요. 이 정치 쇼를 본 호나라 왕이 정나라에 대한 경계를 풀었고 얼마 뒤 정나라의 습격을 받아 망했다고 합니다. 잔인한 아버지이자 잔혹한 임금이었지요.

다음은 말을 잘못한 가벼운 경우입니다. 송宋나라에서 벌어졌던 일입니다. 어느 날 어떤 부자의 담벼락이 무너지자 그의 아들이 말했습니다. "다시 쌓지 않으면 도둑이 들 거예요." 이때 이웃집 노인도 똑같이 말했습니다. 그날 저녁 정말로 도둑이 들어서 재물을 잃었습니다. 그러

자 집안사람들이 아들을 똑똑하다고 칭찬하면서 이웃집 노인이 재물을 훔쳐 갔을 거라고 의심했습니다.

두 사례 모두 말에 담긴 메시지는 옳았습니다. 다만 말을 하는 화자의 지위나 상황이 문제였지요. 그렇다면 저 글을 쓴 한비자韓非子는 처신의 달인이었을까요? 한비자가 한韓나라를 침략하려는 진秦나라를 막고자 한나라의 사신으로 진나라에 갔을 때였습니다.《사기》에 따르면 그는 정연한 논리로 진나라 왕 정政의 환심을 샀으나 진왕의 신하였던 이사의 간언으로 감옥에 갇혀 죽게 되지요. 순자 밑에서 잠시 함께 공부했던 이사가 자신에게 품고 있었던 시기심을 미처 보지 못한 탓이었습니다. "아는 게 어려운 일이 아니라 처신이 어렵다"라는《한비자》세난說難에 나오는 이 경고를 한비자 스스로도 잘 지키지 못했던 셈입니다.

피동을 나타내는 위爲, 견見, 피被

후자위륙厚者爲戮 박자견의薄者見疑는 한문에서 피동을 나타내는 두 사례를 보여 줍니다. 우리말 동사 뜻으로 번역되는 한자 앞에 '할/될 위爲'와 '볼/당할 견見'을 붙이는 방식이지요. 위륙爲戮은 '살육되다' '처형당하다'는 뜻이고, 견의見疑는 '의심받다'는 뜻이 됩니다. '입을 피被'도 爲나 見처럼 사용할 수 있습니다.

피동은 남에 의해서 행해지는 동작이나 행위를 가리킵니다. 어떤 인물이나 사물이 제 힘으로 스스로 행하는 동작이나 행위인 능동에 대비되는 용어이지요. 우리말에서는 동사에 '-이, -히, -리, -기'를 삽입하거나 '~아/어지다' '~되다'를 붙여 만듭니다. 또 '당하다' '받다'처럼 자체에 피동의 뜻이 내포된 동사를 붙여 표현하기도 합니다.

다른 문장들

思達人之見獨[311]

이이 〈경포대부〉

사달인지견독

• 思 생각/생각할 사 達 통달할/도달할/출세할 달 人 사람 인 之 갈/그(그것)/어조사 지 見 볼 견 獨 홀로/외로울 독

▶ **출세한 사람이 고독해진다는 사실을 생각한다.**

富民牆屋被紋繡[312]

《통감절요》 태종 효문황제 6년

부민장옥피문수

• 富 부유할 부 民 백성/사람 민 牆 담 장 屋 집 옥 被 입을 피 紋 무늬 문 繡 수놓을 수

▶ **부유한 백성은 담과 집에 비단 무늬와 수를 입힌다.**

臣之子孫 無罪被誅[313]

《삼국유사》 기이 미추왕 죽엽군

신지자손 무죄피주

• 臣 신하 신 子孫 아들 자, 손자 손. 자식과 손자, 후손 無 없을 무 罪 허물/죄 죄 誅 벨 주 誅殺

▶ **저의 자손이 죄도 없이 목이 베였습니다.**

【꼭 알아 두기】

한문에서 '될 위爲' '당할 견見' '입을 피被'는 남에 의해 행해지는 동작이나 행위를 나타낼 때 사용된다. 위륙爲戮은 '살육되다' '처형당하다', 견의見疑는 '의심받다', 피주被誅는 '베이다'란 뜻이다.

67편 爲A所B는 A에게 B하게 된다는 뜻

유성룡 《징비록》

彎弓射賊數人 爲賊所害[314]

만궁사적수인 위적소해

활을 당겨 왜적 몇을 쏘고 적에게 살해당했다.

彎弓 굽을/당길 만, 활 궁. 활을 당김 射 쏠 사 賊 도둑 적 數 셈/셀/몇 수 害 해할/손해 해 殺害 危害

1592년 임진왜란이 일어난 초기에 장수 유극량이 죽는 장면입니다. 일본군의 매복을 예상했지만 제 발로 사지로 걸어 들어가 마지막까지 저항하는 모습을 그리고 있습니다. 전쟁터에서 적과 싸우다가 죽는 일은 흔하게 일어납니다. 그렇지만 자신이 비겁하지 않다는 사실을 증명하기 위해 죽는 일은 자주 일어나지는 않습니다. 장수 유극량의 죽음이 그런 경우였습니다.

유극량이 죽기 얼마 전 조선 군대는 임진강을 방어선으로 삼고 남쪽의 왜적과 대치하고 있었습니다. 피난 가던 선조 일행은 평양성에서 머물렀지요. 이때 임진강을 건널 수단이 없었던 일본군이 조선군을 유인하려고 퇴각하는 척 꾀를 냈습니다. 전투 경험이 많았던 유극량은 낌새를 알아채고 군대를 움직이지 말자고 주장했습니다. 그러나 그의 상관인 신할과 한응인의 의견은 달랐습니다. 그들은 유극량이 비겁하다고 여기고 그의 목을 베려고 했지요. 유극량이 선봉에 서서 임진강을 건넌 이유가 그 때문이었습니다.

결국 유극량은 예상했던 대로 적의 매복에 걸려 죽었고, 일본군은 조선군이 타고 온 배를 탈취해 임진강을 건넜습니다. 이렇게 임진강 방어선이 무너졌고 선조 일행은 다시 꾸역꾸역 피난 짐을 꾸려야 했지요. 임진왜란 초기에는 유극량처럼 무능한 리더의 권위적 태도 때문에 죽은 사례가 자주 발생했습니다. 일본군의 출현을 미리 알려 전투에 대비할 시간을 벌어주려던 동네 사람은 '가짜 뉴스'를 퍼뜨린다는 죄목으로 죽었고, 육지 전투에서 최초로 승리한 신각 장군은 자신의 실책을 덮으려는 상관의 거짓 보고 때문에 죽었습니다. 모두 결정적 시기에 리더의 그릇된 판단력과 낙후된 시스템이 어떤 후과를 남기는지 보여 주는 슬픈 일화들입니다.

피동을 나타내는 관용 형식: 爲A所B

爲A所B는 피동을 나타내는 관용 형식의 하나입니다. 'A에게(에 의해) B하게 되다' 'A에게 B당하다' 식으로 해석하지요. 위적소해爲賊所害는 '적에게 해를 당하다'는 뜻입니다. 한문에 자주 등장하지는 않지만 관용적인 쓰임을 모르면 해석하는 데 길을 잃지요. 또 爲A所B에서 소所를 뺀 爲AB도 爲A所B와 같은 뜻을 나타냅니다. 이 경우 위爲의 뜻 갈래가 워낙 다양하므로 爲AB가 피동을 나타내는지 아닌지 전후 맥락을 보고 판단합니다.

다른 문장들

晩向巨濟 爲風所逆[315]

《난중일기》 1594년 3월 6일

만향거제 위풍소역

- 晩 늦을 만 向 향할 향 巨濟 클 거, 건널 제. 거제라는 지명이다
- **이럴 땐 이렇게** 爲風所逆을 직역하면 '바람에 의해 거스르게 되다'입니다. 우리말은 보통 이런 상황을 피동으로 표현하지 않기에 곧이곧대로 옮기면 어색한 문장이 됩니다.

▶ **늦게 거제로 향할 즈음 맞바람이 불었다.**

人之患在好爲人師[316]

《맹자》 이루 상

인지환재호위인사

- 之 갈/그(그것)/어조사(-는/의, 을/를, 이/가) 지 患 근심 환 患難 憂患 在 있을 재 人 사람/남 인 師 스승(선생) 사
- **이럴 땐 이렇게** 爲人師가 피동을 나타냅니다.

▶ **사람의 근심거리는 남의 선생 되기를 좋아하는 데에 있다.**

明者唯爲之使 神者徵之[317]

《장자》 잡편 열어구

명자유위지사 신자징지

- 明 밝을/분명할/시력 명 賢明 者 놈(사람)/것 자 唯 오직/다만 유 之 갈/그(그것) 지 使 하여금/부릴/사신 사 神 귀신/신령/정신 신 徵 부를/거둘/징조 징 徵收 徵集
- **이럴 땐 이렇게** 爲之使가 피동을 나타내는 사례입니다. 之는 눈으로 보거나 신령으로 느끼는 대상, 바깥 사물을 가리킵니다. 이 문장에서는

뜻이 드러나지 않고《장자》의 텍스트 속에서 나타나는 의미입니다.

▶ **사리에 밝은 사람은 단지 사물에 부려지고 신령스러운 사람이 사물을 거둔다.**

【꼭 알아 두기】

爲A所B는 피동을 나타내는 관용 형식이다. 'A에게(에 의해) B하게 되다' 'A에게 B당하다' 식으로 해석한다. 爲AB도 같은 뜻을 나타낸다.

68편 문장 의미로 사동과 피동 나타내기

《순자》 천론

天不爲人之惡寒也 輟冬[318]

천불위인지오한야 철동

하늘은 사람이 추위를 싫어한다고 해서 겨울을 끝내 주지 않는다.

天 하늘 천 不 아닐(아니) 불/부 爲 할/될/위하여 위 人 사람/남 인 之 갈/그(그것)/어조사 지 惡 나쁠 악, 미워할/싫어할 오 寒 찰/추울 한 也 어조사 야 輟 그칠 철 冬 겨울 동

한파가 몰아닥쳐 영하 30도를 오르내리는 추운 겨울이라고 해 봅시다. 한 달 휴가를 얻었다면 어떻게 지내고 싶습니까? 아마 많은 사람이 따뜻한 방에서 영화를 보거나 게임을 하면서 봄이 오기를 기다릴 것입니다. 아예 따뜻한 괌이나 동남아로 한달살이를 떠나는 사람도 생기겠지요. 그렇지만 또 어떤 사람은 두툼한 외투에 핫팩을 찔러넣고 평소에 하지 못했던 일을 찾아 돌아다닐 것입니다. 세 번째가 끌린다면 순자와 궁합이 맞을 가능성이 큽니다.

순자는 하늘로 상징되는 천지자연의 법도나 준칙에서 삶의 도리를 구하려 하지 않았습니다. 대신에 하늘과 사람의 직분을 구별하고, 자연을 활용하고 관리하는 인간의 작위에서 삶의 도리를 찾으려 했지요. 위의 구절도 그런 생각과 관련됩니다. 하늘의 운행과 자연의 변화가 인간의 기대나 감정에 따르지 않는다는 사실을 지적합니다. 그래서 어쩌라

는 것일까요? 순자는 아래의 선택지 중에 언제나 후자를 추천합니다. 인간에게 달려 있지 않은 대상을 생각하기보다 인간에게 달려 있는 일, 할 수 있는 일을 찾아 행하라고 충고하지요. "피할 수 없다면 즐겨라"라는 말이 있습니다. 아래 순자의 슬로건을 마음대로 요약하면 '피할 수 없다면 다스려라'였습니다.

> 하늘을 크다고 여기는 것이 하늘의 산물을 비축하며 조절하는 것만 하겠는가? 하늘을 따르며 칭송하는 것이 하늘의 뜻을 제어하며 활용하는 것만 하겠는가? 계절을 바라며 기다리는 것이 계절에 맞게 대응하여 부리는 것만 하겠는가? 만물에 기대어 많다고 여기는 것이 능력을 펼쳐 그것들을 변화시키는 것만 하겠는가? 사물을 그리워하고 사물로 여기는 일이 사물을 다스려 잃지 않도록 하는 일만 하겠는가?

문장 의미로 나타나는 사동과 피동

우리말에서 사동과 피동을 나타내려면 동사나 형용사의 형태가 바뀌어야 합니다. 이를테면 '먹다'는 '먹이다'와 '먹히다'로 바뀝니다. 그렇지만 한문에선 한자의 형태가 바뀌지 않습니다. '먹다, 먹이다, 먹히다'를 다 食자로 나타낼 수 있지요. '먹이다'는 뜻일 때 食을 '사'로 읽기는 하지만 이런 경우는 오히려 예외적입니다. 대부분의 한자는 사동과 피동의 뜻에 따라 한자의 음과 형태가 바뀌지 않으니까요. 그러므로 어떤 한자가 사동을 뜻하는지 피동을 뜻하는지는 그 한자만으로 파악하기 어렵습니다. 주어가 어떤 의미인지, 주어-목적어 관계가 어떻게 나타나는지, 목적어가 있는지 없는지 등에 따라 결정됩니다. 철동輟冬 같은 경우도 주어가 천天이고 목적어가 동冬이기 때문에 철輟을 '그치다' 대신에 '그치게 하다, 끝내다'로 번역했습니다.

다른 문장들

勞心者治人 勞力者治於人[319] 《맹자》 등문공 상

노심자치인 노력자치어인

• 心 마음 심 心志 心性 勞 일할/수고할 로 治 다스릴 치 力 힘 력

▶ **마음 쓰는 사람은 남을 다스리고 힘 쓰는 사람은 남에게 다스려진다.**

强本而節用 則天不能貧[320] 《순자》 천론

강본이절용 즉천불능빈

• 强 강할 강 本 근본 본. 여기서는 농사 같은 생산적인 일을 가리킨다. 節 마디/절개/절약할 절 用 쓸 용 費用 能 능할/능력 능. ~할 수 있다 貧 가난할 빈

▶ **근본을 강하게 하고 비용을 절약하면 하늘이 가난하게 할 수 없다.**

人固不易知 知人亦未易也[321] 《사기》 범수채택열전

인고불이지 지인역미이야

• 人 사람/남 인 固 굳을/굳이/본디 고 不 아닐(아니) 불/부 易 쉬울 이, 바꿀 역 知 알 지 亦 또 역 未 아닐 미 也 어조사 야

• **이럴 땐 이렇게** 人知는 '남이 안다'는 뜻이고 知人은 '남을 안다'는 뜻이지요. 둘을 대조하여 '남이 알아준다' '남에게 알려진다'라는 人知의 숨은 의미를 파악합니다.

▶ **남이 알아주는 일이 본래 쉽지 않지만 남을 알아보는 일도 쉽지 않다.**

心不在焉 視而不見 聽而不聞[322] 《대학》

심부재언 시이불견 청이불문

• 心 마음 심 不 아닐(아니) 불/부 在 있을 재 焉 어찌/어조사 언. 於之와 같다.(4장 30구 참조) 視 볼 시 而 말 이을 이 聽 들을 청 聞 들을 문

▶ **마음이 가 있지 않으면 보아도 보이지 않고 들어도 들리지 않는다.**

【꼭 알아 두기】

한문에서는 문장의 의미만으로 서술어의 사동과 피동을 나타내는 경우가 많다. 이때 주어가 무엇인지, 주어와 목적어의 관계가 어떠한지, 목적어가 있는지 없는지 등을 파악해 서술어의 의미를 번역해 준다.

문장과 문장

1

民惡貧賤 我富貴之 《관자》 목민

민오빈천 아부귀지

백성은 가난하고 비천한 신세를 싫어하므로 ______________________

2

子無敢食我也 天帝使我長百獸 《전국책》 초책 초일

자무감식아야 천제사아장백수

넌 날 함부로 잡아먹지 못해. ______________________________________

3

不患無位 患所以立 不患莫己知 求爲可知 《논어》 이인

불환무위 환소이립 불환막기지 구위가지

지위가 없다고 근심하지 말고 내세울 능력에 대해 근심하며 자기를 알아주지 않는다고 근심하지 말고 __________________________________

4

化而裁之謂之變 推而行之謂之通 《주역》 계사전 12장
擧而錯之天下之民謂之事業

화이재지위지변 추이행지위지통 거이조지천하지민위지사업

______________________________________ 그것을 천하의 백성에게 거행하여 돕는 것을 사업이라 한다.

---

1 우리는 그들을 부유하고 귀하게 한다.
2 하느님이 나를 동물의 우두머리로 삼았거든.
3 알아줄 만하게 되도록 애쓴다.
4 변화시키며 잘라내는 것을 변혁이라 하고 넓혀서 실행하는 것을 소통이라 하고

부록

필수 한자 45 정리 노트

한문에 자주 나오는 한자는 상황과 의미 맥락에 따라 다양한 뜻으로 쓰입니다. 이런 한자는 따로 뜻과 기능, 용례를 정리해 두면 낯선 문장을 해석할 때 큰 도움이 됩니다. 여기서는 각 장을 시작하는 글에 '필수 한자'라고 뽑아 놓은 45자의 중요 한자만 가나다 순으로 정리했습니다. 모두 한국 중국 일본의 여러 한자 사전에서 공통으로 나타나는 뜻 위주로 뜻 갈래를 구분하고, 본문에 나왔던 문장 중심으로 용례를 수록했습니다.

可 가 옳다 / 허락하다 / ~할 수 있다 / 쯤

1) 옳다, 좋다

必盡其禮 可也필진기례 가야 반드시 예의를 다하는 것이 옳다.《격몽요결》상제 제6

▸ 허락하다, 들어주다

맥락에 따라 해도 좋거나 옳다는 허락을 나타냅니다.

請與子論功 可乎청여자론공 가호 그대와 공적을 논했으면 하는데 허락하시겠습니까?《통감절요》주기 안왕

2) 가히, ~할 수 있다, ~할 만하다, ~해도 된다, ~해야 한다

서술어 앞에 와서 가능이나 허가, 당위의 뜻을 더해 줍니다. 이때 보통 제힘으로 동작을 행하는 인물이나 사물은 可 앞에 주어로 오지 않습니다.

朽木不可雕也후목불가조야 썩은 나무에는 조각할 수 없다.《논어》공야장

[可以] ~할 수 있다, ~할 만하다. 可와 뜻이 같지만 可와 다르게 제힘으로 동작을 행하는 인물이나 사물을 주어로 취할 수 있습니다. 下視三危太伯 可以弘益人間하시삼위태백 가이홍익인간 삼위태백을 내려다보니 널리 인간을 이롭게 할 만했다.《삼국유사》기이 고조선

3) 쯤, 정도

대개 수를 나타내는 말 앞에 옵니다.

羌本可伍萬人강본가오만인 강족이 본래 오만 명쯤이었다.《통감절요》한기 중종효선황제 하

見 견 보다, 견해 / 당하다 // 현 뵈다 / 나타나다

1) 보다, 보이다

聞之不若見之 문지불약견지 듣는 것이 보는 것만 못하다.《순자》유효

▸ 견해, 생각

사견私見, 의견意見, 이견異見…

2) 당하다

우리말 동사로 번역되는 말 앞에 와서 그 동작이 남에 의해서 행해짐을 나타냅니다. 대개 '당하다, 받다, 되다' 등을 활용해 해석하지요. 동사에 따라서는 어근에 '－이, -히, -리, -기'라는 접미사를 붙여 번역하기도 합니다.

薄者見疑 박자견의 가벼운 경우에는 의심받았다.《한비자》세난

3) 뵙다, 알현하다

'현'으로 읽고 이때는 대개 목적어를 취하지 않습니다. 목적어를 취할 때에는 '견'으로 읽고 보다(만나보다, 만나다)로 풀이하지요. 그렇지만 이런 관례는 사전 속에만 남아 있어서 현실에서 검증하지 못합니다. 한문이 죽은 언어이기 때문입니다.

介胄之士不拜 請以軍禮見 개주지사불배 청이군례현 갑옷 입고 투구 쓴 군사는 절하지 못하니 군례로써 알현하게 해 주십시오.《통감절요》태종효문황제하 계미 6년

4) 나타나다, 드러나다

음이 같은 '나타날 현現'과 쓰임이 같습니다.

一貴一賤交情乃見 일귀일천교정내현 한 번 귀해지고 한 번 천해지면 사귀던 정이 드러난다.《사기》급정전

苟 구 진실로 / 구차하다 / 잠시

1) 진실로, 만약

苟志於仁矣 無惡也구지어인의 무악야 진실로 인仁에 뜻을 두면 나쁜 짓을 하지 않는다.《논어》이인

2) 구차하다

人**苟**生之爲見 若者必死인구생지위견 약자필사 사람이 구차하게 살길만을 찾으려 하면 그 같은 사람은 반드시 죽는다.《순자》예론

3) 잠시, 한때

愚民但知移徙之勞 而**苟**安耳우민단지이사지로 이구안이 어리석은 백성들이 단지 이사하는 고달픔을 알아서 잠시 편안하려는 것일 뿐이다.《태종실록》태종 5년 8월 11일

其 기 그 / 아마도

1) 그, 그것, 그것의

주로 관형어로 씁니다.

人人親**其**親 長**其**長 而天下平인인친기친 장기장 이천하평 사람마다 그의 부모를 친하게 대하고 어른을 어른으로 대하면 천하가 평정된다.《맹자》이루상

2) 아마도, 장차, 어찌

부사어 자리에서 추측이나 반문, 권고, 명령 등을 나타냅니다.

其可無察邪기가무찰야 어찌 살피지 않을 수가 있겠는가.《묵자》칠환 君其

反位군기반위 그대는 자리로 돌아가시지요.《사기》이사열전 善爲文者 其知兵乎선위문자 기지병호 글을 잘 짓는 이는 아마도 병법을 아는 사람일 것이다.《연암집》소단적치인

乃 내 이에, 이다 / 너

---

1) 이에, 곧, 바로

일이 연이어 벌어짐을 나타냅니다. 앞뒤 구절의 맥락에 따라 '곧'이나 '바로'뿐 아니라 '그래서' '도리어' '뜻밖에' '다만' '이전에' '어찌' 같은 말로 번역할 수 있습니다.

見漁人 乃大驚 問所從來견어인 내대경 문소종래 어부를 보고 이에 크게 놀라 어디에서 왔는지를 물었다. 도연명 〈도화원기〉 降倭俊沙者 乃安骨賊陣投降來者也항왜준사자 내안골적진투항래자야 항복한 왜군 준사는 이전에 안골의 적진에서 투항했던 자이다.《난중일기》1597년 9월 16일

▸이다

'곧 ~이다'에서 '곧'의 의미가 약화되고 乃가 주어와 서술어를 이어 주는 구실을 합니다. 문장 끝에 '어조사 야也'가 오는 경우가 많습니다.

此乃元均醉妄之故也차내원균취망지고야 이는 원균이 술에 취해 망령된 짓을 벌인 탓이다.《난중일기》1594년 6월 4일

2) 너, 그

予嘉乃勳 曰篤不忘여가내훈 왈독불망 내가 너의 공훈을 기려서 말한다. "믿음을 두터이 하여 잊어버리지 않겠다."《예종실록》예종 1년 5월 20일

寧 녕 편안 / 어찌 / 차라리

1) 편안, 편안하다

存吾順事 沒吾寧也존오순사 몰오녕야 살아서 나는 일을 따르고 죽어서 나는 안녕하리라. 장재 〈서명〉

2) 어찌

縱我不往 子寧不來종오불왕 자녕불래 설령 내가 가지 못한들 그대 어찌 오지 않나요?《시경》 정풍 자금

3) 차라리

喪與其易也寧戚상여기이야녕척 초상은 쉽게 치르기보다 차라리 슬퍼한다.《논어》

能 능 능하다, 능히 / 능력

1) 능하다, 잘하다, 능숙하다

恥不能 不恥不見用치불능 불치불견용 잘하지 못해서 부끄러워하지 등용되지 않는다고 부끄러워하지 않는다.《순자》 비십이자

▸능히, ~할 수 있다

強本而節用 則天不能貧강본이절용 즉천불능빈 근본을 강하게 하고 비용을 절약하면 하늘이 가난하게 할 수 없다.《순자》 천론 豈能動予哉기능동여재 어찌 나를 움직일 수 있겠느냐.《세종실록》 세종 30년 7월 25일

2) 능력, 재능

능력이나 재능이 있는 사람을 나타내기도 합니다.

臣所言者能也 陛下所問者行也신소언자능야 폐하소문자행야 제가 말한 것은 능력이고 폐하가 묻는 것은 행실입니다.《통감절요》한기 태조고황제 2년

得 득 얻다, 깨닫다, 이득 / 할 수 있다

1) 얻다, 획득하다

무엇을 얻는가에 따라 '손에 넣다' '만나다' '사로잡다' '깨닫다' 같은 뜻이 되기도 합니다.

忠信以得之 驕泰以失之충신이득지 교태이실지 충실함과 믿음으로 얻고 교만과 방자함으로 잃는다.《대학》전 10장

▸깨닫다, 이루어지다

깨달음이나 뜻한 바의 획득을 나타냅니다.

是則是矣 非得意書也시즉시의 비득의서야 옳기는 옳지만 뜻한 대로 이루어진 글씨는 아니다.《세종실록》세종 23년 7월 14일

▸이득, 이익

見得思義견득사의 이득을 보면 올바르게 얻었는지를 생각한다.《논어》계씨

2) ~할 수 있다, ~해도 된다

가능이나 허가를 나타냅니다.

安得不敗者也안득불패자야 어떻게 싸움에 지지 않을 수 있겠는가. 유성룡《징비록》

莫 막 없다, 더할 수 없이 / 말다 // 모 저물다

1) 없다, 아니다

'(아무도/어느 것도) 없다' '~것/사람이 없다' '(아무도/어느 것도) ~하지 않다'로 해석합니다. 막연한 것을 지칭하는 '아무, 어느 것'은 번역에서 생략하기도 합니다. 그렇지만 이런 의미 때문에 여럿 중에 가장 나은 것을 나타낼 때 자주 활용됩니다.

無不膝行而前 莫敢仰視무불슬행이전 막감앙시 무릎으로 걸어 앞으로 나오지 않는 이가 없었고 아무도 감히 올려다보지 못하였다.《사기》항우본기

一夫當關 萬夫莫開일부당관 막부막개 한 사내가 관문을 막으면 만 명의 사람도 열지 못한다. 이백 〈촉도난〉

[莫若~][莫如~] ~만한 것이 없다, ~하는 것(편)이 낫다 終身之計 莫如樹人종신지계 막여수인 평생 가는 계획으로는 사람 키우는 일만 한 것이 없다.《관자》권수

[莫不~] ~하지 않는 사람(것)이 없다 天下莫不以物易其性矣천하막불이물역기성의 천하에 물질 때문에 자신의 본성을 바꾸지 않는 사람이 없다.《장자》변무

▸ 더할 수 없이, 더없이

事有不已之勢 情有莫急之形사유불이지세 정유막급지형 일에는 그만두지 못하는 형세가 있고 사정에는 더없이 급한 형편이 있다. 이순신 〈이원익 공에게 올린 편지〉

2) 말다, 말라

生事事生 君莫怨생사사생 군막원 일을 생기게 하면 일이 생기니 그대는 원망하지 말라.《명심보감》성심

3) 저물다

蟋蟀在堂 歲聿其莫실솔재당 세율기모 귀뚜라미 집에서 우니 한 해가 저물어 간다.《시경》국풍 당풍 실솔

無 무 없다, 관계없이 / 아니하다 / 말다

1) 없다, 아니다

'~이/가 없다' '~한 사람/것이 없다' 등으로 해석합니다.

有過不罪 無功受賞유과부죄 무공수상 잘못이 있어도 죄받지 않고 공이 없는데도 상을 받는다.《한비자》내저설상

[無乃~乎] ~한 것이 아닌가, ~하지 않은가 居簡而行簡 無乃大簡乎거간이행간 무내대간호 평소에도 간소하고 일을 행할 때도 간소하다면 너무 간소하지 않나요?《논어》옹야

▸ 관계없이, 막론하고

대개 無를 반복해서 쓸 때 나타나는 뜻입니다.

無貴無賤 無長無少 道之所存 師之所存也무귀무천 무장무소 도지소존 사지소존야 귀함과 천함, 나이의 많고 적음에 관계없이 옳은 길이 존재하는 곳이 스승이 존재하는 곳이다. 한유〈사설〉

2) 말다, 아니하다(않다), 못하다

우리말에서 '말다'는 '하지 않다' '아니하다'의 뜻을 지닙니다.

子無敢食我也자무감식아야 넌 날 함부로 잡아먹지 못해.《전국책》초책 초일

▸ 말라

苟富貴 無相忘구부귀 무상망 부유하고 귀해지더라도 서로 잊지 말자.《사기》진섭세가

未 미 아니다 / 아니하다 / 아니냐 / 지지의 여덟째

1) 아니다, 없다

미未는 무無보다 단정 짓는 느낌이 약해서 완곡하게 돌려 말해야 하는 상황에서 흔히 씁니다. '아직 ~아니다/없다'의 느낌을 간직한 경우가 많습니다.

樂以天下 憂以天下 然而不王者 未之有也낙이천하 우이천하 연이불왕자 미지유야 천하와 함께 즐거워하고 천하와 함께 근심하고도 왕 노릇 못한 이는 있었던 적이 없다.《맹자》양혜왕 하

2) 아니하다, 못하다

'아직'을 생략하기도 하지만 '아직 ~하지 아니하다/못하다'의 느낌이 배어 있을 때가 많습니다.

一豪不及聖人 則吾事未了일호불급성인 즉오사미료 털끝 하나라도 성인에게 미치지 못하면 내 일은 아직 끝나지 않은 것이다.《율곡전서》권14 자경문

3) 아니냐

문장 끝에 와서 의문을 나타내는 데 도움을 줍니다.

寒梅著花未한매저화미 겨울 매화가 꽃을 피웠던가요. 왕유 〈잡시〉

4) 지지의 여덟째

12지지 가운데 오午(말) 다음, 신申(원숭이) 앞입니다. 양을 상징합니다.

十四日辛未 晴십사일신미 청 14일 신미일. 맑다.《난중일기》1597년 10월 14일

夫 부 지아비 / 사내, 선생 / 저 / 대저 / -구나

---

1) 지아비, 남편

其妹無夫有娠기매무부유신 그(김유신)의 여동생이 남편이 없는데도 아이를 가졌다.《삼국유사》기이 태종춘추공

2) 사내, 남자

맥락에 따라 일꾼이나 장정, 군인을 가리킵니다.

一夫當逕 足懼千夫일부당경 족구천부 한 사람이 길목을 막으면 천 명도 두렵게 할 수 있다. 《난중일기》 1597년 9월 15일

▸ 선생

남자나 스승에 대한 높임말로 씁니다.

夫子至於是邦也 必聞其政부자지어시방야 필문기정 선생님은 어떤 나라에 이르면 꼭 그 나라의 정치에 대해 들었다. 《논어》 학이

3) 저, 그, 이

문장 중간에서 호흡을 고르는 구실도 하는데 이때는 따로 해석하지 않습니다.

樂夫天命 復奚疑낙부천명 부해의 하늘이 내린 운명을 즐길 뿐 무엇을 또 의심하리. 도연명 〈귀거래사〉

4) 대저, 대개

문장 앞에서 운을 떼거나 화제를 이끌어 줍니다. '대저, 대개, 무릇, 도대체' 등으로 해석하지만 해석을 생략하기도 합니다.

夫斷瓦 天下之棄物也부단와 천하지기물야 대저 깨진 기와는 세상에서 버리는 물건이다. 《연암일기》 일신수필 7월 15일

5) -구나, -로구나, -도다

문장 끝에서 감탄을 나타내는 데 도움을 줍니다. '-구나' 같은 우리말의 감탄형 어미를 붙여 번역하거나 느낌표를 써서 표현합니다.

嗟夫 予嘗求古仁之心차부 여상구고인지심 아! 내가 일찍부터 옛사람의 어진 마음을 희구했다. 범중엄 〈악양루기〉

不 불(부) 아니다, 없다 / 아니하냐

1) 아니다, 아니하다(않다), 못하다

우리말에서 ㄷ, ㅈ으로 시작하는 낱말 앞에 놓이면 '부'로 읽습니다.

書不盡言 言不盡意서부진언 언부진의 글은 말을 다하지 못하고 말은 뜻을 다하지 못한다.《주역》 계사 상 1장

▸ **없다**

故知宇宙之大 則不可怯以死生고지우주지대 즉불가겁이사생 그러므로 우주의 광대함을 알면 삶과 죽음으로써 겁줄 수 없다.《회남자》 정신훈

2) 아니하냐

문장 끝에 써서 의문을 나타내는 데 도움을 줍니다. '-는가, -느냐, -나, -ㄹ까, -ㅂ니까' 같은 의문형 어미를 활용해 번역합니다.

視 吾舌尙在不시 오설상재불 봐주게. 내 혀가 아직 있는가.《사기》 장의열전

非 비 아니다 / 그르다 / 비방하다

1) 아니다

非名不著 非器不形비명부저 비기불형 명칭이 아니면 안 드러나고 기구가 아니면 못 나타낸다.《통감절요》 주기 위열왕 23년

2) 그르다, 어긋나다, 옳지 않다

理財正辭 禁民爲非 曰義이재정사 금민위비왈의 재물을 관리하고 말을 바르게 하여 사람의 그릇된 행위를 막는 것이 정의이다.《주역》 계사 하 1장

3) 비난하다, 헐뜯다

然後人不非笑 而畏服矣연후인불비소 이외복의 그런 뒤에야 사람들이 헐뜯거나 비웃지 않고 두려워하며 복종할 것이다.《세종실록》세종 7년 1월 3일

使 사 하여금, 부리다 / 가령 / 사신 // 시 사신으로 보내다

---

1) 하여금, 하게 하다

水行者表深 使人無陷수행자표심 사인무함 물에서 건너다니는 이는 수심을 표시하여 사람들이 빠지지 않게 한다.《순자》대략

▸부리다, 시키다

明者唯爲之使명자유위지사 사리에 밝은 사람은 단지 사물에 부려진다.《장자》잡편 열어구

2) 가령, 만일

但使主人能醉客 不知何處是他鄕단사주인능취객 부지하처시타향 주인이 길손을 취하게만 해 주면 모르리라, 어디가 타향인지를. 이백〈객중행〉

3) 사신

외국에 가는 사절뿐 아니라 중앙에서 지방으로 파견되는 관리를 가리키기도 합니다.

卽位元年 有天使降於殿庭즉위원년 유천사강어전정 즉위 원년에 천사가 궁전 뜰에 내려온 적이 있었다.《삼국유사》기이 천사옥대

▸사신으로 보내다

'시'라고 읽습니다.

謁者使從東方來 以反者聞알자시종동방래 이반자문 보고관이 사신으로 보내졌다가 동쪽에서 돌아와 반역이 일어난 사실을 알렸다.《통감절요》후진기이세황제 원년

斯 사 이 / 이에

1) 이, 이것, 이런, 이렇게

가까운 것이나 가까운 곳을 가리킵니다.

不棄斷瓦 而天下之文章**斯**在矣 불기단와 이천하지문장사재의 깨진 기와를 버리지 않아 천하의 문장이 이곳에 있게 되었다.《열하일기》 일신수필 7월 15일

何莫由**斯**道也 하막유사도야 어찌 이 길을 따르지 않는가.《논어》 옹야

2) 이에, 곧(그러면, 그렇다면)

淸**斯**濯纓 濁斯濯足矣 청사탁영 탁사탁족의 (물이) 맑으면 갓끈을 헹구고 물이 흐리면 발을 씻는다.《맹자》 이루 상

所 바 바 / 곳, 지위 / 쯤

1) 바, 것

'所+수식어(동사)' 형식으로 쓰여서 '~ 것/바'란 뜻을 나타냅니다. 신자信者가 믿고 있는 당사자인 '믿는 사람'이라면, 소신所信은 믿음의 대상인 '믿고 있는 바'가 됩니다. 이때 '바, 것'이 지칭하는 바를 상황에 맞춰 '일, 사람/이, 터/경우, 때/적, 곳/데' 등으로 좁히면 번역 투를 줄일 수 있습니다.

觀其**所**由 察其**所**安 관기소유 찰기소안 그가 따라온 길을 살펴보며 그가 편안해하는 데를 관찰한다.《논어》 위정

[所謂] 이른바, 세상에서 흔히 말하는 **所謂**天下無敵力士之骨 소위천하무적력사지골 흔히 말하는 대로 천하에 적이 없는 장사의 기골이었다.《삼국

유사》 기이

▸**바, 것**

'所+수식어(동사)' 형식은 뒤에 나오는 말을 한정하기도 합니다. 이때는 '것'이나 '바'가 지칭하는 대상이 좁고 분명해집니다.

所乘馬至鯤淵소승마지곤연 탄 말이 곤연에 이르렀다. 《삼국유사》 기이 동부여

소유권, 소지품, 소출량…

▸**바, 것**

所와 수식어 사이에 自, 從, 由(이상 −부터/에서), 以(-로써/-때문에), 爲(위하여) 같은 말을 끼워 넣어도 '것'이나 '바'가 지칭하는 대상의 범위가 분명해집니다.

見漁人 乃大驚 問所從來견어인 내대경 문소종래 어부를 보고 이에 크게 놀라 어디로부터 왔는지를 물었다. 도연명 〈도화원기〉

[所以] -하는 까닭(이유/원인), -하는 수단(방법) 不患無位 患所以立불환무위 환소이립 지위가 없다고 근심하지 말고 무엇으로써 (그 지위에) 설 것인지 근심한다. 《논어》 이인 不務說其所以然불무설기소이연 그것이 그렇게 된 이유(=무엇 때문에 그렇게 된 것인지)를 애써 말하지 않는다. 《순자》 군도

2) 곳, 처소

臣欲遠移他所신욕원이타소 저는 멀리 다른 곳으로 옮겨 가려고 합니다. 《삼국유사》 기이

▸**지위, 자리**

추상화된 '곳'을 나타냅니다.

聚天下之貨 交易而退 各得其所취천하지화 교역이퇴 각득기소 천하의 재화를 모아 서로 바꾸어 가져가니 각각이 제자리를 얻는다. 《주역》 계사 하

3) 쯤, 정도

대개 시간의 경과나 거리를 나타내는 말과 함께 쓰입니다.

未到匈奴陳二里所 令皆下馬解鞍미도흉노진이리소 령개하마해안 흉노 진영에 도달하기 전 2리쯤에서 모두에게 말에서 내리고 안장을 풀라고 했다.《통감절요》효무황제(한무제)

雖 수 비록 / 다만

1) 비록

'비록 ~일지라도' '설령 ~하더라도' '아무리 ~하여도' 등으로 해석합니다.

賊雖來犯 可以殲滅矣적수래범 가이섬멸의 왜적이 침범해 오더라도 모조리 쳐부술 수 있을 것이다.《난중일기》1594년 5월 10일

2) 다만, 오직

余雖好脩姱以鞿羈兮여수호수과이기기혜 나는 다만 아름다움을 좋아해 재갈과 굴레가 씌워졌다! 굴원 〈이소〉

孰 숙 누구 / 익다

1) 누구, 무엇, 어느

'누구 수誰'와 뜻이 비슷하지만 여럿 중에 하나를 선택하는 상황에서 흔하게 씁니다.

吾孰法焉오숙법언 내가 누구를 본받아야 하는가?《순자》비상 獨樂樂 與人樂樂 孰樂독악락 여인악락 숙락 혼자 음악 듣는 즐거움과 남들과 음악 듣

는 즐거움 중에 어느 쪽이 즐거운가?《맹자》 양혜왕 하

[孰與~] ~중에 누가(어느 것이) 나은가, 어찌 ~만 하겠는가, 어찌 ~에 견줄 수 있겠는가 大天而思之 **孰與**物畜而裁之 대천이사지 숙여물축이재지 하늘을 크다고 여기는 것이 하늘의 산물을 비축하며 조절하는 것만 하겠는가?《순자》 천론

2) 익다, 여물다, 자세하다

음이 같은 '익을 숙熟'과 쓰임이 같습니다.

孰知夫出費用之所以養財也 숙지부출비용지소이양재야 비용을 내는 일이 재물을 늘려준다는 사실을 익히 알아야 한다.《순자》 예론

是 시 **옳다, 옳다고 하다 / 이 / 이다**

---

1) 옳다, 바르다

是是非非謂之知 시시비비위지지 옳은 것은 옳다 하고 그른 것은 그르다 하는 것을 안다고 한다.《순자》 수신

▸옳다고 하다, 바로잡다

公議之所**是** 諫官必**是**之 공의지소시 간관필시지 여럿이 의논해 옳다고 한 것은 간관이 반드시 옳다고 했다.《단종실록》 단종 3년 4월 17일

2) 이, 이것, 이에

知之爲知之 不知爲不知 **是**知也 지지위지지 부지위부지 시지야 아는 것은 안다고 하고 알지 못하는 것은 알지 못한다고 하는 것, 이것이 아는 것이다.《논어》 위정 天地始者 今日**是**也 천지시자 금일시야 하늘과 땅이 시작된 때도 (그때엔) 오늘의 이 날이었다.《순자》 불구

[是以] 이 때문에, 그래서 **是以**一人投命 足懼千夫 시이일인투명 족구천부

이 때문에 한 사람이 목숨을 던지면 천 명을 두렵게 할 수 있다.《오자》여사

▸ **이, 이것, 이에**

是는 목적어를 서술어 앞에 놓을 때 '어조사(을/를) 지之'처럼 이를 알려 주는 표지 구실도 합니다. 이때 是 앞의 말은 '을/를'을 붙여 해석합니다.

神明鑒之 百殃是降신명감지 백앙시강 신명이 보고 온갖 재앙을 내린다.《삼국유사》기이 태종춘추공

3) 이다

我是天帝子아시천제자 나는 천제의 아들이다.《삼국유사》기이 고구려

惡 악 악하다 / 잘못 // 오 미워하다 / 어찌

1) 악하다, 나쁘다, 추하다

惡氣迎人 害於戈兵악기영인 해어과병 나쁜 마음으로 사람을 맞이하면 무기보다 해롭다.《관자》심술 하 心思極惡심사극악 마음속이 최악이었다.《난중일기》1597년 11월 1일

2) 잘못, 악인, 죄악

나쁜 행위나 나쁜 사람, 나쁜 상황 등을 두루 나타냅니다.

慶賞以勸善 刑罰以懲惡경상이권선 형벌이징악 칭찬과 상으로 좋은 일을 권하고 형벌로 나쁜 짓을 징계한다.《통감절요》한기 태종효문황제 6년

3) 미워하다, 싫어하다

'오'라고 읽습니다.

民惡貧賤민오빈천 백성은 가난하고 비천한 처지를 싫어한다.《관자》목민

4) 어찌, 어디, 무엇, 누구

'오'라고 읽습니다.

學惡乎始 惡乎終학오호시 오호종 학문은 어디에서 시작하고 어디에서 끝나는가?《순자》 권학

安 안 편안, 편안하게 하다 / 어디

1) 편안, 편안하다

安土敦乎仁 故能愛안토돈호인 고능애 사는 곳을 편안해하고 사람 사이에 정이 깊으니 능히 사랑할 수 있다.《주역》 계사 상 4장

▸편안하게 하다, 안정시키다

秦王之欲尊宗廟而安子孫 與湯武同진왕지욕존종묘이안자손 여탕무동 진나라 왕이 종묘를 높이고 자손을 안정시키려 했던 욕망은 탕왕 무왕과 같았다.《통감절요》 한기 태종효문황제 6년

2) 어디, 어찌

天地間安有如吾者乎천지간안유여오자호 이 세상 어디에 나 같은 이가 있겠는가?《난중일기》 정유년 9월 11일

也 야 어조사

1) 어조사 (이다, -다, -는가, -구나)

문장 끝에 와서 호흡을 끊어 주고 판단이나 그에 대한 확신, 의문, 반어, 감탄, 명령의 말투나 어조를 나타내는 데 도움을 줍니다. 어떤 기준에 따른 판정과 확신의 느낌을 전달해 주지요. 우리말로는 조사나 어미에 문장 부호를 붙여 '이다. / -다. / -는가? / -ㄹ까? / -구나! / -어라/아

라.' 등으로 표현합니다. 그렇지만 也에 대응하는 우리말 요소가 없으므로 맥락을 보고 그 느낌을 판단합니다.

吾老矣 不能用**也** 오노의 불능용야 나는 늙었다. (공자를) 쓸 수 없다. 《논어》 미자 題目者 敵國**也** 제목자 적국야 제목은 적국이다. 《연암집》 소단적치인

2) 어조사 (은/는, 란)

문장 중간에 와서 호흡을 잠깐 멈추고 뒤 구절을 이끄는 구실을 합니다. 우리말로는 '은/는'이나 '란' 같은 보조사로 표현할 때가 많습니다.

人之生**也**直 인지생야직 인생이란 정직하다. 《논어》 옹야

若 약 **같다 / 만약 / 너 // 야 반야**

1) 같다, 이와 같다

浮生**若**夢 부생약몽 덧없는 인생은 꿈과 같다. 이백 〈춘야연도리원서〉

[不若] ~만 못하다, ~에 미치지 못하다 見之不**若**知之 知之不**若**行之 견지불약지지 지지불약행지 보는 것이 아는 것만 못하고 아는 것이 행동하는 것만 못하다. 《순자》 유효

2) 만약

若以如來慧眼 遍觀十方世界 無非平等 약이여래혜안 편관시방세계 무비평등 만약 석가여래의 지혜로운 눈으로 이 세상을 두루 살펴본다면 평등 아닌 것이 없다. 《열하일기》 도강록 6월 27일

3) 너, 그, 이

若勝我 약승아 너가 나를 이겼다. 《장자》 제물

4) 반야

'야'라고 읽습니다.

반야심경般若心經…

於 어 어조사 (에, 에서, 보다, 에게) // 오 탄식하다

1) 어조사 (에, 에서)

뒤에 목적어를 이끌어 시간, 장소, 원인, 대상 등을 나타냅니다. 우리말 조사인 '에, 에서'로 주로 표현하지만 목적어의 성격에 따라 '에 대해, 에 따라, (으)로, 을(를), 부터, 에게' 등으로 옮길 수 있습니다.

捉虎尾撲於地 而殺之착호미박어지 이살지 호랑이 꼬리를 잡아 땅에 메어쳐서 죽였다.《삼국유사》기이 진덕왕 飢之於食 不待甘旨기지어식 부대감지 굶주린 자가 먹을 때에는 단맛을 기대하지 않는다.《통감절요》한기 태종효문황제 12년

▸ 어조사 (보다)

於 앞에 대개 우리말 형용사로 번역되는 단어가 옵니다.

青取之於藍 而青於藍청취지어람 이청어람 푸른색은 쪽에서 취하지만 쪽보다 푸르다.《순자》권학

▸ 어조사 (에게, 에 의해)

동작이 남에 의해서 행해질 때 그 동작의 주동자를 이끌기도 합니다.

勞力者治於人노력자치어인 힘 쓰는 사람은 남에게 다스려진다.《맹자》등문공 상

2) 탄식하다

감탄하는 소리를 나타내고 '오'라고 읽습니다.

於戲盛哉오희성재 아아! 성대하도다.《태조실록》태조 2년 9월 18일

焉 언 어찌 / 그에 / 그러하다 / 어조사

1) 어찌, 어디

未知生 焉知死미지생 언지사 삶을 알지 못하는데 어찌 죽음을 알겠는가. 《논어》 선진

2) 그에, 이에

어지於之나 어시於是의 의미로 씁니다. 於의 의미를 살려서 '그에(서)' '그를' '그보다' '이에' 같은 뜻으로 풀이하거나 해석을 생략합니다.

衆惡之 必察焉중오지 필찰언 사람들이 미워해도 반드시 (그에 대해) 살펴본다. 《논어》 위령공

3) 그러하다

우리말로 형용사나 부사 뜻으로 번역되는 한자 뒤에 와서 그와 같거나 그런 모습을 나타냅니다.

人或窺之 則忽焉無形인혹규지 즉홀언무형 사람이 혹시라도 엿보면 갑작스레 형체가 없어진다. 《세종실록》 세종 14년 10월 21일

4) 어조사

문장 끝에 와서 긍정이나 감탄, 의문을 나타내는 데 도움을 줍니다.

君何患焉군하환언 임금께선 무엇을 걱정하십니까? 《좌전》 은공원년

如 여 같다 / 만일 / 어찌 / 어떠하다 / 가다

1) 같다

軍行如春遊군행여춘유 군대 행렬이 봄날에 놀러 나온 것 같다. 유성룡 《징비록》

[不如] ~만 못하다, ~하는 게 낫다 雖有智慧 不如乘勢수유지혜 불여승세 비록 지혜가 있더라도 형세를 타는 것만 못하다.《맹자》 공손추 상

2) 만일, 만약, -(으)면

如殺無道 以就有道何如여살무도 이취유도하여 만일 막돼먹은 놈을 죽여서 옳은 길로 나아가게 한다면 어떨까요?《논어》 안연

3) 어찌

[如何] 어찌, 어느, 무엇, 어찌(어떻게) 하나 國事將至如何국사장지여하 나랏일이 앞으로 어찌 되려 하는가.《난중일기》 1598년 10월 6일

[如~何] 如何가 목적어를 취할 경우 목적어는 如와 何 사이에 놓입니다. 뜻은 如何와 같습니다. 月白風淸 如此良夜何월백풍청 여차량야하 달은 밝고 바람은 시원한데 이 좋은 밤을 어떡하나. 소식 〈후적벽부〉

4) 어떠하다

우리말 형용사로 번역되는 한자 뒤에 와서 그런 모습을 나타냅니다.

性豁達 家貧晏如也성활달 가빈안여야 성격이 너그럽고 시원시원하여 집이 가난했어도 편안한 모습이었다.《세조실록》 세조 8년 4월 14일

5) 가다

縱一葦之所如 凌萬頃之茫然종일위지소여 능만경지망연 조각배 하나 떠가는 대로 놓아두어 아득하니 넓은 바다를 건너간다. 소식 〈전적벽부〉

與 여 더불다 / 주다 / 간여하다 / 와 / 어조사

1) 더불다, 함께하다, 같이하다

遂去不復與言수거불부여언 마침내 가 버리고는 다시 말을 나누지 않았다. 굴원 〈어부사〉

2) 주다

人不求索 則弗與也인불구색 즉불여야 사람이 찾아서 구하지 않으면 주지 않는다.《논형》감허

3) 간여하다, 참여하다

宰相參與論事 則必不如此재상참여론사 즉필불여차 재상이 일을 논의하는 데에 참여했다면 틀림없이 이처럼 하지 않았을 것이다.《태종실록》태종 2년 4월 5일

4) 와/과, 및

時有烏與鼠來鳴시유오여서래명 그때 까마귀와 쥐가 나타나 울었다.《삼국유사》기이 사금갑

▸ 와/과, 와 함께/더불어

與가 목적어 앞에서 목적어에 '와/과' '와 함께/더불어' '에서' '에 대해' '에게' 등의 뜻을 더해 줍니다.

與天地相似 故不違여천지상사 고불위 천지와 같으므로 어긋나지 않는다.《주역》계사 상 4장

[與其~不如/不若~] ~하는 것이 ~만 못하다 與其用一人 不如用一國여기용일인 불여용일국 한 사람의 힘과 지혜를 쓰는 것이 한 나라의 힘과 지혜를 쓰는 것만 못하다.《한비자》팔경

[與其~孰如/孰若~] ~하는 것이 어찌 ~만 하겠는가 與其有樂于身 孰若無憂于其心여기유락우신 숙약무우우기심 몸에 즐거움이 있는 것이 어찌 그 마음에 근심이 없는 것만 하겠는가. 한유〈송이원귀반곡서〉

[與其~寧~] ~하느니(보다) 차라리 ~하다 喪與其易也寧戚상여기이야령척 초상은 쉽게 치르기보다 차라리 슬퍼한다.《논어》팔일

5) 어조사

문장 끝에 와서 의문이나 반문, 감탄을 나타내는 데 도움을 줍니다.

子非三閭大夫與자비삼려대부여 선생은 삼려대부 아니신가? 굴원 〈어부사〉

然 연 그렇다 / 접미사 / 타다

1) 그렇다, 그러하다

何以知其然邪하이지기연야 어떻게 그런 줄 아는가?《장자》거협

과연果然, 필연必然, 홀연忽然…

2) 접미사

우리말 형용사나 동사 뜻으로 번역되는 말 뒤에 붙어서 그와 같은 모습이나 움직이는 형태를 나타냅니다.

栩栩然胡蝶也 自喩適志與허허연호접야 자유적지여 하늘하늘 날아가는 나비가 절로 기쁘고 마음에 좋았던가.《장자》제물론

막연漠然하다, 만연漫然하다…

3) 타다

음이 같은 '탈 연燃'과 쓰임이 같습니다.

有 유 있다, 가지다, 어떤 / 또 / 어조사

1) 있다

有 뒤의 목적어(보어)가 우리말의 보어처럼 해석됩니다.

今臣戰船尙有十二금신전선상유십이 지금 저에게는 싸울 배가 아직도 12척이 남아 있습니다. 이분 〈행록〉

▸가지다, 독차지하다

兵出必取 取必能有之병출필취 취필능유지 군대가 나가면 반드시 빼앗아 취하고, 취한 것은 반드시 보유할 수 있게 된다.《한비자》칙령

▸ **어떤**

夕有人自天安來傳家書석유인자천안래전가서 저녁때 어떤 사람이 천안에서 와 집안의 편지를 전했다.(=저녁때 사람이 천안에서 와 집안의 편지를 전해준 일이 있었다.)《난중일기》1597년 10월 14일

2) 또

대개 숫자를 셀 때 이 뜻이 나타납니다.

某有老母 今年八十有一모유노모 금년팔십유일 저에게는 올해 여든하고도 한 살이 되는 늙은 어머니가 계신다. 이순신 〈상체찰사완평이공원익 서〉

3) 어조사

문장 앞이나 중간에서 말의 호흡을 조절하며 따로 해석하지 않습니다.

有苗不服 而舜征之유묘불복 이순정지 묘족이 복종하지 않자 순임금이 그들을 정벌했다.《세종실록》세종 18년 9월 30일

爲 위 하다, -라고 하다 / 삼다 / 되다 / 위하다 / 이다 / 어조사

1) 하다

우리말에서 '하다'는 뜻하는 범위가 넓습니다. 그처럼 爲도 어떤 목적어를 취하느냐에 따라 '만들다, 다스리다, 배우다, 짓다' 따위의 뜻이 나타납니다.

人有不爲也 而後可以有爲인유불위야 이후가이유위 사람은 하지 않는 일이 있고 난 뒤에야 할 일을 가질 수 있다.《맹자》이루 하 冰水爲之 而寒於水빙수위지 이한어수 얼음은 물로 만들지만 물보다 차갑다.《순자》권학

▸ -라고 하다

知之爲知之 不知爲不知 是知也지지위지지 부지위부지 시지야 아는 것은 안다고 하고 알지 못하는 것은 알지 못한다고 하는 것, 이것이 아는 것이다.《논어》위정

2) 삼다, 여기다

天地不仁 以萬物爲芻狗천지불인 이만물위추구 천지는 인자하지 않다. 만물을 짚으로 엮은 강아지 인형으로 여긴다.《노자》5장

위주爲主로 하다…

3) 되다, 당하다

'되다'는 '이루어지다, 변하다' 같은 의미를 내포하지만 '당하다'처럼 남의 힘으로 동작이 행해짐을 나타내기도 합니다.

人之患在好爲人師인지환재호위인사 사람의 근심거리는 남의 선생 되기를 좋아하는 데에 있다.《맹자》이루 상

[爲~所~] ~에게 ~당하다/되다 彎弓射賊數人 爲賊所害만궁사적수인 위적소해 활을 당겨 왜적 몇을 쏘고 적에게 살해당했다. 유성룡《징비록》

4) 위하다, 위하여, 때문에

今之學者爲人금지학자위인 지금의 학자는 남에게 인정받기 위해 공부한다.《논어》헌문 王問其故曰 爲其妹無夫有娠왕문기고왈 위기매무부유신 왕이 그 까닭을 묻자 신하들이 대답했다. "그(김유신)의 여동생이 남편이 없는데도 아이를 가졌기 때문입니다."《삼국유사》기이 태종춘추공

5) 이다

爾爲爾 我爲我이위이 아위아 너는 너이고 나는 나이다.《맹자》공손추 상

6) 어조사

'어찌 하何' 같은 의문사와 함께 쓰고 문장 끝에 와서 그 문장이 의문문임을 강조해 줍니다.

何哭爲하곡위 왜 우는가?《사기》손자오기열전

矣 의 어조사

어조사 (-었다, -다, -ㄹ 것이다, -는가, -어라/아라)

문장 중간이나 끝에 와서 호흡을 고르거나 멈춰 주는 구실을 합니다. 문장 끝에 왔을 때는 종결이나 의문, 반어, 감탄, 명령의 어감을 돕는 역할도 겸합니다. 대개 시간에 관련되어 변화된 상황을 나타내고 확정됐다는 느낌을 전달합니다. 이미 일어났던 일, 앞으로 일어날 일, 어떤 조건에 따라 일어나는 일을 서술할 때 주로 矣가 사용됩니다. 우리말에 대응하는 요소가 없으므로 맥락을 보고 느낌을 살릴 수밖에 없습니다.

吾老矣 不能用也오노의 불능용야 나는 늙었다. (공자를) 쓸 수 없다.《논어》미자 子欲善 而民善矣자욕선 이민선의 그대가 착하게 하려 하면 백성이 착해질 것이다.《논어》안연 事急矣사급의 일이 급하다!《통감절요》한기 태조고황제 3년

以 이 써 / 때문에, 까닭 / 부터 / 而와 통용 / 已와 통용

1) 써, 로/로써, 을/를

뒤에 목적어를 이끌어 방법이나 수단, 대상 등을 나타냅니다.

以直報怨 以德報德이직보원 이덕보덕 강직함으로 원한을 갚고 덕으로 덕을 갚는다.《논어》술이 借人以物器차인이물기 남에게 기물을 빌리다.《논형》감허

[以~爲~] ~를 ~로 삼다/여기다/하다 以家爲家 以鄕爲鄕이가위가 이향위향 집안을 집안으로 여기고 마을을 마을로 여긴다.《관자》목민 生子名扶

婁 以解爲氏焉생자명부루 이해위씨언 아들을 낳아 부루라 이름 짓고 해를 성씨로 삼았다.《삼국유사》 기이 북부여

[以爲~] ~로 삼다/만들다, ~로 여기다/생각하다 以의 목적어가 생략된 형태입니다. 이때 생략된 목적어는 앞 구절에 이미 나왔거나 그와 관련된 것입니다. 埏埴以爲器연식이위기 찰흙을 이겨 (그것을) 그릇으로 만들다.《노자》 11장 臣愚以爲 法者天下之公器신우이위 법자천하지공기 어리석은 제가 이를 생각하건대 법은 천하가 공유하는 기물입니다.(=어리석은 저는 그에 대해 법은 천하가 공유하는 기물이라고 생각합니다.) 《통감절요》 한기 태종효문황제 상 10년

2) 때문에

뒤에 목적어를 이끌어 이유나 원인을 나타냅니다. 우리말로 '때문에'나 '-(으)므로' '-아서/-어서/-러서' 같은 어미나 조사 '에'를 사용하여 표현할 수 있습니다.

凡國之亡也 以其長者也범국지망야 이기장자야 무릇 나라가 망하는 것은 그 나라의 장점 때문이다.《관자》 추언

▸까닭, 이유

問其以何事來 則以訟事來云문기이하사래 즉이송사래운 무슨 일로 왔는지 그 까닭을 물으니 송사 때문에 왔다고 했다.《중종실록》 중종 33년 6월 13일

3) 부터, 에/에서

以 다음에 주로 시간이나 방향, 장소를 나타내는 말이 따릅니다.

曷諱之 江以外淸人也갈휘지 강이외청인야 왜 그것(숭정이란 연호)을 숨기는가? 압록강부터 바깥이 청나라 사람들 땅이기 때문이다.《열하일기》 도강록서 期以某日將戰기이모일장전 아무 날에 싸우겠다고 정하다.《중종실록》 중종 13년 8월 18일

4) 而와 통용

음이 같은 '말 이을 이而'와 쓰임이 같습니다.

不動此石 以示後來부동차석 이시후래 이 돌을 옮기지 말고 후대에 보여라. 《삼국유사》 기이 천사옥대

5) 已와 통용

음이 같은 '이미 이已'와 쓰임이 같습니다.

吾以傳子 何若是耶오이전자 하약시야 내가 이미 아들에게 뜻을 전했는데 어찌 이처럼 하는가?《태종실록》 태종 6년 8월 26일

而 이 말 잇다 / 너

1) 말 잇다 (그리고, 그러나, 그리하여)

'말 잇다'는 접속사의 조선 시대판 용어입니다. 우리말의 '그리고, 그러나, 그리하여'에 가깝고, '-고, -면서, -지만, -되, -아서/어서, -려고' 같은 다양한 연결 어미로도 표현할 수 있습니다. 이때 어떤 어미를 선택해 而를 번역할지는 오롯이 앞뒤 구절의 의미 맥락에 달려 있습니다.

晴而風청이풍 맑고 바람 불었다.《난중일기》 임진년 3월 10일 天下同歸而殊塗 천하동귀이수도 천하는 돌아가는 곳이 같아도 길이 다르다.《주역》 계사

▸말 잇다 (만약)

가정과 조건을 나타내기도 합니다. 우리말 연결 어미 중에서는 '-(으)면, -라면' 같은 말에 해당됩니다. 이때 而가 주어와 서술어 사이에 놓이기도 합니다.

人而不能言 何以爲人인이불능언 사이위인 사람이 말을 잘 못한다면 무엇으로 사람이 되겠는가?《곡량전》 희공 22년

▸말 잇다 (-어서)

而는 부사어와 서술어를 연결할 수 있습니다. '-어서, -게, -도록' 등이 우리말의 부사형 전성 어미입니다.

默而識之 묵이지지 묵묵히 기억한다.《논어》술이

2) 너, 너의, 그대

음이 같은 '너 이爾'와 쓰임이 같습니다.

欲富而家 先富而國 욕부이가 선부이국 네 집안을 부유하게 하려거든 먼저 네 나라를 부유하게 하라.《한비자》외저설우하

爾 이 너 / 이 / 접미사 / 뿐

---

1) 너

爾爲**爾** 我爲我 이위이 아위아 너는 너이고 나는 나이다.《맹자》만장 하 **爾**輩食之 不見日光百日 便得人形 이배식지 불견일광백일 변득인형 너희들이 이것을 먹으면서 백일 동안 햇빛을 보지 않는다면 곧 사람 몸으로 바뀔 것이다.《삼국유사》기이 고조선

2) 이, 이런, 가깝다

가까이 있는 것을 가리킵니다.

道在**爾**而求諸遠 事在易而求諸難 도재이이구제원 사재이이구제난 길은 가까이 있는데 멀리서 구하고 일은 쉬운 데 있는데 어려운 데서 구한다.《맹자》이루

3) 접미사

우리말 형용사나 동사 뜻으로 번역되는 말 뒤에 붙어서 그 같은 모습이나 움직이는 형태를 나타냅니다.

沿河上下正**爾**彷徨 연하상하정이방황 강을 따라 오르락내리락 가로질러 오

가며 헤매었다.《열하일기》도강록 7월 8일

4) 뿐

음이 같은 이耳와 쓰임이 같습니다.

未知凶乎吉乎 向天而誓爾미지흉호길호 향천이서이 좋을 일일지 나쁜 일일지 알 수 없어 하늘을 향해 읊조릴 뿐이었다.《삼국유사》기이 제사탈해왕

子 자 아들 / 남자 / 자작/ 지지의 첫째 / 접미사

1) 아들, 자식

아들이나 아들과 딸을 나타냅니다. 드물게 딸을 가리키기도 합니다.

父知子意 下視三危太伯부지자의 하시삼위태백 아버지가 아들의 뜻을 알아채고 삼위태백을 내려다보았다.《삼국유사》기이 고조선 其女子爲美海公夫人기여자위미해공부인 그의 딸은 미해공의 부인으로 삼았다.《삼국유사》기이 내물왕/김제상

2) 남자, 사람, 스승

'남자, 사람, 스승'이란 말로 번역되기보다 그들에 대한 호칭이나 존칭입니다. 여자를 지칭하는 경우도 간혹 있지만 대개는 다른 남자 또는 대화하는 상대 남자를 높여서 부를 때 씁니다. 따로 번역하지 않거나 '선생님, 그대, 당신' 등으로 번역합니다.

子知 我知자지 아지 그대가 알고 내가 안다.《십팔사략》동한 안제 夫子至於是邦也 必聞其政부자지어시방야 필문기정 선생님은 어떤 나라에 이르면 꼭 그 나라의 정치에 대해 들었다.《논어》학이

3) 자작

고대 중국 주나라에서 귀족의 위계를 나타냈던 공후백자남公侯白子男

의 작위 중에서 네 번째입니다.

楚爵則子 초작즉자 초나라의 작위는 자작이다.《동래박의》13권

4) 지지의 첫째

12지지 중에서 첫 번째입니다.

十二日戊子 小雨卽晴 십이일무자 소우즉청 12일 무자일, 비가 오다가 곧 개었다.《열하일기》성경잡지 7월 12일

5) 접미사

물건이나 도구, 아주 작은 것 등의 이름에 붙여 씁니다.

或失鞍甲 或失鐙子 혹실안갑 혹실등자 어떤 사람은 안장을 잃어버리고 어떤 사람은 등자를 잃었다.《열하일기》도강록 7월 7일

者 자 놈(사람), -면 / 은(는) / 때

1) 놈, 사람, 것

사람, 사물, 일, 현상 따위를 두루 가리킵니다. '~한 사람(이, 자, 놈)' '~한 것(때, 곳, 일, 짓, 경우)'으로 해석합니다. 놈이란 훈은 조선 중기 때 등장했지만 당시에는 욕설 느낌이 없었고 단지 사람을 뜻했습니다.

自知者不怨人 자지자불원인 자신을 아는 이는 남을 원망하지 않는다.《순자》영욕　朱蒙知其駿者 減食令瘦 주몽지기준자 감식령수 주몽이 그 가운데 준마를 알아보고 먹이를 줄여 비쩍 마르게 했다.《삼국유사》기이 고구려

▸ -면

상황에 따라 가정이나 조건으로 옮겨야 자연스러운 경우가 있습니다.

秋霜降者 草花落 추상강자 초화락 가을 서리가 내리면 풀과 꽃이 떨어진다.(=가을 서리가 내릴 때 풀과 꽃이 떨어진다.)《사기》이사열전

2) 은/는, -라는 것은

우리말에서 '은(는)'이 보조사인 것처럼 者가 주어를 제시하는 문법적 의미를 나타냅니다. 대개 우리말로 명사(명사구)로 번역되는 말이 者 앞에 옵니다. 뒤에 也가 따르는 경우가 많습니다.

[~者~也] ~는/은 ~이다, ~는/은 ~ 때문이다 題目者 敵國也제목자 적국야 제목은 적국이다.《연암집》소단적치인 辯而不說者 爭也변이불설자 쟁야 말을 잘하는데 설득하지 못하는 것은 다투기 때문이다.《순자》영욕

3) 때

'예 석昔'이나 '예 고古'처럼 시간과 관련된 말 뒤에 오고 따로 해석하지 않습니다.

昔者 莊周夢爲胡蝶석자 장주몽위호접 옛날에 장자가 꿈에서 나비가 되었다.《장자》제물

將 장 장수 / 거느리다 / 장차, 거의 / 나아가다

1) 장수, 장교, 장군

字譬則士也 意譬則將也자비즉사야 의비즉장야 글자는 비유하자면 군사이고 뜻은 비유하자면 장수이다.《연암집》소단적치인

2) 거느리다

陛下不能將兵 而善將將폐하불능장병 이선장장 폐하는 병사를 잘 거느리지 못하지만 장수를 잘 거느립니다.《통감절요》한기 태조고황제 6년

3) 장차

'(장차) ~하려 하다, ~할 것이다, ~일 것이다'로 해석합니다.

子將安之자장안지 너, 어디 가려고? 유향《설원》

▸ **거의**

江原道絶無倭寇聲息 殆將百年강원도절무왜구성식 태장백년 강원도에 왜구의 약탈 소식이 끊긴 지 거의 백 년이다.《세종실록》세종 26년 7월 20일

4) 나아가다

일취월장日就月將…

足 족 발/ 족하다, 족히

1) 발

滄浪之水濁兮 可以濯吾足창랑지수탁혜 가이탁오족 창랑의 물이 흐리거든 내 발을 씻으면 된다. 굴원 〈어부사〉

2) 족하다, 넉넉하다

百姓足 君孰與不足백성족 군숙여부족 백성이 풍족한데 임금이 누구와 풍족하지 않게 지내겠는가.《논어》안연

▸ **족히, ~할 수 있다, ~할 만하다**

厚愛利 足以親之후애리 족이친지 사랑과 이익을 두터이 해 주면 그들(백성)과 친해질 수 있다.《관자》권수

之 지 가다/ 어조사 / 그것 / 이

1) 가다

之 다음에 나라나 지역명이 오는 경우가 많습니다.

其弟豹亡之楚기제표망지초 그의 아우 위표는 도망쳐서 초나라로 갔다.

《통감절요》 후진기 이세황제 2년

2) 어조사 (의/-는/-은, 이/가)

단어나 구절을 연결하여 우리말의 명사구나 명사절 같은 구실을 하게 합니다.

民神之主也민신지주야 백성이 신들의 주인이다. 《좌전》 환공 6년 吾死之後 願爲大將 必滅高麗矣오사지후 원위대장 필멸고려의 내가 죽은 뒤에 큰 장군이 되어 반드시 고구려를 멸망시킬 것이다. 《삼국유사》 기이 김유신 殆庾信之焚妹也태유신지분매야 아마도 김유신이 여동생을 불태우려는 일인 듯합니다. 《삼국유사》 기이 태종춘추공

3) 어조사 (을/를)

목적어를 서술어 앞에 두고 之로 그 목적어를 다시 지칭하여 강조했음을 나타냅니다. 이때 之는 목적어가 서술어 앞에 왔음을 알려 주는 표지 구실을 합니다.

其言之不怍 則爲之也難기언지부작 즉위지야난 그(자신의) 말을 부끄러워하지 않는다면 그 말을 행하기가 어렵다. 《논어》 헌문

4) 그것, 그

앞에서 이미 언급한 대상이나 막연한 대상을 지칭합니다. 주로 목적어로 쓰고 주어로는 잘 쓰지 않습니다.

先之勞之선지노지 앞장서고 힘써 일하라. 《논어》 자로 我兵危甚 王聞之 議群臣曰아병위심 왕문지 의군신왈 우리 군대가 매우 위험해졌다. 왕이 그 소식을 듣고 신하들과 의논하며 말했다. 《삼국유사》 기이 태종춘추공

5) 이, 이런, 그런

之人也 物莫之傷지인야 물막지상 이런 사람은 어떤 것으로도 그를 상처주지 못한다. 《장자》 소요유

則 칙 법칙, 본받다 // 즉 곧

1) 법칙, 규칙, 준칙

'칙'이라 읽습니다.

以聖人爲準則이성인위준칙 성인을 준칙으로 삼는다.《율곡전서》 자경문

▸ 본받다, 규범으로 삼다

京師所尙 四方則之경사소상 사방칙지 서울에서 떠받드는 일은 여러 곳에서 그것을 본받는다.《문종실록》 문종 즉위년 3월 1일

2) 곧

일이 지체 없이 이루어짐을 나타냅니다. '곧'의 의미가 약화되어 서술어를 이끄는 구실도 합니다.

此則岳陽樓之大觀也차즉악양루지대관야 이것이 곧 악양루의 장대한 경관이다. 범중엄 〈악양루기〉

▸ 곧 (-면, -니)

앞말이 뒷말의 원인이나 조건이 됨을 나타냅니다. 우리말 연결 어미 '-면, -니'를 써서 해석합니다.

脣亡則齒寒순망즉치한 입술이 없어지면 이가 시린다.《통감절요》 주기 위열왕 23년

▸ 곧 (은/는)

구절을 대비하거나 화제가 되는 대상을 나타냅니다. 주로 우리말 조사 '은/는'으로 표현합니다.

小人則以身殉利 士則以身殉名소인즉이신순리 사즉이신순명 서민은 이익에 몸을 바치며 죽고, 선비는 명예에 몸을 바치며 죽는다.《장자》 변무

被 피 입다, 당하다 / 옷, 이불 / 풀어 헤치다

1) 입다, 덮다

終時削髮被法衣而逝종시삭발피법의이서 죽을 때에 머리를 깎고 승복을 입은 채 세상을 떠났다.《삼국유사》기이 진흥왕

▸ 당하다, 받다

남에 의해서 어떤 행위나 동작이 행해지는 피동을 나타냅니다.

信而見疑 忠而被謗신이견의 충이피방 믿음을 지키고도 의심을 받고 충성을 바치고도 비방을 받았다.《사기》굴원가생열전

2) 옷, 이불

被服不爲華飾피복불위화식 옷은 화려하게 꾸미지 않았다.《세조실록》세조 3년 10월 5일

3) 풀어 헤치다

음이 같은 '헤칠 피披'와 통용되어 나타나는 뜻입니다.

其傷者 皆被髮騎馬而行기상자 개피발기마이행 다친 사람이 모두 머리를 풀어 헤친 채 말을 타고 갔다.《성종실록》성종 6년 3월 11일

何 하 어찌, 어느, 무엇 / 얼마 / 메다

1) 어찌, 어찌하여, 어떻게

何哭爲하곡위 어째서 웁니까?《사기》손자오기열전

[何如] 어떠한가, 어떻게, 어떤 以德報怨何如이덕보원하여 덕으로 원한을 갚으면 어떠한가?《논어》헌문 何如雷霆之聲하여뢰정지성 어떻게 천둥

치는 소리와 같겠는가.《열하일기》 관내정사 7월 26일

[何以] 무엇으로, 무엇 때문에, 어떻게, 어찌 何以知其然邪하이지기연야 어떻게 그런 줄 아는가?《장자》 거협

▸ **어느, 어떤, 무슨**

何時而樂耶하시이락야 어느 때에 즐거운가? 범중엄 〈악양루기〉

▸ **무엇, 누구, 언제, 어디**

察此何自起 皆起不相愛찰차하자기 개기불상애 이것이 어디로부터 일어났는지 살펴보면 다 서로 사랑하지 않기에 일어난다.《묵자》 겸애 상 天何言哉천하언재 하늘이 무엇을 말하더냐?《논어》 양화

2) 얼마

浮生若夢 爲歡幾何부생약몽 위환기하 덧없는 인생 꿈과 같으니 기뻤던 적이 얼마나 되랴! 이백 〈춘야연도리원서〉 何其愚也하기우야 얼마나 어리석은가?《열하일기》 관내정사 호질

3) 메다

음이 같은 '멜 하荷'와 쓰임이 같습니다.

何校滅耳 凶하교멸이 흉 형구를 메어 귀가 문드러졌다. 흉하다.《주역》 계사 하 5장

乎 호 어조사 (에/에서, -는가, 아)

1) 어조사 (에/에서, 을/를, 보다)

'어조사 어於'와 쓰임이 같습니다.

學惡乎始 惡乎終학오호시 오호종 학문은 어디에서 시작하고 어디에서 끝나는가?《순자》 권학 上且鉤乎君 下且逆乎民상차구호군 하차역호민 위로 임

금을 낚고 아래로 백성을 거스를 것이다.《장자》서무귀

▸ **어조사 (-는가, -나)**

문장 끝에 와서 의문과 반어를 나타냅니다. 우리말의 의문형 어미에는 '-는가, -니, -나, -ㅂ니까, -ㄹ까' 등이 있고, 답이 필요한 질문일 경우 대개 물음표(?)를 붙입니다.

吾誰欺 欺天乎 오수기 기천호 내가 누구를 속이겠는가? 하늘을 속이겠는가?《논어》자한

▸ **어조사 (아, 이여)**

문장 끝에 와서 감탄을 나타냅니다. 우리말로는 '아, 오' 같은 감탄사나 감탄의 뜻을 내포한 '이여, 이시여' 같은 조사, '-구나/로구나' 같은 감탄형 어미로 표현합니다. 대개 느낌표(!)를 붙입니다.

天乎 吾無罪 천호 오무죄 하늘이여! 나는 죄가 없습니다.《사기》진시황본기

胡 호 **되 / 어찌**

1) 되, 오랑캐, 흉노

黃昏胡騎塵滿城 황혼호기진만성 해질녘 오랑캐 기병이 일으킨 먼지가 성안에 가득하다. 두보 〈애강두〉

2) 어찌, 어느, 무엇

胡不歸 호불귀 어찌 돌아가지 않는가. 도연명 〈귀거래사〉

참고문헌

문법서와 학습서

김남미 저,《친절한 국어 문법》, 나무의철학, 2016.

김철호 저,《국어 독립 만세》, 유토피아, 2008.

남기심/고영근,《표준 국어문법론》 개정판, 탑출판사, 2003.

남영신,《나의 한국어 바로 쓰기 노트》, 까치, 2002.

류종목 지음,《논어의 문법적 이해》, 문학과지성사, 2007.

쉬웨이한許威漢 지음,《중국고대어법》, 최영준 옮김, 어문학사, 2013.

에드윈 풀리블랭크 지음,《고전 중국어 문법 강의》, 양세욱 옮김, 궁리, 2005.

이관규,《학교 문법론》 개정판, 월인, 2003.

이군선/김성중 편,《한문과 문법론》, 보고사, 2012.

이재성 저, 이형진 그림,《글쓰기를 위한 4천만의 국어책》, 들녘, 2006.

이희재 저,《번역의 탄생》, 교양인, 2009.

동양고전정보화연구소 저,《한문 독해 기본 패턴》, 전통문화연구회, 2018.

동양고전정보화연구소 저,《사서 독해 첩경》, 전통문화연구회, 2019.

최상익 저,《한문해석강화》 개정판, 한울, 2008.

최영애 지음,《중국어란 무엇인가》, 통나무, 2003.

최완식/김영구/이영주 공저,《한문독해법》, 명문당, 2003.

郭錫良 외 편저,《고대 중국어》, 중국고대언어와 문헌연구공동체 학이사(學而思) 역, 역락, 2016.

管敏義 지음,《고급한문해석법》, 서울대동양사학연구실 옮김, 창작과 비평사, 2003.

吕叔湘 著,《中国文法要略》, 北京: 商务印书馆, 2014.

王力, 吉常宏,《古代漢語》, 第1冊~第4冊, 中華書局, 2015.

王力 著,《중국어 어법 발전사》, 박덕준 외 공역, 사람과책, 1997.

李運富(中)/安熙珍(韓) 공저,《중국 고전 읽는 법》, 박이정, 2014.

加藤 徹,《白文攻略 漢文法　ひとり学び》, 白水社, 2015.

한문 고전 번역서

김원중 옮김,《한비자》, 휴머니스트, 2016.

김정화 역주,《통감절요》1, 충북대학교출판부, 2015.

김필수/고대혁/장승구/신창호 함께 옮김,《관자》, 소나무, 2015.

김학주 옮김,《순자》, 을유문화사, 2016.

김학주 편역,《시경》신완역, 명문당, 2007.

김형찬 옮김,《논어》, 홍익출판사, 2008.

남회근 지음,《주역계사강의》, 신원봉 옮김, 부키, 2015.

리쩌허우李澤厚 지음,《논어금독》, 임옥균 옮김, 북로드, 2006.

미야자키 이치사다 해석,《논어》, 박영철 옮김, 이산, 2013.

박지원 지음,《연암집》상 · 중 · 하, 심호열/김명호 옮김, 돌베개, 2007.

성백효 역주,《논어집주》개정증보판, 전통문화연구회, 2008.

성백효 역주,《맹자집주》개정증보판, 전통문화연구회, 2008.

성백효 역주,《통감절요》1 · 2, 전통문화연구회, 2005.

신동준 역주,《무경십서 1 손자병법 오자병법》, 위즈덤하우스, 2012.

신동준 옮김,《완역 사기열전》1 · 2, 위즈덤하우스, 2015.

안동림 역주,《장자》, 현암사, 2008.

왕충 씀,《논형》, 이주행 옮김, 소나무, 1996.

유성룡,《교감 해설 징비록》, 김시덕 역해, 아카넷, 2014.

이광호 역주,《근사록집해》Ⅰ · Ⅱ, 아카넷, 2006.

이기동 역해,《맹자강설》, 성균관대학교출판부, 2003.

이석명 옮김,《노자 도덕경 하상공장구》, 소명출판, 2007.

이순신,《증보 교감완역 난중일기》, 노승석 옮김, 여해, 2014.

이은상 역,《완역 이충무공전서》상 · 하, 성문각, 1989.

임건순,《묵자, 공자를 딛고 일어선 천민 사상가》, 시대의창, 2013.

임건순,《오기, 전국시대 신화가 된 군신 이야기》, 시대의창, 2014.

정춘수,《논어를 읽기 전》, 부키, 2013.

좌구명 저,《춘추좌전》상 · 하, 신동준 역주, 인간사랑, 2017.

한필훈 옮김,《사람은 무엇으로 사는가-한글로 읽는 논어》, 동녘, 1998.

황견 엮음,《고문진보 후집》, 이장우/우재호/박세욱 옮김, 을유문화사, 2007.

황견 편찬,《신완역 고문진보 후집》, 김학주 역저, 명문당, 2012.

황희경 풀어옮김,《논어, 삶에 집착하는 사람과 함께하는》, 2001.

공구서, 사전류

권인한,《중세한국한자음훈집성》, 제이앤씨, 2006.

남광우 편저,《고금한한자전》, 인하대학교출판부, 1995.

미조구치 유조/마루야마 마쓰유키/이케다 도모히사 공편,《중국 사상 문화 사전》, 김석근/김용천/박규태 옮김, 책과함께, 2011.

상해고적출판사 편저,《문답으로 엮은 교양 중국사》, 박소정 옮김, 이산, 2005.

연세대학교 언어정보연구원 편,《동아 연세초등한자사전》, 동아출판, 2011.

연세대학교 허사사전편찬실 지음,《허사대사전》, 성보사, 2001.

윤구병 감수/토박이 사전 편찬실 엮음,《보리 국어 사전》, 보리, 2008.

이한섭,《일본어에서 온 우리말 사전》, 고려대학교출판부, 2014.

임종욱 편저,《중국역대인명사전》, 이회, 2010.

古代汉语词典 编写组 编,《古代汉语词典》, 商务印书馆, 1998.

罗竹风 主编,《漢語大詞典》, 缩印本 上 · 中 · 下, 上海辞书出版社, 2007.

王力/岑麒祥/林焘,《古汉语常用字字典》第4版, 商务印书馆, 2005.

諸橋轍次,《大漢和辭典》修訂版 1~14, 大修館書店, 1986.

中国社会科学院言语研究所古代汉语研究室 编,《古代汉语虚词词典》,商务印书馆, 2012.

汉语大字典编辑委员会,《漢語大字典》缩印本 上 · 下, 四川辞书出版社/湖北辞书出版社, 1993.

인터넷 사이트

국립국어원 http://www.korean.go.kr

국사편찬위원회 조선왕조실록 http://sillok.history.go.kr

네이버 사전 https://dict.naver.com

다음 사전 https://dic.daum.net/

전통문화연구회 동양고전 종합DB http://db.cyberseodang.or.kr

한국고전번역원 한국고전 종합DB http://db.itkc.or.kr

한국민족문화대백과사전 http://encykorea.aks.ac.kr

Chinese Text Project https://ctext.org